Abitur

Prüfungsaufgaben
mit Lösungen

Gymnasium Bayern

Biologie Kolloquium

Inhalt

Molekulargenetik

Zytogenetik

Klassische Genetik

Humangenetik

Gentechnik

Der Mensch als Umweltfaktor– Populationsdynamik und Biodiversität

Evolutionsforschung

Evolutionsmechanismen

Evolutionsprozesse

Evolution des Menschen

Neuronale Informationsverarbeitung

Vollständig und überwiegend genetisch bedingte Verhaltensweisen

Erweiterung einfacher Verhaltensweisen durch Lerneinflüsse

Individuum und soziale Gruppe

Autoren:

Irith Mornau:	Übungsreferate 6, 7, 9, 11, 13, 23, 27, Zusatzfragen zu Grundprinzipien der Energiefreisetzung durch Stoffabbau, Humangenetik, Evolutionsprozessen, Erweiterung einfacher Verhaltensweisen
Jürgen Rojacher:	Übungsreferate 14, 19, 20, 22, 24, 25, 28, 29, 33, Zusatzfragen zu Energiebindung und Stoffaufbau durch Fotosynthese, klassischer Genetik, Evolutionsmechanismen, genetisch bedingten Verhaltensweisen
Hubert Schiller:	Übungsreferate 1, 4, 15, 16, 18, 21, 26, 31, Zusatzfragen zur Molekulargenetik, Gentechnik, Populationsdynamik, Evolution des Menschen
Harald Steinhofer:	Übungsreferate 2, 3, 5, 8, 10, 12, 17, 30, 32, Zusatzfragen zu Organisation und Funktion der Zelle, Zytogenetik, Evolutionsforschung, Individuum und soziale Gruppe

Vorwort

Liebe Schülerin, lieber Schüler,

dieses Buch geht auf die speziellen Anforderungen der mündlichen Biologieprüfung ein: Es enthält im Stil der zu haltenden **Kurzreferate** Aufgabenstellungen mit Lösungsvorschlägen zu allen lehrplanrelevanten Themengebieten sowie **Zusatzfragen** zu allen Ausbildungsabschnitten.

Das Buch unterstützt Sie bei Ihrer Prüfungsvorbereitung:

– In den **„Hinweisen und Tipps zum mündlichen Abitur"** finden Sie eine Beschreibung der Rahmenbedingungen der Abiturprüfung, insbesondere für die Kolloquiumsprüfungen. Des Weiteren enthält dieses Kapitel eine Lehrplanübersicht, in der Sie die Übungsreferate den jeweiligen Themenbereichen zugeordnet finden.

– Zu jedem Thema der einzelnen Ausbildungsabschnitte enthält das Buch knappe **Stoffübersichten** in Stichpunkten, die Sie als Checkliste zur Selbstkontrolle und Selbsteinschätzung nutzen können.

– Mehr als **30 Angaben für Übungsreferate** enthalten für das Kolloquium typische Fragestellungen mit anwendungsbezogenen Materialien und geben Ihnen die Möglichkeit, grundlegende Arbeitstechniken, wie z. B. das Strukturieren eines Vortrages, einzuüben. Zu jedem Übungsreferat gibt es stichpunktartige **Lösungsvorschläge mit Hinweisen** zu deren Umsetzung wie z. B. Tipps zur Gestaltung eines Tafelbildes oder Hinweise zur Gliederung des Vortrages.

– Zu jedem Themenbereich finden Sie außerdem Aufgabenstellungen, die als **Zusatzfragen** zu den Halbjahren konzipiert sind, die Sie nicht als Schwerpunktthema gewählt haben. Zu diesen Aufgaben finden Sie detaillierte Lösungsvorschläge.

Sollten nach Erscheinen dieses Bandes noch wichtige Änderungen in der Abiturprüfung vom Kultusministerium bekannt gegeben werden, finden Sie aktuelle Informationen dazu im Internet unter
www.stark-verlag.de/pruefung-aktuell.

Viel Erfolg bei der Arbeit mit diesem Buch und im Abitur!

Irith Mornau, Jürgen Rojacher, Hubert Schiller und Harald Steinhofer

Stichwortverzeichnis

Hinweise und Tipps zum mündlichen Abitur

1 Die Abiturprüfung in Bayern

Die bayerischen Abiturientinnen und Abiturienten legen ihr Abitur in fünf Fächern in Form einer schriftlichen (drei Fächer) bzw. einer mündlichen (zwei Fächer) Prüfung ab. Das Abitur findet in den Monaten April bis Juni statt.

Die schriftliche Prüfung

Jeder Abiturient wird in **drei Fächern schriftlich** geprüft. Die schriftlichen Prüfungen finden als Zentralabitur statt. Das bedeutet, dass alle Schülerinnen und Schüler am selben Tag vom Bayerischen Staatsministerium für Unterricht und Kultus zentral erstellte Aufgaben schriftlich bearbeiten. Bayernweit werden dem Fachausschüssen (Fachlehrer, Zweitkorrektor und ein Vorsitzender) der jeweiligen Fächer am Tag der Prüfung die Aufgaben zur Begutachtung bzw. Auswahl vorgelegt. Die Prüflinge erhalten die Aufgaben im Anschluss zur Bearbeitung, wobei die Bearbeitungszeit fachabhängig unterschiedlich ist.

Die Bewertung der Prüfungsleistung wird vom Fachausschuss auf Grundlage der vom Bayerischen Staatsministerium für Unterricht und Kultus erstellten **Korrekturhinweise** vorgenommen. Diese enthalten keine vollständigen Lösungen, sondern stellen einen knappen Erwartungshorizont dar. Sie dienen den Korrektoren als Basis für eine vergleichbare und transparente Korrektur (Näheres dazu in: Abitur-Prüfungsaufgaben mit Lösungen, Bestellnr. 95701, Stark Verlag).

Die mündliche Prüfung (Kolloquium)

Alle Abiturienten legen ihr Abitur zusätzlich in **zwei Fächern** in Form einer **mündlichen** Prüfung (4. und 5. Prüfungsfach) ab. Das Fach Biologie kann als Einzelprüfung in den folgenden Fällen mündlich geprüft werden:
– als 4. oder 5. Prüfungsfach, wenn Biologie nicht als schriftliches Prüfungsfach gewählt wurde,
– freiwillig als Zusatzprüfung (dies muss jedoch schriftlich beantragt werden),
– unfreiwillig auf Anordnung des Vorsitzenden des Prüfungsausschusses (bei unzureichenden Leistungen in der schriftlichen Prüfung).

I

Im **Kolloquium** können die Schüler einen Prüfungsschwerpunkt wählen. Dabei werden die Lerninhalte des ersten oder des zweiten Ausbildungsabschnitts ausgeschlossen und die Lerninhalte eines der drei verbleibenden Ausbildungsabschnitte zum Prüfungsschwerpunkt erklärt.

Im Kolloquium soll der Prüfling seine allgemeine und fachspezifische Studierfähigkeit nachweisen, indem er in der vorgegebenen Zeit anhand eines Kurzreferats eine Aufgabenstellung löst und vertiefte fachliche Kenntnisse im Schwerpunktbereich nachweist. Im Prüfungsgespräch soll er zeigen, dass er über das Wissen fachlicher und fächerübergreifender Zusammenhänge verfügt und seine Gesprächsfähigkeit beweisen.

Die maximal erreichbare Gesamtpunktzahl in der Kolloquiumsprüfung beträgt 60 Punkte. Die Bekanntgabe des Ergebnisses erfolgt durch den Prüfungsausschuss, der Termin wird jedoch von jeder Schule eigenverantwortlich festgelegt.

Die **freiwillige mündliche Zusatzprüfung** muss spätestens am Tag nach Bekanntgabe des Ergebnisses der schriftlichen Prüfung vom Abiturienten beim Prüfungsausschuss schriftlich beantragt werden. Der Prüfungsausschuss kann einen Schüler aber auch in die **unfreiwillige mündliche Zusatzprüfung** verweisen. Der Schüler darf ähnlich wie beim Kolloquium ein Halbjahr als Prüfungsschwerpunkt festlegen und die Lerninhalte des ersten oder zweiten Halbjahres ausschließen. Allerdings darf sich der Schüler nur etwa 20 Minuten auf die Zusatzprüfung unter Aufsicht vorbereiten und Aufzeichnungen machen. Die Zusatzprüfung dauert in der Regel 20 Minuten.

Das Prüfungsergebnis

Alle fünf Abiturprüfungen werden jeweils **vierfach** gewertet. Somit können in jeder Abiturprüfung bis zu 60 Punkte erreicht werden:

Schriftliches oder mündliches Prüfungsfach:
Ergebnis der Abiturprüfung $\times$ 4 $\rightarrow$ max. 60 Punkte

Die Gesamtleistung der Abiturienten setzt sich folgendermaßen zusammen:

Qualifikationsphase (Jahrgangsstufen 11 und 12) (30 HJL Pflicht- und Wahlpflichteinbringungen + 10 HJL Profileinbringungen) × max. 15 Punkte = max. 600 Punkte	+	Abiturprüfung 5 Prüfungen × max. 60 Punkte = max. 300 Punkte	=	Gesamtqualifikation max. 900 Punkte (entspricht Abiturschnitt 1,0)

Für die Bestimmung der Durchschnittsnote aus der maximal erreichbaren Zahl von 900 Notenpunkten wird die folgende Zuordnungstabelle verbindlich zugrunde gelegt:

Punkte	900–823	822–805	804–787	786–769	768–751	750–733	732–715
Note	1,0	1,1	1,2	1,3	1,4	1,5	1,6

II

Punkte	714–697	696–679	678–661	660–643	642–625	624–607	606–589
Note	1,7	1,8	1,9	2,0	2,1	2,2	2,3
Punkte	588–571	570–553	552–535	534–517	516–499	498–481	480–463
Note	2,4	2,5	2,6	2,7	2,8	2,9	3,0
Punkte	462–445	444–427	426–409	408–391	390–373	372–355	354–337
Note	3,1	3,2	3,3	3,4	3,5	3,6	3,7
Punkte	336–319	318–301	300				
Note	3,8	3,9	4,0				

2 Prüfungsanforderungen und Aufgabenkultur

In der folgenden Tabelle finden Sie die fachspezifischen **Themenbereiche** des gültigen Lehrplans im Fach Biologie für das achtjährige Gymnasium und einen Verweis auf entsprechende Übungsreferate (ÜR) in diesem Buch.

Lehrplaninhalte	Beispiele
Jahrgangsstufe 11	
Strukturelle und energetische Grundlagen des Lebens	
Organisation und Funktion der Zelle	
• elektronenoptisch erkennbare Strukturen der Zelle (Biomembranen, Chloroplasten, Mitochondrien, Zellkern)	
• Bedeutung und Regulation enzymatischer Prozesse	ÜR 1, 2
Energiebindung und Stoffaufbau durch Fotosynthese	
• bedeutsame Experimente zur Aufklärung wesentlicher Fotosyntheseschritte	
• Lichtreaktionen und lichtunabhängige Reaktionen	ÜR 3
• Bedeutung der Fotosyntheseprodukte für die Pflanze	
• experimentelle Untersuchung und Deutung der Abhängigkeit der Fotosyntheserate	ÜR 4
Grundprinzipien der Energiefreisetzung durch Stoffabbau	
• Energiefreisetzung durch anaeroben (Gärung) und aeroben (Zellatmung) Stoffabbau	ÜR 5, 6
• Stoff- und Energiegesamtbilanz des anaeroben und des aeroben Stoffabbaus	ÜR 5, 6
Genetik und Gentechnik	
Molekulargenetik	
• DNA als Speicher der genetischen Information; Vergleich mit einem entsprechenden RNA-Modell	ÜR 7
• Replikation	ÜR 7
• Realisierung der genetischen Information (Proteinbiosynthese) bei Prokaryoten und bei Eukaryoten	ÜR 8
• Ursachen und Folgen von Genmutationen	ÜR 9

III

IV

Aus der Aufgabenstellung der Kolloquiumsaufgaben müssen Art und Umfang der geforderten Leistung eindeutig hervorgehen. Hierzu werden in den Aufgaben Operatoren (= Signalwörter) verwendet, die Rückschlüsse auf das Anforderungsniveau zulassen. Mithilfe der Operatoren können Sie demnach auf Art und Umfang der Bearbeitung einer Fragestellung schließen. Die Aufgaben werden in drei Anforderungsbereiche unterteilt, denen typische Operatoren zugeordnet werden können:
- Anforderungsbereich I: Reproduktion
- Anforderungsbereich II: Reorganisation
- Anforderungsbereich III: Transfer und problemlösendes Denken

Im folgenden Abschnitt erhalten Sie eine Übersicht über typische Operatoren der einzelnen Anforderungsbereiche und deren Bedeutung.

Anforderungsbereich I: Reproduktion

Zur Beantwortung von Aufgaben des Anforderungsbereichs I müssen Sie im Unterricht erlerntes Wissen wiedergeben. Typische biologische Vorgänge sollen wiedergegeben, bekannte Experimente beschrieben oder Skizzen von Strukturen angefertigt werden.

Operator	Bedeutung
angeben, nennen	Elemente, Sachverhalte, Begriffe, Daten ohne Erläuterungen aufzählen
benennen, bezeichnen	Eigenschaften, Bestandteile biologischer Sachverhalte und Vorgänge genau angeben (evtl. durch Zeichnen kenntlich machen)
beschreiben	Strukturen, Sachverhalte oder Zusammenhänge strukturiert und fachsprachlich richtig mit eigenen Worten wiedergeben
darstellen	Sachverhalte, Zusammenhänge, Methoden etc. strukturiert und gegebenenfalls fachsprachlich wiedergeben
formulieren, wiedergeben	Bekannte Inhalte wiederholen oder zusammenfassen
skizzieren	Sachverhalte, Strukturen oder Ergebnisse auf das Wesentliche reduziert übersichtlich grafisch darstellen
zeichnen	Eine möglichst exakte grafische Darstellung beobachtbarer oder gegebener Strukturen anfertigen
zusammen-fassen	Das Wesentliche in konzentrierter Form herausstellen

Anforderungsbereich II: Reorganisation

Aufgaben dieses Anforderungsbereichs verlangen einen gewissen Grad an Selbstständigkeit. Sie müssen erlerntes Fachwissen auf neue Zusammenhänge anwenden. Häufig wird in Aufgaben in Form von Materialien wie Tabellen oder Skizzen neues Wissen eingeführt, das Sie auf Erlerntes beziehen müssen. Beschriebene Sachverhalte müssen erklärt, Daten aus Tabellen oder Grafiken ausgewertet oder Vorgänge interpretiert werden.

Operator	Bedeutung
ableiten	Auf der Grundlage wesentlicher Merkmale sachgerechte Schlüsse ziehen
analysieren, untersuchen	Wichtige Bestandteile oder Eigenschaften auf eine bestimmte Fragestellung hin herausarbeiten; Untersuchen beinhaltet ggf. zusätzlich praktische Anteile
auswerten	Daten, Einzelergebnisse oder andere Elemente in einen Zusammenhang stellen und ggf. zu einer Gesamtaussage zusammenführen
definieren	Formulieren einer eindeutigen Begriffsbestimmung durch Nennung des Oberbegriffs und Angabe der wesentlichen Merkmale

VI

erklären	Einen Sachverhalt mithilfe eigener Kenntnisse in einen Zusammenhang einordnen sowie ihn nachvollziehbar und verständlich machen
erläutern	Einen Sachverhalt veranschaulichend darstellen und durch zusätzliche Informationen verständlich machen
ermitteln	Einen Zusammenhang oder eine Lösung finden und das Ergebnis formulieren
erstellen	Daten oder Sachverhalte in Form von Diagrammen oder Schemata aufzeigen
interpretieren, deuten	Fachspezifische Zusammenhänge in Hinblick auf eine gegebene Fragestellung begründet darstellen
kennzeichnen, charakterisieren	Wesentliche und typische Gesichtspunkte eines Sachverhalts oder biologischen Vorgangs nach bestimmten Gesichtspunkten benennen und beschreiben
ordnen, zuordnen, einordnen	Daten, Fakten, Begriffe oder Systeme werden zueinander in Beziehung gesetzt, wobei Zusammenhänge hergestellt und nach bestimmten Gesichtspunkten bewertet werden
überprüfen, prüfen	Sachverhalte oder Aussagen an Fakten oder innerer Logik messen und eventuelle Widersprüche aufdecken
vergleichen	Gemeinsamkeiten, Ähnlichkeiten und Unterschiede ermitteln

Anforderungsbereich III: Problemlösendes Denken und Transfer

Dieser Anforderungsbereich ist besonders anspruchsvoll. Typische Aufgabenstellungen sind das Begründen oder Beurteilen von Sachverhalten bzw. das kritische Bewerten oder Erörtern kontroverser Aussagen. Dabei wird häufig erwartet, dass Sie auf der Grundlage des im Unterricht erworbenen Fachwissens eigene Hypothesen aufstellen oder alternative Lösungswege entwickeln.

Operator	Bedeutung
begründen	Sachverhalte auf Regeln und Gesetzmäßigkeiten bzw. kausale Beziehungen von Ursachen und Wirkung zurückführen
beurteilen, bewerten, werten	Einen Sachverhalt (Prozesse, Aussagen, Handlungen, Gegenstände usw.) unter Verwendung von Fachwissen und Fachmethoden begründet formulieren
beweisen	Argumente anführen, die aufzeigen, dass eine Aussage richtig ist
erörtern, diskutieren	Argumente und Beispiele zu einer Aussage oder These einander gegenüberstellen und abwägen
Hypothese oder Vermutung entwickeln, aufstellen	Begründete Vermutung auf der Grundlage von Beobachtungen, Untersuchungen, Experimenten oder Aussagen formulieren
Stellung nehmen	Zu einem Gegenstand, der an sich nicht eindeutig ist, nach kritischer Prüfung und sorgfältiger Abwägung ein begründetes Urteil abgeben

3 Informationen zur Schwerpunktwahl

Die Kolloquiumsprüfung setzt sich aus zwei Bestandteilen zusammen. Im ersten Teil der Prüfung hält die Schülerin bzw. der Schüler ein ca. zehnminütiges Kurzreferat zu einem gestellten Thema aus dem Prüfungsschwerpunkt. Ausgehend vom Kurzreferat schließt sich ein ca. fünfminütiges Gespräch zum Prüfungsschwerpunkt an. In der zweiten Hälfte des Kolloquiums findet ein Prüfungsgespräch zu den Lerninhalten von zwei weiteren Ausbildungsabschnitten statt.

Die Prüfungsvorbereitung auf das Kolloquium wird demnach auf drei Ausbildungsabschnitte begrenzt, indem der Prüfling die Lerninhalte des ersten oder des zweiten Ausbildungsabschnitts ausschließen kann (11/1 oder 11/2). Die Lerninhalte eines der verbleibenden Ausbildungsabschnitte werden zum Prüfungsschwerpunkt bestimmt.

Zu den einzelnen Ausbildungsabschnitten benennt der Prüfungsausschuss (in der Regel der Kursleiter und der Fachbetreuer) die Themenbereiche (mehr als zwei pro Ausbildungsabschnitt). Spätestens vier Wochen vor dem Prüfungstermin entscheidet sich der Prüfling für einen der zur Wahl stehenden Themenbereiche. Aus diesem Themenbereich legt der Fachausschuss das Thema für das Kurzreferat fest, das dem Prüfling ca. 30 Minuten vor Prüfungsbeginn vorgelegt wird. Mit der Wahl des Themenbereichs legt der Prüfling seinen Prüfungsschwerpunkt fest.

Schließt ein Prüfling beispielsweise den Ausbildungsabschnitt 11/1 aus und entscheidet sich für den dritten Themenbereich aus 11/2, werden die Lerninhalte des Ausbildungsabschnittes 11/2 zum Prüfungsschwerpunkt. Das Thema des Kurzreferats wird dann vom Fachausschuss aus dem dritten Themenbereich des Ausbildungsabschnittes 11/2 festgelegt.

Das Gespräch zum Prüfungsschwerpunkt soll vom Kurzreferat ausgehen. In der Regel beschränkt sich der Prüfer in seinen Fragen weitgehend auf den gewählten Themenbereich des Prüfungsschwerpunkts. Die Schulordnung schließt aber nicht aus, dass der Prüfer Fragen zu den anderen Themenbereichen des Ausbildungsabschnitts stellen darf. Informieren Sie sich bei den Oberstufenkoordinatoren, wie es bei Ihnen an der Schule gehandhabt wird. Sprechen Sie am besten auch Ihren Kursleiter direkt auf diesen Sachverhalt an, um Missverständnisse zu vermeiden.

Themenbereiche:

In den folgenden Tabellen sind die Lerninhalte der Ausbildungsabschnitte zu möglichen Themenbereichen zusammengefasst. Da Lerninhalte innerhalb einer Jahrgangsstufe zu unterschiedlichen Zeitpunkten unterrichtet werden können, sind für die 11. Klasse zwei mögliche von mehreren denkbaren Varianten aufgeführt.

11. Klasse – Variante 1:

Ausbildungsabschnitt 1:
Themenbereich 1: Organisation und Funktion der Zelle
Themenbereich 2: Energiebindung durch Stoffaufbau und Energiefreisetzung durch Stoffabbau
Themenbereich 3: Mensch als Umweltfaktor: Populationsdynamik und Biodiversität

Ausbildungsabschnitt 2:

Themenbereich 1: Molekulargenetik
Themenbereich 2: Zytogenetik, klassische Genetik und Humangenetik
Themenbereich 3: Gentechnik

11. Klasse – Variante 2:

Ausbildungsabschnitt 1:

Themenbereich 1: Organisation und Funktion der Zelle und Energiefreisetzung durch Stoffabbau
Themenbereich 2: Energiebindung durch Stoffaufbau
Themenbereich 3: Molekulargenetik

Ausbildungsabschnitt 2:

Themenbereich 1: Zytogenetik, klassische Genetik und Humangenetik
Themenbereich 2: Gentechnik
Themenbereich 3: Mensch als Umweltfaktor – Populationsdynamik und Biodiversität

12. Klasse:

Ausbildungsabschnitt 1:

Themenbereich 1: Evolutionsforschung und Mechanismen der Evolution
Themenbereich 2: Evolutionsprozesse und Evolution des Menschen
Themenbereich 3: Neuronale Informationsverarbeitung

Ausbildungsabschnitt 2:

Themenbereich 1: Vollständig und überwiegend genetisch bedingte Verhaltensweisen
Themenbereich 2: Erweiterung einfacher Verhaltensweisen durch Lerneinflüsse
Themenbereich 3: Individuum und soziale Gruppe

4 Hinweise zur Bearbeitung der mündlichen Prüfungsaufgaben

Die Tipps im folgenden Abschnitt sollen Ihnen bei der Bearbeitung der mündlichen Prüfungsaufgaben helfen. Sie geben Ihnen einen Überblick zum Umgang mit Aufgabenstellungen und der Analyse und Auswertung von Materialien wie Diagrammen, Tabellen oder Abbildungen. Im Buch „Training Methoden – Biologie", Stark Verlag (Bestellnr. 94710), finden Sie weiterführende Hilfestellungen zur Bearbeitung von Prüfungsaufgaben.

Viele Aufgaben im Fach Biologie beinhalten materialgebundene Aufgabenstellungen, d. h. zur Beantwortung der Fragestellung müssen Sie Materialien wie Texte, Abbildungen, Tabellen, Grafiken, Statistiken oder Diagramme analysieren und auswerten.

Tipps zur Bearbeitung des Prüfungsreferats

Bearbeiten Sie die einzelnen Aufgaben in folgenden Schritten:
a) Lesen der Gesamtaufgabe
b) Analysieren der Teilaufgaben
c) Anfertigen einer Gliederung
d) Vergleichen der Stoffsammlung mit der Aufgabenstellung
e) Darstellen der Ergebnisse
f) Überprüfen auf Vollständigkeit

a) Lesen der Gesamtaufgabe
Verschaffen Sie sich einen Überblick über das Thema, indem Sie die **Informationen aufmerksam lesen** und die **Materialien betrachten**. Häufig finden sich **allgemeine fachliche Aussagen**, die an Ihre Vorkenntnisse anknüpfen. Ihre Aufgabe ist es zu erkennen, auf welche bekannten biologischen Sachverhalte Bezug genommen wird. Sie müssen Ihre Vorkenntnisse ggf. auf die neuen Inhalte übertragen bzw. Daten und Fakten aus den gegebenen Materialien auswerten.

b) Analysieren der (Teil-)Aufgaben
- Lesen Sie sich den Aufgabentext der (Teil-)Aufgabe durch und **unterstreichen** Sie die **Operatoren**.
- **Unterteilen** Sie komplexe Fragestellungen in Teilaufgaben.
- Lesen Sie unter Berücksichtigung der Operatoren nochmals den zur Teilaufgabe gehörenden Text bzw. betrachten Sie das Material. Kennzeichnen Sie dabei wichtige Informationen und machen Sie sich Randnotizen am Aufgabentext.
- Finden Sie inhaltliche Schwerpunkte und grenzen Sie diese ab.

c) Anfertigen einer Gliederung
- Legen Sie sich ein Konzeptblatt zurecht und notieren Sie wichtige Stichworte. Vermeiden Sie es aus zeitlichen Gründen, ganze Gedankengänge auszuformulieren.
- Ordnen Sie die Stichpunkte vom Allgemeinen zum Detail.
- Gehen Sie auf Materialien ein bzw. fügen Sie Skizzen oder Diagramme ein.
- Es ist durchaus üblich, dass Ihnen während der Vorbereitungszeit eine Folie mit Stiften zur Verfügung gestellt wird, sodass Sie Ihre Ergebnisse anschaulich präsentieren können. Selbstverständlich können Sie auch ein passendes Tafelbild entwerfen.
- Das Konzeptblatt können Sie im Anschluss beim Referat zu Hilfe nehmen.

d) Vergleichen der Stoffsammlung mit der Aufgabenstellung
Prüfen Sie auf Vollständigkeit:
- Haben Sie die Arbeitsanweisungen befolgt? Lesen Sie zur Sicherheit nochmals die Operatoren.
- Berücksichtigen Sie alle Teilaspekte der Aufgabe?
- Beziehen Sie sich gegebenenfalls auf die Materialien?

X

- Verwenden Sie sinnvolle bzw. geforderte Beispiele, Skizzen oder Diagramme. Auch die Darstellung wird bewertet.

e) Darstellen der Ergebnisse

- Beachten Sie die **Arbeitsanweisungen**. Bei „Nennen" reicht eine Aufzählung, während „Erläutern" eine anschauliche Darstellung der Sachverhalte meint.
- Ordnen Sie Ihre Ergebnisse logisch und konzentrieren Sie sich auf das Thema. Abschweifungen kosten nicht nur Zeit, Sie vergessen dadurch auch leicht Teilaspekte der Aufgabenstellung zu beantworten.
- Achten Sie auf eine klare Ausdrucksweise und verwenden Sie die **Fachsprache**.

f) Überprüfen auf Vollständigkeit

- Vergleichen Sie nochmals kurz Ihre dargestellten Ergebnisse mit der Aufgabenstellung.

Analysieren des Materials

Zur Beantwortung der Fragestellung müssen häufig Materialien wie Abbildungen, Diagramme, Grafiken oder Tabellen ausgewertet werden. Im Folgenden erhalten Sie einen kurzen Überblick, wie Sie bei der Auswertung des Materials optimal vorgehen:

Abbildungen

- Verschaffen Sie sich Klarheit über das Zusatzmaterial. Ist es ein Versuchsaufbau, ein mikroskopisches Bild oder eine schematische Darstellung. Lesen Sie hierzu den Begleittext bzw. die Bildunterschrift.
- Prüfen Sie, ob Ihnen der dargestellte Sachverhalt aus dem Unterricht bekannt ist und ordnen Sie der Abbildung, wenn möglich, Fachbegriffe zu.
- Lesen Sie in der Aufgabenstellung nach, ob eine Erklärung, eine Beschreibung oder Rückschlüsse von Ihnen erwartet werden.
- Notieren Sie sich stichpunktartig,
  - welche Bildinformationen gegeben sind.
  - welche Beobachtungen Sie machen können. Beschränken Sie sich darauf, was sich eindeutig ableiten lässt.
  - welche offenen Fragen bleiben bzw. welche Rückschlüsse Sie aus dem Sachverhalt ziehen können.

Achten Sie darauf, dass Sie eine Abbildung in dieser logischen Reihenfolge beschreiben, da Sie sonst leicht Teilaspekte übersehen bzw. vergessen.

Grafiken und Diagramme

- Prüfen Sie, welchem biologischen Sachverhalt sich das Diagramm zuordnen lässt und überlegen Sie, ob Ihnen aus dem Unterricht ähnliche Darstellungen bekannt sind.
- Lesen Sie die Aufgabenstellung und überlegen Sie, welcher Arbeitsauftrag gestellt ist. Sie können eine Grafik z. B. beschreiben, erklären, interpretieren oder vergleichen.

- Prüfen Sie, wie viele und welche Größen verwendet werden.
- Die unabhängige Größe befindet sich meist auf der x-Achse, die abhängige auf der y-Achse.
- Achten Sie auf die Einteilung der Skalen. Bei einer logarithmischen Skala entspricht der nächsthöhere Wert dem Zehnfachen des vorhergehenden.
- Notieren Sie stichpunktartig,
  - welche Hauptaussagen sich machen lassen (allgemeine Trends).
  - welche Teilaussagen formuliert werden können (z. B. Minima, Maxima, Zunahmen oder Abnahmen).
  - welche Aussagen sich durch das Diagramm zur Fragestellung machen lassen.
  - welche Fragen evtl. durch das Diagramm aufgeworfen werden.

Tabellen
- Tabellen stellen häufig zusammengefasste Daten dar, die in Experimenten oder biologischen Beobachtungen gewonnen werden. Auch hier gilt: Verschaffen Sie sich zunächst einen Überblick und versuchen Sie, die Inhalte der Tabelle einem Ihnen bekannten Sachverhalt zuzuordnen.
- Betrachten Sie die Kopfzeile und gegebenenfalls die Randspalte, um die Struktur der Tabelle zu verstehen. Sie müssen feststellen, ob es sich beispielsweise um Messdaten oder Daten aus Experimenten handelt.
- Achten Sie auf Einheiten und Größen, die in der Tabelle verwendet werden.
- Prüfen Sie, ob bereits die Aufgabenstellung Hinweise zur Auswertung enthält.
- Notieren Sie, ähnlich wie bei Diagrammen, welche Hauptaussagen und Teilaussagen gemacht werden können. Hierzu müssen Sie die einzelnen Zeilen und Spalten auswerten. Eventuell hilft es Ihnen, wenn Sie die Inhalte der Tabelle in ein Diagramm auf Ihr Konzeptblatt übertragen.

5 Der Prüfungstag

Die Kolloquien der einzelnen Schülerinnen und Schüler verteilen sich in der Regel über den ganzen Tag. Achten Sie daher auf einen entsprechenden Tagesablauf und darauf, rechtzeitig in der Schule zu sein. Planen Sie dabei Pufferzeiten ein, damit Sie z. B. ein verspäteter Bus nicht in Panik versetzt. Sinnvoll ist es, 30–60 Minuten vor der Vorbereitungszeit an der Schule zu sein.

Achten Sie auf angemessene Kleidung. Denken Sie daran, dass in der Prüfung auch immer Personen anwesend sein können, die Sie noch nicht aus dem Unterricht kennen. Unweigerlich wirkt auf diese Ihr Auftreten als erster Eindruck. Ein allzu lässiges oder aufreizendes Verhalten könnte von den Prüfern negativ ausgelegt werden.

Denken Sie auch daran, Arbeitsmaterial mit in die Vorbereitungszeit zu nehmen. Sprechen Sie sich mit Ihrem Prüfer vorher ab, was sie benötigen. Meist brauchen Sie lediglich Stifte und ein Lineal.

Die Vorbereitungszeit

In der Regel dürfen Sie den Vorbereitungsraum schon vor der Vorbereitungszeit betreten. Wenn Sie einige Minuten vor der Themeneröffnung da sind, können Sie sich nochmals sammeln und sich innerlich auf die Prüfung vorbereiten.

Ca. 30 Minuten vor Prüfungsbeginn wird Ihnen Ihr Thema ausgehändigt. Lesen Sie sich aufmerksam die Aufgabe durch und bearbeiten Sie sie anschließend. Beachten Sie dazu die Hinweise zur Bearbeitung der mündlichen Prüfungsaufgaben in diesem Buch.

Hier nochmals die wichtigsten Punkte in Kürze:

- Lesen Sie die Aufgabenstellung und **markieren** Sie die Operatoren.
- Unterteilen Sie, wenn nötig, die Aufgabenstellung in **Teilaufgaben**.
- Betrachten Sie gegebenenfalls das zusätzliche Material und bringen Sie es mit Ihnen bekannten Sachverhalten in Zusammenhang.
- Machen Sie sich **stichpunktartige Notizen** auf Ihrem Konzeptblatt.
- Gliedern Sie Ihren Vortrag logisch.
- Ihre Aufzeichnungen müssen klar strukturiert, stichpunktartig und gut leserlich sein (groß schreiben), damit Sie sich während des Referats durch einen Blick an Ihren Aufzeichnungen orientieren können.
- Falls Sie während der Prüfung die Tafel benutzen möchten, überlegen Sie sich Ihren Tafelanschrieb und die Einteilung des Tafelbildes.

Im Anschluss an die Vorbereitungszeit werden Sie im Normalfall von Ihrem Kursleiter zum Prüfungsraum begleitet, wo der Fachausschuss, der aus mindestens zwei Personen besteht, auf Sie wartet.

Die Prüfung

Das Kolloquium besteht aus zwei Hälften von je ca. 15 Minuten. In der ersten Hälfte präsentieren Sie ihr ca. zehnminütiges Kurzreferat, im Anschluss daran werden ausgehend vom Referat Fragen zu Ihrem Prüfungsschwerpunkt gestellt. In der zweiten Hälfte des Kolloquiums stellt Ihnen Ihr Prüfer Fragen zu den verbleibenden beiden Ausbildungsabschnitten. In den folgenden Aufzählungen finden Sie nochmals die wichtigsten Hinweise zur Prüfung:

Während des Referats
- **Bleiben Sie ruhig**, sprechen Sie langsam und verständlich.
- Verwenden Sie die **Fachsprache**.
- Sprechen Sie möglichst **frei**. Nutzen Sie dazu Ihre Aufzeichnungen ohne sich daran „festzuklammern".
- Suchen Sie während des Gesprächs **Blickkontakt** mit Ihren Prüfern. Sie können z. T. an deren Gesichtsausdruck erkennen, ob Sie auf dem richtigen Weg sind.
- Falls Sie die Tafel verwenden, entwickeln Sie ein sauberes Tafelbild. Teilen Sie sich bei größeren Tafelanschrieben den Platz ein.
- Achten Sie darauf, dass Ihr Referat nicht länger als zehn Minuten dauert, da Sie sonst vor dem Ende unterbrochen werden.

Während des zweiten Prüfungsteils
- Nehmen Sie sich Zeit, die Fragen des Prüfers zu verstehen. Falls Sie Teilaspekte der Frage nicht auf Anhieb verstehen, trauen Sie sich **nachzufragen.**
- Ordnen Sie Ihre Gedanken und beantworten Sie erst dann die Frage.
- Haben Sie eine Frage ausführlich beantwortet und fühlen sich sicher in dem Themengebiet, so versuchen Sie, das Prüfungsgespräch positiv zu beeinflussen. Deuten Sie Parallelen zu angrenzenden Themen an oder stellen Sie Vergleiche zu ähnlichen Sachverhalten an.

Nach der Prüfung werden Sie verabschiedet oder einer Ihrer Prüfer begleitet Sie zurück in den Vorbereitungsraum. Hier müssen Sie unter Umständen abwarten, bis alle Prüflinge mit dem gleichen Themenschwerpunkt zur Vorbereitung erschienen sind. Fragen Sie daher Ihren Kursleiter vorab, ob es passieren kann, dass Sie warten müssen und nehmen Sie sich gegebenenfalls etwas zur Beschäftigung mit.

Die Bewertung der Prüfung

Im Fach Biologie erstellen viele Erstprüfer eine Musterlösung zum Referat und den Zusatzfragen. So können die Mitglieder des Fachausschusses schon während der Prüfung notieren, welche Inhalte erläutert wurden. Werden Sie also nicht nervös, wenn Ihre Prüfer ständig mitschreiben. Die Notizen dienen im Anschluss zur Erstellung des Prüfungsprotokolls.

Sobald Sie den Raum verlassen haben, beginnt der Fachausschuss mit der Erstellung des Prüfungsprotokolls. In diesen Protokollen wird in geeigneter Weise festgehalten, welche Inhalte der Prüfling erläuterte, aber auch Wissenslücken oder Ungenauigkeiten werden notiert. Neben den Fachkenntnissen spielt auch die Gesprächsfähigkeit des Prüflings eine große Rolle. Eine angemessene Ausdrucksweise unter Anwendung der Fachsprache und eine anschauliche Darstellung sind ebenfalls wichtige Prüfungskriterien.

Prüfungsprotokolle unterscheiden sich von Schule zu Schule. Meist werden Protokollvorlagen oder -hilfen verwendet, um eine einheitliche Beurteilung sicherzustellen.

In folgender Tabelle sind mögliche Prüfungskriterien für das Kurzreferat bzw. für die Zusatzfragen aufgeführt und positive bzw. negative Wertungen zusammengestellt.

Kriterium	positiv	negativ
Problemerfassung	rasch, genau, exakt, stimmig, umfassend	zögernd, ungenau, Problem nur mit Hilfen bzw. nicht erfasst, oberflächlich
Kenntnisse	umfassend, vollständig, fundiert, genau	noch angemessen, lückenhaft, unbrauchbar, fehlerhaft, oberflächlich, gering
Gliederung	logisch, stimmig, klar	unstimmig, unlogisch, bloße Aneinanderreihung

Kriterium	positiv	negativ
Argumentation	schlüssig, logisch, konsequent, durchdacht, stichhaltig, überzeugend	unlogisch, nicht konsequent, nicht nachvollziehbar, unschlüssig, dürftig
Darstellung	überzeugend, anschaulich, treffend, gewandt	noch brauchbar, bemüht, unbrauchbar, unbeholfen
Vortragsweise	frei, flüssig, sicherer Umgang mit der Fachsprache, stilistisch einwandfrei, beweglich	unsaubere Ausdrucksweise, stockend, unsicher, abhängig vom Konzeptblatt

Nachdem das Protokoll angefertigt ist, einigt sich der Fachausschuss auf die Note. Die Prüfer sind dazu angehalten, Ihnen keine Informationen über die erzielten Notenpunkte zukommen zu lassen. Die Notenbekanntgabe aller im Abitur erreichten Ergebnisse findet an einem Termin statt, der von der Schulleitung bzw. den Oberstufenkoordinatoren mitgeteilt wird.

Stoffübersicht

☺ ☺ ☹

Wichtige Organellen der eukaryotischen Zelle:

Zellkern: Steuerungszentrum, Erbinformation auf Chromosomen, Doppelmembran mit Kernporen

Endoplasmatisches Reticulum (ER): Membrannetzwerk (raues und glattes ER), u. a. Synthese, Speicherung, Austausch von Stoffen

Golgi-Apparat: Membransystem (ein Membranstapel: Dictyosom), u. a. Synthese sekretorischer Vesikel und von Membranen

Mitochondrien: Organellen mit Doppelmembran, ATP-Synthese

Chloroplasten: Organellen mit Doppelmembran, Fotosynthese

Zellsaftvakuole (pflanzliche Zellen): Großer Zellsaftraum, Stabilität, Regulation des Wasserhaushalts, Stoffspeicherung

Lysosomen: Membranvesikel, Verdauung von Stoffen

Peroxisomen: Membranvesikel, u. a. Entgiftung von Stoffen

Ribosomen: Membranlose Organellen im Zytoplasma bzw. an Membran des rauen ER, 80S-Ribosomen, Orte der Translation

Wichtige Merkmale der prokaryotischen Zelle:

Kein echter Zellkern

Keine membranbegrenzten Organellen

70S-Ribosomen

Ringförmige DNA

Biomembran:

Merkmale und Aufbau:
- Phospholipiddoppelschicht, Lipide mit hydrophilen polaren Köpfchen und hydrophoben Fettsäureschwänzen
- Integrale und der Membran aufliegende (periphere) Proteine
- **Flüssigmosaikmodell:** Einbettung der Proteine in zähflüssige Doppellipidschicht

1

Funktionen:
- **Kompartimentierung** (Schaffung abgetrennter Reaktionsräume)
- Regulation des Stofftransports: **Passiver** Transport (**Diffusion** und Tunnelproteine), **aktiver** Transport (Carrier-Proteine)
- Aufbau, Erhalt und Veränderung elektrischer Potenziale

Merkmale und Wirkung von (Bio-)Katalysatoren/Enzymen:

Herabsetzung der Aktivierungsenergie und Beschleunigung von Reaktionen

Kein Verbrauch des Enzyms durch die Reaktion

Keine Veränderung des Gleichgewichts der katalysierten Reaktion

Substratspezifität: Ausschließliche Umsetzung spezifischer Verbindungen

Wirkungsspezifität: Reaktionsspezifische Katalyse

Schlüssel-Schloss-Prinzip: Bindung des Substrats an aktives Zentrum, Bildung des Enzym-Substrat-Komplexes

Einflüsse auf die Enzymaktivität:

Substratkonzentration
- **Michaelis-Menten-Konstante K_M:** Substratkonzentration bei halbmaximaler Reaktionsgeschwindigkeit ($\frac{1}{2}\, v_{max}$)
- Annäherung an maximale Reaktionsgeschwindigkeit (v_{max}) bei Substratsättigung

Temperatur: RGT-Regel, Hitzeinaktivierung (Denaturierung)

pH-Wert: Einfluss auf Ladungseigenschaften

Enzymgifte: Inaktivierung z. B. durch Schwermetalle, Alkohol

Regulation von Enzymen:

Kompetitive Hemmung: Konkurrenzreaktion um aktives Zentrum

Allosterischer Effekt: Konformations- und Funktionsänderung eines Enzyms durch Bindung eines Moleküls an allosterisches Zentrum
- Allosterische **Hemmung** (nicht kompetitive Hemmung): Schlechtere Substratbindung
- Allosterische **Aktivierung:** Bessere Substratbindung

Endprodukthemmung (häufig bei Stoffwechselketten): Hemmung eines Enzyms einer Reaktionskette durch End- oder Zwischenprodukt

Übungsreferat 1: Die Enzymaktivität von Papain

Das Enzym Papain findet man in den Kerncn und der Schale der Papaya, einer Obstfrucht. Es handelt sich dabei um eine Hydrolase, genauer um eine Protease. Der Papayabaum nutzt dieses Enzym vorwiegend zur Abwehr von Schädlingen.
Uns Menschen dient die Wirkung von Papain in der Küche als Zartmacher für Fleisch, als Nahrungsergänzungsmittel und Therapeutikum sowie als Zusatz in der Lebensmittelherstellung, z. B. um die unerwünschte Eintrübung von Bier zu verhindern.
Nachfolgend sind die Ergebnisse von Laborexperimenten zur Wirkungsweise und Beeinflussbarkeit von Enzymen am Beispiel des Papains aufgeführt.

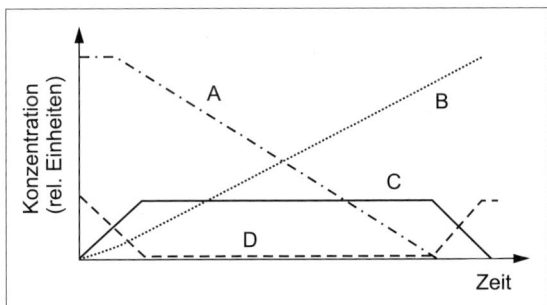

Konzentrationsverläufe der bei der Umsetzung von Proteinen durch Papain vorkommenden Stoffgruppen

Versuch	Substratkonzentration zu Beginn [mol/L]	Papaingehalt [%]	weitere Zusatzstoffe	Temperatur [°C]
1	1	0	–	30
2	2	0,1	–	30
3	1	0,1	–	30
4	1	0,1	$Cu(NO_3)_2$	30
5	1	0,1	–	10
6	1	0,1	–	80

Versuchsreihe zur Enzymaktivität von Papain

1 Erklären Sie allgemein den molekularen Mechanismus einer enzymatischen Reaktion und ordnen Sie den Kurven des Diagramms die an einer solchen Reaktion beteiligten Stoffgruppen begründet zu.

2 Erstellen Sie eine Reihung der Versuchsansätze 1–6 hinsichtlich der zu erwartenden Reaktionsgeschwindigkeit bezüglich des Proteinabbaus und erläutern Sie Ihre Ansicht. Unterstützen Sie Ihre Ausführungen durch Diagrammdarstellungen, die das Abhängigkeitsverhältnis der Reaktionsgeschwindigkeit von Substratkonzentration und Temperatur widerspiegeln.

Übungsreferat 2: Regulation von Enzymen

In der Zelle werden nahezu alle Stoffwechselreaktionen durch Biokatalysatoren, die sogenannten Enzyme, beschleunigt. In Abb. 1 ist die enzymatisch katalysierte Herstellung von Stoffwechselprodukt P dargestellt.

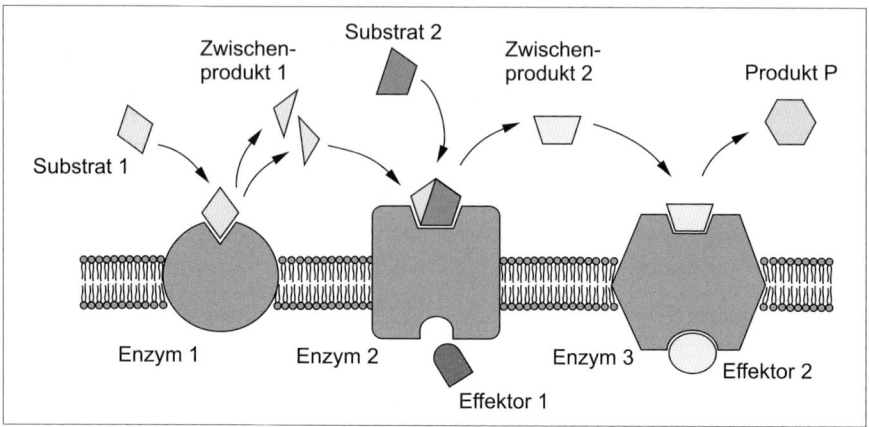

Abb. 1: Abfolge verschiedener Enzymreaktionen von Substrat 1 zu Produkt P

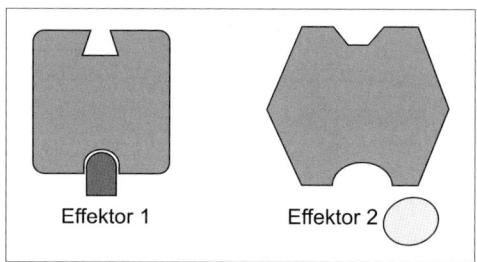

Abb. 2: Detailabbildungen von Enzym 2 und Enzym 3

1 Charakterisieren Sie Enzyme hinsichtlich ihrer Stoffnatur sowie ihrer Wirkungsweise.

2 Erläutern Sie die Herstellung von Produkt P ausgehend von Substrat 1.

3 Erklären Sie eine Möglichkeit zur Regulation der Enzymaktivität von Enzym 1 und stellen Sie die daraus resultierende Veränderung in Abhängigkeit von der Substratkonzentration grafisch dar.

1 Skizzieren und beschriften Sie den Bau einer Prozyte und nennen Sie den Hauptunterschied zur Euzyte.

2 Identifizieren Sie auf der folgenden Skizze nach einer elektronenmikroskopischen Aufnahme drei Zellorganellen und nennen Sie kurz deren Funktionen.

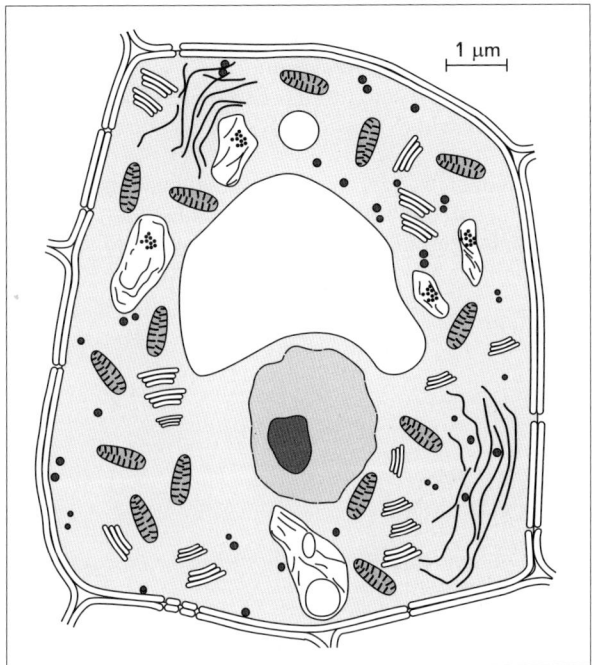

Skizze einer
pflanzlichen Zelle

3 Erläutern Sie anhand einer beschrifteten Skizze den Aufbau einer Biomembran.

4 Unterscheiden Sie die Begriffe „aktiver" und „passiver" Transport durch Biomembranen.

5 Einige Bakterien, z. B. Cyanobakterien, ernähren sich autotroph. Erklären Sie diesen Begriff kurz.

6 Erläutern Sie allgemein die Wirkungsweise von Enzymen anhand einer Skizze.

7 Erläutern Sie anhand eines aussagekräftigen Diagramms den typischen Kurvenverlauf für einen enzymatisch katalysierten Prozess.

8 Beschreiben Sie anhand einer Grafik die Auswirkungen auf K_M, wenn bei einem enzymatisch katalysierten Prozess neben dem Substrat auch noch Hemmstoffe anwesend sind.

Lösungen

Erwartungshorizont – Übungsreferat 1

1 Enzyme sind Stoffe, zumeist Proteine, die biochemische Reaktionen durch eine Herabsetzung der **Aktivierungsenergie** beschleunigen. Sie gehen aus der von ihnen beschleunigten Reaktion unverändert hervor und wirken damit als **Biokatalysatoren**.

Allgemeiner Ablauf einer enzymatischen Reaktion:
- In einer reversiblen Reaktion bindet zunächst das **Enzym** (E) über eine spezifische Bindestelle an das **Substrat** (S), es bildet sich der **Enzym-Substrat-Komplex** (ES).
- Das Substrat wird zum Produkt (P) bzw. mehreren Produkten umgesetzt, von besonderer Bedeutung ist hierbei das **aktive Zentrum** des Enzyms.
- Der Enzym-Substrat-Komplex zerfällt in das bzw. die **Produkt(e)** und das Enzym.

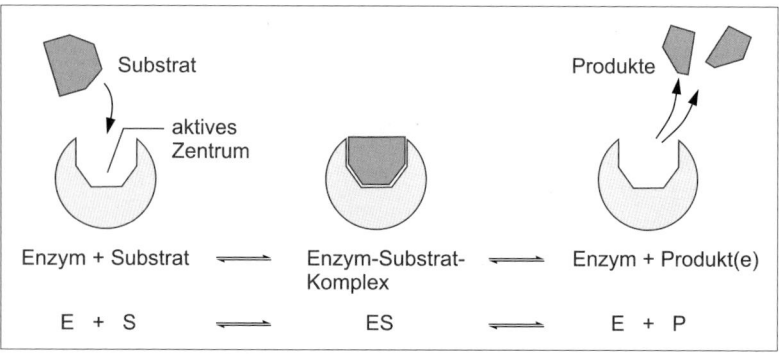

Zur grundlegenden Erfüllung der Aufgabenstellung würde die Beschreibung des Ablaufs bereits ausreichen. Eine bildhafte Darstellung könnte den Vortrag jedoch unterstützen und aufwerten. Mit zusätzlichen Informationen demonstrieren Sie umfassende Kenntnisse. Grundsätzlich kann die Aufnahme oder das Auslassen optionaler Inhalte auch genutzt werden, um die Zeitvorgabe des Referats möglichst exakt zu erfüllen. Hier kann zusätzlich auf die Enzymspezifitäten und die Funktion von Proteasen eingegangen werden:
- *Substratspezifität: Enzyme setzen hoch spezifisch nur bestimmte Substrate gemäß dem Schlüssel-Schloss-Prinzip um.*
- *Wirkungsspezifität: Enzyme ermöglichen nur eine bestimmte Reaktion des Substrats (Hin- und Rückreaktion gleichermaßen).*
Proteasen spalten Proteine, sodass kurzkettigere Peptide oder Aminosäuren entstehen. Der Begriff Hydrolase signalisiert, dass bei der Spaltung der Peptidbindungen Wasser verbraucht wird.

6

Zunächst sollte jeweils kurz der Verlauf in den wesentlichen Punkten beschrieben werden. Die Begründung kann entweder allgemein gehalten oder speziell auf Papain zugeschnitten sein.

Zuordnung der Kurven:

A **Substrat** ist zu Beginn vorhanden; im Verlauf der Reaktion geht die Substratkonzentration auf null zurück, da das Substrat abgebaut wird.

D **Enzyme** sind zu Beginn vorhanden, deren Konzentration fällt im Verlauf jedoch fast auf null und steigt gegen Ende des Zeitraums wieder auf den Ursprungswert. Die Enzyme liegen zunächst überwiegend als Enzym-Substrat-Komplexe und nach Verbrauch des Substrats wieder frei vor.

C Von null ausgehend steigt die Konzentration der **Enzym-Substrat-Komplexe** auf das Ausgangsniveau der Enzymkonzentration und fällt gegen Ende des Verlaufs wieder auf null ab. Der Enzym-Substrat-Komplex kann sich erst nach der Enzymzugabe bilden und tritt nach Verbrauch des Substrats nicht mehr auf.

B Die Konzentration der **Produkte** steigt zunächst langsam, dann konstant steil an. Das Produkt liegt zunächst nicht vor, wird aber dann durch den Substratabbau erzeugt. Sobald näherungsweise alle Enzyme als Enzym-Substrat-Komplex gebunden sind, ist die maximale Enzymaktivität unter den gegebenen Bedingungen erreicht, sodass die Produktzunahme konstant verläuft.

2 **Reihung der Enzymaktivität (ansteigend):**
   $1 < 4 + 6 < 5 < 3 < 2$

Begründung:

– In Ansatz 1 ist kein Enzym vorhanden, daher wird die Reaktion auch nicht beschleunigt. Ansätze wie dieser dienen als Referenz/Kontrolle, um enzymunabhängige Prozesse erfassen zu können.

– In den Ansätzen 4 und 6 dürfte keine bzw. die niedrigste Enzymaktivität festzustellen sein. In Ansatz 4 führen sehr wahrscheinlich Kupferionen als Schwermetallionen zu einer irreversiblen Hemmung bzw. zu einer „Vergiftung" der Enzyme. Die hohen Temperaturen in Ansatz 6 bewirken vermutlich eine hitzebedingte **Denaturierung**. Dadurch wird die Tertiärstruktur des Enzyms verändert und es kann keine Substratbindung mehr erfolgen.

In Ansatz 6 sollte die Reaktion etwas schneller ablaufen, da die Temperatur erhöht ist und der Proteinabbau daher auch ohne Enzym beschleunigt sein dürfte (RGT-Regel). Eine differenzierte Beurteilung der beiden Ansätze ist ohne weitere Informationen kaum möglich.

– Die niedrige Temperatur in Ansatz 5 lässt eine etwas geringere enzymatische Wirkung als in Ansatz 3 vermuten. Dies lässt sich mit der **RGT-Regel** (Reaktionsgeschwindigkeits-Temperatur-Regel) bzw. der **van't Hoff'schen Regel** begründen, der zufolge eine Temperaturerhöhung um 10 °C die Reaktionsgeschwindigkeit chemischer Reaktionen verdoppelt bis vervierfacht.

Es bietet sich an, die Diagramme direkt bei der Erläuterung der Reihung der Versuchsansätze einzubeziehen. Grundsätzlich empfiehlt es sich hier, die Abbildungen bereits in der Vorbereitungszeit anzufertigen. Besonders geeignet sind dafür zur Verfügung gestellte OHP-Folien.

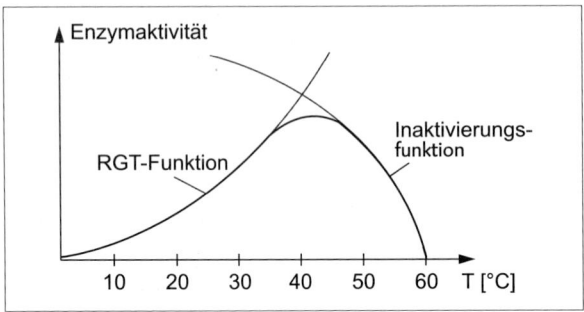

– Die höchste Enzymaktivität ist in Ansatz 2 zu erwarten, da dort neben einer günstigen Temperatur eine erhöhte Substratkonzentration vorliegt. Die Enzymaktivität nimmt grundsätzlich mit steigender Substratkonzentration so lange zu, bis die sogenannte **Substratsättigung** erreicht ist, bei der näherungsweise alle vorhandenen Enzyme an ihrem aktiven Zentrum durch Substratmoleküle besetzt sind.

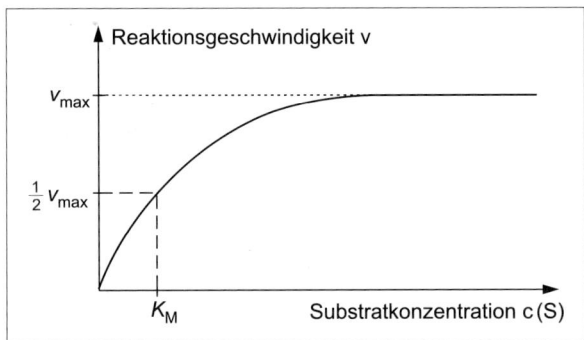

K_M steht für die Michaelis-Konstante, eine Maßzahl zur Quantifizierung der Leistungsfähigkeit von Enzymen. Sie bezeichnet die Substratkonzentration, bei der die Hälfte der Maximalgeschwindigkeit erreicht ist.

1 **Charakterisierung von Enzymen:**
   – Sie sind meist Proteine und wirken als Biokatalysatoren.
   – Sie setzen die für eine Reaktion erforderliche Aktivierungsenergie herab.
   – Sie werden nicht verbraucht und wirken bereits in geringer Konzentration.
   – Sie setzen **substratspezifisch** meist nur bestimmte Verbindungen um.
   – Sie können **wirkungsspezifisch** nur eine bestimmte Reaktion katalysieren.

2 *Zur vollständigen Beantwortung muss auch Abb. 2 berücksichtigt und in die Erläuterung einbezogen werden.*

   Herstellung von Produkt P:
   – Substrat 1 bindet an das **aktive Zentrum** von Enzym 1 und wird zu den Zwischenprodukten 1 gespalten. Das aktive Zentrum ist die Enzymregion, an die ein spezifisches Substrat nach dem Schlüssel-Schloss-Prinzip bindet. Es reagiert infolgedessen zu einem bestimmten Produkt (**Wirkungsspezifität**).
   – Je ein Teil von Zwischenprodukt 1 und Substrat 2 binden an das aktive Zentrum von Enzym 2; das Zwischenprodukt 2 wird synthetisiert. Effektor 1 (**= allosterischer Hemmstoff**) bindet an das allosterische Zentrum von Enzym 2, es kommt zur Konformationsänderung des Enzyms, sodass Substratmoleküle nicht mehr an das aktive Zentrum binden können. Es liegt eine Regulation durch allosterische Hemmung vor.
   – Zwischenprodukt 2 bindet an das aktive Zentrum von Enzym 3 und Produkt P entsteht. Effektor 2 (**allosterischer Aktivator, Cofaktor**) bindet an das allosterische Zentrum von Enzym 3; es kommt zur Konformationsänderung von Enzym 3, das dadurch seine volle katalytische Wirkung erreicht. Es handelt sich um eine Regulation durch allosterische Aktivierung.

3 **Möglichkeiten zur Regulation:**
   – Nicht kompetitive oder allosterische Hemmung: Enzym 1 besitzt kein allosterisches Zentrum, sodass diese Art der Hemmung nicht infrage kommt.
   – **Kompetitive Hemmung:**
   Kompetitive Hemmstoffe ähneln dem Substrat und binden in Konkurrenz zum Substrat an das aktive Zentrum, das so für das Substrat blockiert wird. Die Reaktion ist reversibel; durch eine Erhöhung der Substratkonzentration wird die Hemmung bei gleicher Hemmstoffmenge geringer. Diese Art der Regulation ist für Enzym 1 denkbar.

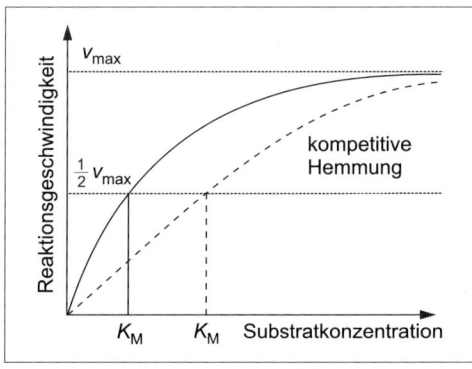

9

Erwartungshorizont – Zusatzfragen

1

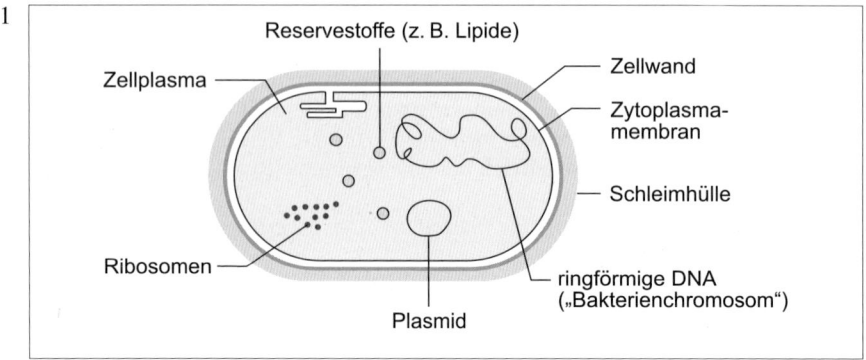

Die Prozyte besitzt keinen echten Zellkern. Die Erbsubstanz liegt frei im Zytoplasma.

2 Zellorganellen *(drei sind erwartet)*:

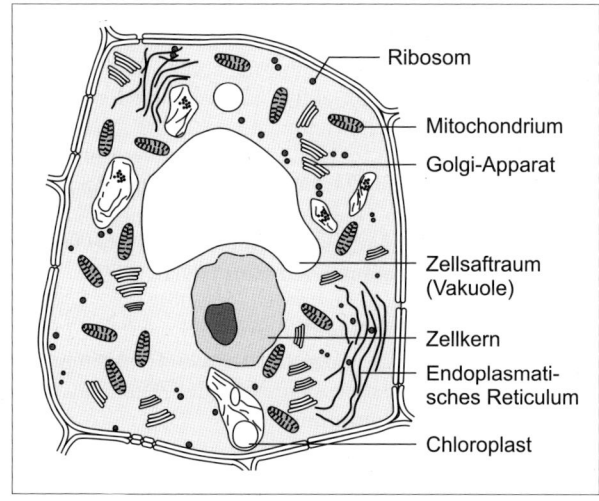

- Chloroplasten: Umwandlung von Lichtenergie in chemische Energie bei der Fotosynthese; aus CO_2 und H_2O wird energiereiche Glucose aufgebaut.
- Mitochondrien: Anaerober Abbau energiereicher Glucose bei der Zellatmung; die frei werdende Energie wird als ATP gespeichert.
- Golgi-Apparat: Bildung, Lagerung und Abgabe verschiedenster Stoffe
- Zellkern: Speicherort der DNA und damit der genetischen Information, Steuerung von Stoffwechselvorgängen, Wachstum und Entwicklung
- Endoplasmatisches Reticulum: Transportaufgaben, Bildung von Membranmaterial
- Vakuole: Sammlung verschiedener Stoffe, Beitrag zur Festigkeit der Zelle
- Ribosomen: Aufbau der Proteine durch Translation der mRNA

3

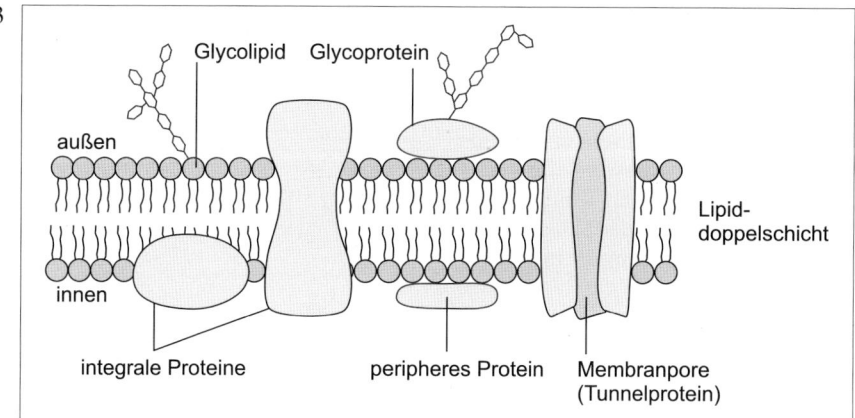

4 Unter **aktivem Transport** versteht man die Bewegung einer Substanz durch eine Biomembran gegen das Konzentrationsgefälle. Sie wird unter Verbrauch von Energie von spezifischen Proteinmolekülen vermittelt. Als **passiven Transport** bezeichnet man alle Transportmechanismen, die ohne Energieaufwand ablaufen, wie etwa die Diffusion. Durch eine semipermeable bzw. selektiv permeable Membran wird dieser Vorgang als Osmose bezeichnet.

5 Autotrophe Organismen besitzen die Fähigkeit, energiereiche organische Stoffe aus energieärmeren anorganischen Stoffen selbst herzustellen.

6 Die Wirkungsweise von Enzymen beruht auf dem **Schlüssel-Schloss-Prinzip**: Ein Substrat (Schlüssel) wird nur umgesetzt, wenn es aufgrund seiner räumlichen Struktur in das aktive Zentrum des Enzyms (Schloss) passt. Auf diese Weise bildet sich ein Enzym-Substrat-Komplex und das Substrat wird katalytisch umgesetzt. Anschließend löst sich das Endprodukt der Katalyse wieder aus dem aktiven Zentrum und das Enzym liegt wieder frei vor.

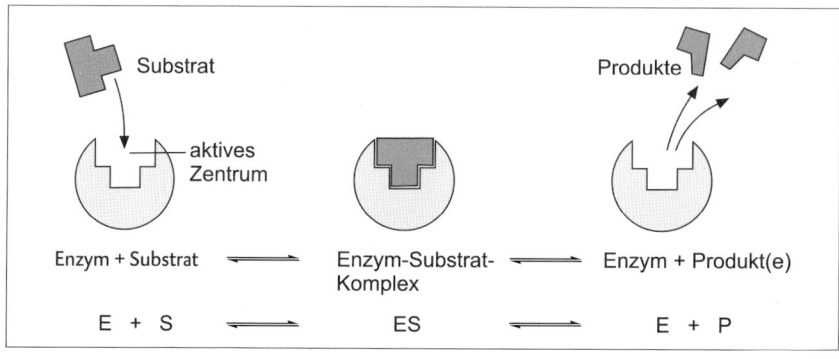

7 Bei niedriger Substratkonzentration ist die Wahrscheinlichkeit gering, dass sich Enzym- und Substratmoleküle begegnen. Damit ist auch die Wahrscheinlichkeit sehr niedrig, dass sich der für die Reaktion erforderliche Enzym-Substrat-Komplex bildet. Mit zunehmender Substratkonzentration werden immer mehr aktive Zentren besetzt und die Reaktionsgeschwindigkeit steigt nahezu linear an. Nimmt die Substratkonzentration weiter zu, nähert sich die Kurve asymptotisch der maximalen Reakti-

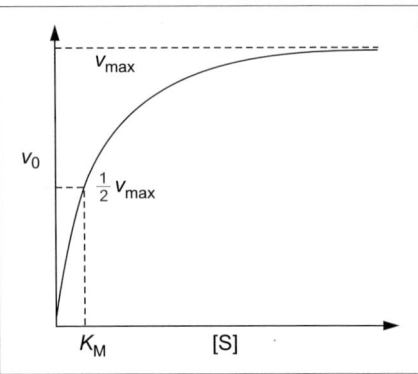

onsgeschwindigkeit v_{max} an, bei der alle Enzymmoleküle mit Substrat belegt (gesättigt) sind. Eine weitere Erhöhung der Substratmenge führt daher zu keiner weiteren Erhöhung der Reaktionsgeschwindigkeit.

Die Michaelis-Konstante entspricht der Substratkonzentration, bei der die Hälfte der Enzymmoleküle als Enzym-Substrat-Komplexe vorliegt. K_M wird also bei der Hälfte von v_{max} erreicht.

8 Kurve A in nebenstehender Abbildung zeigt die Reaktionsgeschwindigkeit in Abhängigkeit von der Substratkonzentration in Abwesenheit von Inhibitoren.

Bei der **kompetitiven** Hemmung wird v_{max} erst bei größerer Substratkonzentration erreicht; dadurch ergibt sich ein höherer Wert für K_M (Kurve B).

Bei der **allosterischen** Hemmung hingegen wird v_{max} nicht erreicht. Der K_M-Wert ist jedoch identisch mit dem der ungehemmten Reaktion (Kurve C).

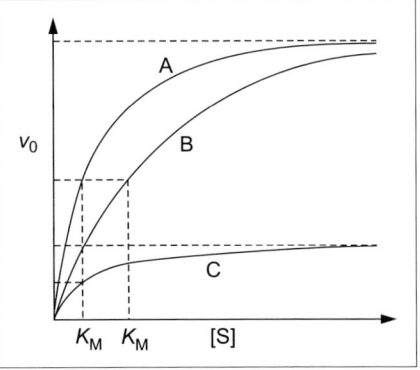

Stoffübersicht

$\ddot\smile$ $\ddot-$ $\ddot\frown$

Aufbau und Funktion von Chloroplasten:

Aufbau: Doppelmembran, **Thylakoide** (Membraneinstülpungen), im **Stroma** ringförmige DNA und (70S-)Ribosomen

Fotosysteme (FS I und FS II) in der Thylakoidmembran: **Antennen-komplex** aus akzessorischen Pigmenten und **Reaktionszentrum** aus Chlorophyll-a-Paar und primärem Elektronenakzeptor

Reaktionen: Lichtreaktion (Thylakoide), Dunkelreaktion (Stroma)

Historische Experimente zur Aufklärung der Fotosynthese:

Hill-Reaktion: Erster Hinweis auf zwei Reaktionssysteme

Tracer-Methode: Nachweis der Herkunft des Gesamt-O_2 aus Foto-lyse von H_2O

Emerson-Effekt: Hinweis auf zwei gekoppelte Fotosysteme, die in Kombination mehr als einzeln leisten

Lichtreaktion:

Nichtzyklischer Elektronentransport:
– Lichtabsorption durch P 680 (FS II), Anregung und Transfer von Elektronen (über primären Elektronenakzeptor) auf Redoxsysteme in Elektronentransportkette
– Lichtabsorption durch P 700 (FS I), Anregung von Elektronen und Transfer (über primären Elektronenakzeptor) auf Elektronentrans-portkette, Reduktion von $NADP^+$
– Auffüllen der Elektronenlücke in RZ durch **Fotolyse** des Wassers (FS II) bzw. durch Elektronen aus Elektronentransportkette (FS I)

Zyklischer Elektronentransport: Nur P 700 ist aktiv, Elektronen-rückführung zu P 700, höhere ATP-Ausbeute, keine Bildung von $NADPH/H^+$ und O_2

Fotophosphorylierung: Aufbau eines Protonengradienten zur ATP-Synthese durch Transfer von H^+ in Thylakoidinnenraum, Bildung von $NADP/H^+$ im Stroma und von H^+ im Lumen (Fotolyse)

Bruttogleichung der Lichtreaktion:

$$12\ H_2O + 12\ NADP^+ + 18\ ADP + 18\ P_i \longrightarrow 6\ O_2 +$$
$$12\ NADPH/H^+ + 18\ ATP$$

Dunkelreaktion – Calvin-Zyklus:

Fixierungsphase: Bindung von CO_2 an Ribulose-1,5-bisphosphat und Bildung von 2-Phosphoglycerinsäure (PGS)

Reduktionsphase: Reaktion von PGS zu 1,3-Bisphosphoglycerinsäure (BPGS), Abspaltung je einer Phosphatgruppe von BPGS und Reduktion durch $NADPH/H^+$ zu Glycerinaldehydphosphat (GAP) (Entstehung je eines Moleküls GAP pro Zyklusumlauf)

Regenerationsphase: Regeneration von Ribulose-1,5-bisphosphat

Abhängigkeit der Fotosynthese von Außenfaktoren:

Lichtqualität: Beste Absorption im roten und blauen Spektralbereich

Lichtintensität:
– Geringe Lichtintensität: Sauerstoffverbrauch, Zellatmungsrate höher als Fotosyntheserate
– **Kompensationspunkt:** Ausgleich von Sauerstoffverbrauch durch Zellatmung und Sauerstoffproduktion durch Fotosynthese
– Hohe Lichtintensität: Zunahme der Sauerstoffproduktion bis zum Sättigungswert
– **Apparente Fotosyntheserate:** Sauerstofffreisetzung nach Abzug des Sauerstoffverbrauchs durch die Zellatmung

CO_2-Gehalt (Luft: ca. 0,038 Vol.-%):
– Erhöhung der Fotosyntheserate mit steigendem CO_2-Gehalt
– **CO_2-Kompensationspunkt:** Ausgleich von CO_2-Produktion und -Verbrauch
– Oberhalb von 0,1 Vol.-% Sinken der Fotosyntheserate

Temperatur:
– **Starklicht:** Fotosyntheserate folgt RGT-Regel, oberhalb von 50 °C keine Fotosyntheserate mehr messbar (Hinweis auf enzymatische Fotosynthesevorgänge)
– **Schwachlicht:** Temperaturunabhängigkeit der Fotosyntheserate bis ca. 40 °C (Hinweis auf zwei unterschiedliche, voneinander abhängige Teilreaktionen)

Engpassmodell: Begrenzung der Fotosyntheseleistung durch den Außenfaktor mit der geringsten Effektivität

Die folgende Abbildung zeigt eine Modellvorstellung der Lichtreaktionen der Fotosynthese und nähert sich damit dem tatsächlichen Ablauf der Prozesse vereinfachend an.

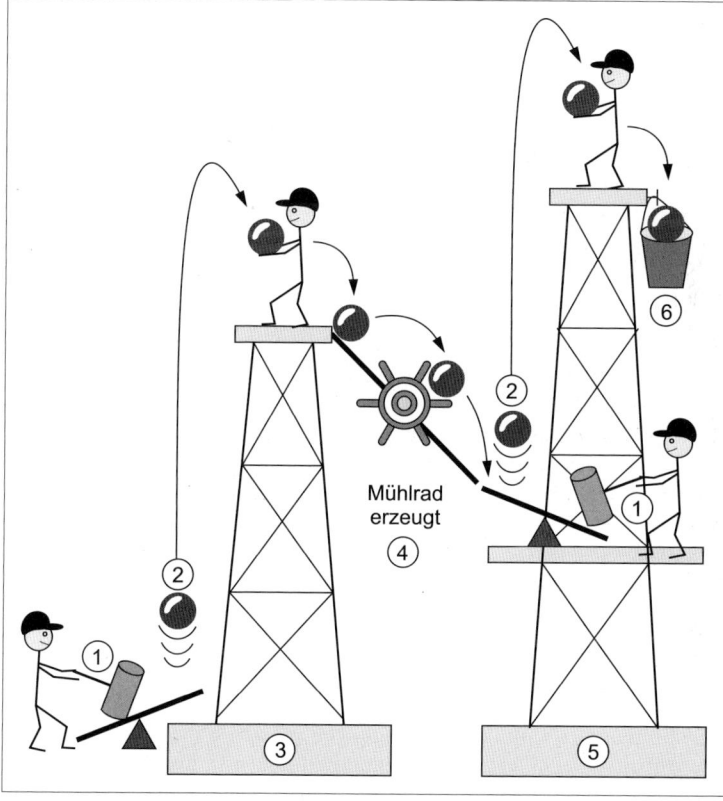

Mühlrad erzeugt ④

Schema zur Lichtreaktion *(verändert nach: © Richard Walker, aus: Walker, David. (1992) „Energy, Plants and Man" Oxygraphics Ltd, 2nd revised edition)*

1 Benennen Sie die in der Abbildung mit den Ziffern 1 bis 6 bezeichneten Strukturen mit Fachbegriffen.

2 Beschreiben Sie anhand der Abbildung die Lichtreaktionen der Fotosynthese.

Übungsreferat 4: Versuchsanbau im Gewächshaus

Seit Ende der 1980er-Jahre wird in Europa mithilfe umfangreicher Glas- bzw. Gewächshausanlagen eine ganzjährige und saisonunabhängige Versorgung mit verschiedenen Gemüsearten wie Tomaten und Paprika erzielt. Diese aufgrund ihres Platz- und Ressourcenbedarfs auch kritisch zu sehende Anbaumethode erlaubt es, alle äußeren Faktoren, die auf die Fotosynthese und damit das Pflanzenwachstum Einfluss nehmen, sehr gezielt zu steuern und auf die jeweiligen Pflanzenbedürfnisse abzustimmen.

Tomatenpflanzen im Gewächshaus
(Goldlocki, http://commons.wikimedia.org/wiki/File:Tomato_P5260299b.jpg, CC BY-SA 3.0)

Eine neue Kulturpflanze aus dem Mittelmeerraum soll in einem Gewächshaus angebaut werden. Ihnen obliegt es, sämtliche Bedingungen innerhalb des Gewächshauses für einen ersten Anbauversuch festzulegen. Während Sie alle anderen relevanten abiotischen Faktoren stufenlos regulieren können, stehen Ihnen lediglich grüne, rote und weiße (Vollspektrum) Leuchtmittel zur Verfügung.

1 Schlagen Sie für den Betrieb eines Gewächshauses günstige und für die Fotosynthese relevante Bedingungen vor und erläutern Sie die Auswirkungen von Veränderungen der entsprechenden Bedingungen unter Einbeziehung geeigneter, allgemeiner Diagrammdarstellungen.

2 Beschreiben Sie eine Möglichkeit, die Auswirkungen von Veränderungen auf die Fotosyntheseleistung zu überprüfen.

16

Zusatzfragen: Energiebindung und Stoffaufbau durch Fotosynthese

1 a) Nennen Sie die Pigmente, die für die Fotosynthese von Bedeutung sind, und beschreiben Sie deren Aufgaben.

   b) Skizzieren Sie das Absorptionsspektrum eines Pigments Ihrer Wahl.

2 Beschreiben Sie die Durchführung der Tracer-Methode zur Aufklärung der Fotosynthese und erklären Sie die Beobachtungen anhand einer Reaktionsgleichung.

3 Beim „Engelmannschen Bakterienversuch" werden mithilfe eines Prismas die einzelnen Farben des Lichtspektrums auf eine fadenförmige Grünalge im Wasser projiziert. Ebenfalls im Wasser befindliche Bakterien reagieren auf Sauerstoff chemotaktisch positiv, d. h., sie wandern dahin, wo viel Sauerstoff vorhanden ist. Erklären Sie die Ergebnisse, die in der Abbildung dargestellt sind.

In der Prüfung erhalten Sie diese Abbildung z. B. als Folie für den Projektor.

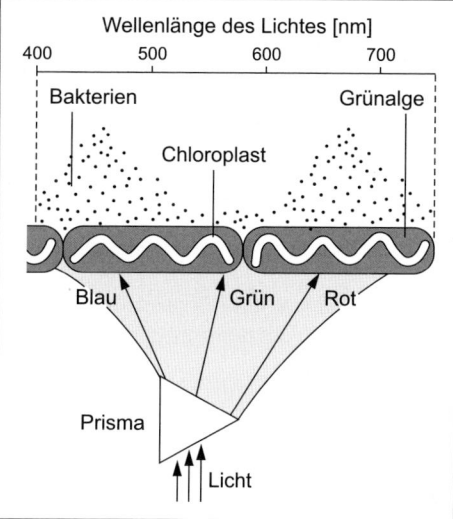

Engelmannscher Bakterienversuch
(verändert nach: www.spektrum.de/lexikon/
biologie-kompakt/engelmann-versuch/3655)

4 a) Fertigen Sie eine schematische Skizze zur Lichtreaktion beim nichtzyklischen Elektronentransport an.

   b) Zur lichtabhängigen Synthese von ATP ist ein Konzentrationsgefälle von Protonen zwischen Lumen und Stroma nötig. Geben Sie die Prozesse an, die zur Schaffung dieses Protonengradienten nötig sind.

5 Formulieren Sie die Bruttogleichung der Dunkelreaktion.

6 Beschreiben Sie einen Versuch, mit dem Sie die Abhängigkeit der Fotosynthese von der Lichtquantität untersuchen können, und erläutern Sie die dazugehörigen Ergebnisse.

17

Erwartungshorizont – Übungsreferat 3

1 *Die Benennung der Ziffern 1 bis 6 sollte bereits während der Vorbereitungszeit durch Beschriften der Abbildung bzw. Folie erfolgen.*

① Je ein (eigentlich zwei) Photon(en)

② Je ein (zwei) Elektron(en)

③ Fotosystem II bzw. P 680

④ ATP

⑤ Fotosystem I bzw. P 700

⑥ NADP$^+$

2 *Der Ablauf der Lichtreaktionen muss logisch dargestellt und klar strukturiert werden. Die folgende Darstellung ist nur eine Möglichkeit, ausgehend von FS I.*

Anregung von FS I (5) durch Licht:
- Zwei Elektronen im Chl-a$_{700}$ des FS I werden durch Photonen (bzw. durch von Antennenpigmenten übertragene Energie) angeregt und auf ein höheres Energieniveau gebracht. Diese energiereichen Elektronen werden entweder über eine Elektronentransportkette (Ferredoxin) auf das Coenzym NADP$^+$ (6) übertragen oder auch über den zyklischen Elektronentransport wieder zum FS I zurückgeleitet.
- NADP$^+$ nimmt die zwei Elektronen auf und reagiert mit zwei Protonen (Wasserstoffionen) zu NADPH+H$^+$. Es wird als Reduktionsmittel in den Dunkelreaktionen benötigt.

Anregung von FS II (3) durch Licht:
- Zwei Elektronen im Chl-a$_{680}$ des FS II werden ebenfalls durch Photonen (bzw. durch von Antennenpigmenten übertragene Energie) angeregt und auf ein höheres Energieniveau gebracht. Diese energiereichen Elektronen werden über eine lineare oder zyklische Elektronentransportkette (Plastochinon, Cytochrom, Plastocyanin) auf das FS I übertragen.
- Das Chl-a$_{700}$ nimmt die zwei Elektronen auf und füllt damit die Elektronenlücke des FS I auf.

Fotolyse von Wasser:
- Die im angeregten Chl-a$_{680}$ entstehende Elektronenlücke wird durch die lichtinduzierte Spaltung von Wassermolekülen gedeckt.
- Dies führt bei zwei Wassermolekülen – neben der sukzessiven Übertragung von vier Elektronen auf das FS II – zur Freisetzung von vier Protonen (Wasserstoffionen) und einem Sauerstoffmolekül.

ATP-Synthese (4) durch Fotophosphorylierung:
- Der Elektronentransport zwischen FS II (P 680) und FS I (P 700) erfolgt über eine Kette von Redoxsystemen. Eines dieser Redoxsysteme nimmt die Elektronen auf und bindet dabei gleichzeitig Protonen aus dem Stroma. Bei der Weitergabe der Elektronen an das nächste Redoxsystem werden auch die Protonen wieder abgegeben, jedoch in den Thylakoidinnenraum.
- Durch die stetige Abnahme der Protonen im Stroma steigt dort der pH-Wert, und die Thylakoidmembran ist auf der Stromaseite negativ geladen.
- Durch die steigende Protonenkonzentration im Thylakoidinnenraum sinkt der pH-Wert, und die Innenseite der Thylakoidmembran ist positiv geladen.
- Durch den Transport von Protonen entstehen so ein Konzentrationsgefälle und ein Spannungsunterschied. Der Ausgleich dieser chemischen und elektrischen Potenziale erfolgt über die ATPase, einen Enzymkomplex, der in der Thylakoidmembran eingelagert ist. Der energieliefernde Protonenstrom entlang des Konzentrationsgefälles wird zum Aufbau von ATP aus ADP und Phosphat genutzt.

Sollte noch Zeit zur Verfügung stehen, kann zusätzlich noch auf den Ablauf und die Bedeutung des zyklischen Elektronentransports eingegangen werden. Dies sollte im Referat jedoch als weitere Möglichkeit klar zu der in der Abbildung dargestellten nichtzyklischen Elektronentransportkette abgegrenzt werden.

Zyklischer Elektronentransport:
Bei ausreichend $NADPH+H^+$ werden die Elektronen vom angeregten P_{700} nicht zum $NADP^+$, sondern (über Plastochinon) zurück in die nichtzyklische Elektronentransportkette transportiert. Dadurch wird zwar kein $NADPH+H^+$, aber vermehrt ATP gebildet.

Kurze einleitende Sätze zum Wesen und zur Bedeutung der Fotosynthese als einem der wichtigsten biochemischen Prozesse der Erde eignen sich zum Einstieg in das Referat. Einsetzbare Diagramme sollten nach Möglichkeit während der Vorbereitungszeit auf OHP-Folie o. Ä. angefertigt werden. Vergessen Sie dabei nicht, die Achsen zu beschriften.

1 **Außenfaktoren mit Einfluss auf die Fotosyntheseleistung:**
   – **Wellenlänge des Lichts:**
   Die Absorption wird maßgeblich durch Chlorophyll a, Chlorophyll b und β-Carotin beeinflusst. Aus der Summe aller absorbierenden Blattpigmente ergibt sich das sogenannte **Wirkungsspektrum** der Fotosynthese.

In diesem Zusammenhang können Sie kurz auf das Engelmann-Experiment, das die Abhängigkeit der Fotosyntheserate von der Wellenlänge des eingestrahlten Lichts zeigte, sowie auf Aufbau und Funktion der Antennenkomplexe eingehen.

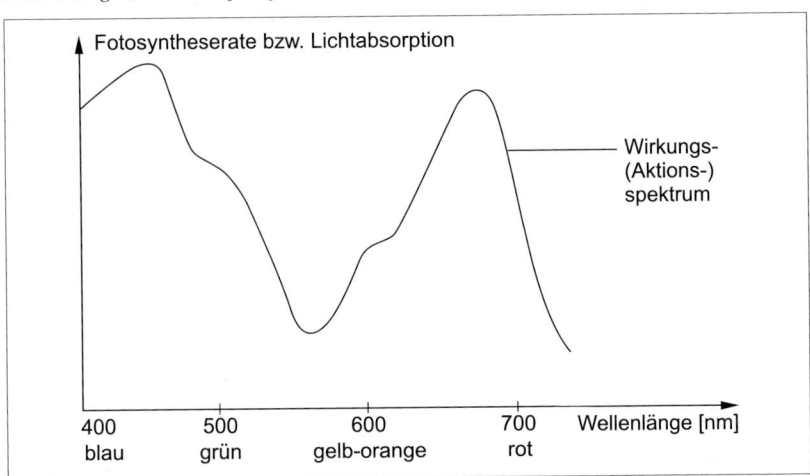

Vor allem im blauen Spektralbereich (zwischen 410 und 470 nm) sowie im roten Bereich (zwischen 650–680 nm) wird Licht absorbiert, kaum jedoch in der dazwischen liegenden „Grünlücke". Dementsprechend ist eine grüne Beleuchtung ungeeignet. Da bei rotem Licht nur eines der beiden Absorptionsmaxima genutzt werden kann, wäre die weiße Vollspektrumlampe für das Gewächshaus am vorteilhaftesten.

   – **Beleuchtungsstärke:**
   Bei einer geringen Lichtzufuhr wird der **Kompensationspunkt** nicht überschritten und die Pflanze verbraucht mehr Biomasse durch Zellatmung, als sie in der gleichen Zeit durch Fotosynthese erzeugen kann. Ab einer gewissen Beleuchtungsstärke wird ein Sättigungsniveau erreicht, ein deutliches Überschrei-

ten der Beleuchtungsstärke dieses Sättigungsbereichs kann zu einer Schädigung der Fotosysteme und damit zu einer Abnahme der Fotosyntheseleistung führen. Für den Versuchsanbau im vorliegenden Fall ist eine tendenziell höhere Beleuchtungsstärke zu empfehlen, da Pflanzen aus dem Mittelmeerraum häufig an starke Sonneneinstrahlungen angepasst sind.

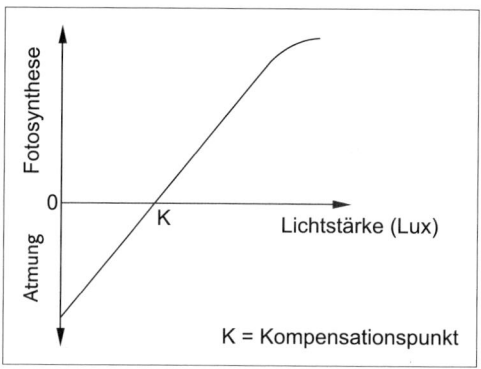

Eine konkrete Angabe in Lux ist in der Regel nicht nötig, es sei denn, dies war explizit Gegenstand im Unterricht. Optional kann hier kurz das unterschiedliche Verhalten von Sonnen- und Schattenpflanzen angesprochen werden.

– **Temperatur:**
   Bei hinreichend günstiger Beleuchtungsstärke folgt die Temperaturabhängigkeit der Fotosynthese einem Optimumsverlauf. Als maßgeblich von Enzymen abhängiger Prozess folgt die Fotosyntheserate zunächst der **RGT-Regel**, die eine Verdopplung bis Vervierfachung der Re-

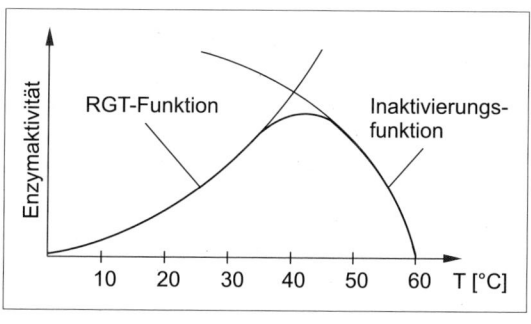

aktionsgeschwindigkeit bei einer Temperatursteigerung um 10 °C postuliert. Ab einem von der Pflanzenart abhängigen Temperaturoptimum sinkt die Fotosyntheserate durch eine hitzebedingte Denaturierung der beteiligten Enzyme und Proteine sowie ein stressbedingtes Verschließen der Stomata. Ein günstiger Wert für Pflanzen mit einer Anpassung an mediterranes Klima darf um 30 °C angenommen werden, wobei hierbei auch eine ausreichende Wasserversorgung sichergestellt sein muss.

– **Kohlenstoffdioxidkonzentration:**
Der **Kohlenstoffdioxid-Kompensationspunkt** liegt für die meisten Pflanzen
bei ca. 0,005 % (Volumenanteil). Bei ca. 0,07 % wird ein Sättigungsniveau erreicht. Deutlich höhere Anteile führen auch hier zu einer Verminderung der Fotosyntheseleistung (u. a. wegen einer Beeinträchtigung der Zellatmung).

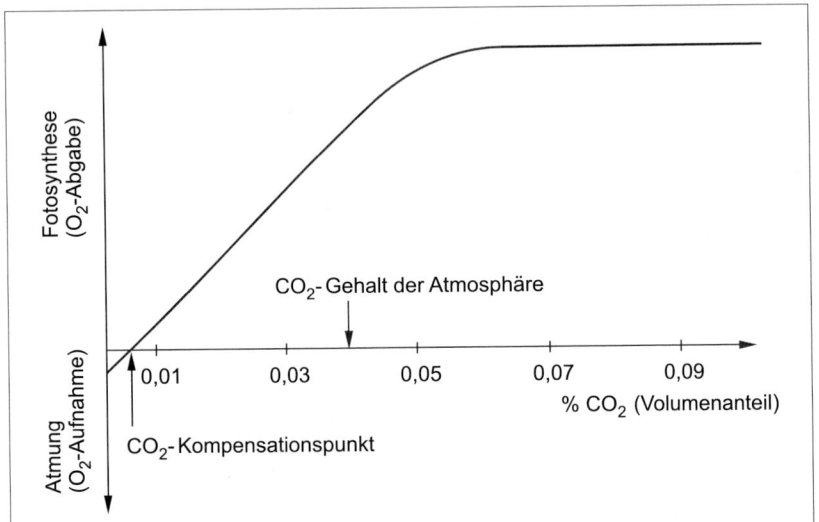

Des Weiteren ist eine hinreichende Wasserversorgung für Pflanzen unerläss-
lich, da Wassermangel zum Schließen der Stomata und einer Einschränkung der
Stoffwechseltätigkeit führen würde. Als biotische Einflussfaktoren könnten fer-
ner die Abwesenheit von Parasiten bzw. die Anwesenheit von Symbionten, z. B.
Mykorrhizapilzen, ergänzt werden.

2 **Überprüfung der Fotosyntheseleistung:**
   – Die Effekte potenzieller Veränderungen der genannten Parameter können über
     die Messung der Zunahme an Biomasse überprüft werden.
   – Bei entsprechender technischer Ausstattung bietet es sich an, die Sauerstoffpro-
     duktion innerhalb des Gewächshauses zu bestimmen.

Der Fokus dieser Aufgabe liegt klar auf den genannten abiotischen Außenfakto-
ren. Da dieser Themenbereich relativ viel Reproduktion verlangt, muss besonde-
rer Wert auf präzise und umfassende Erklärungen gelegt werden. Dies trifft auch
auf die Beschreibung der Diagramme zu, die eine entsprechende Fachsprache er-
fordert.

1 a) Das Hauptpigment der Fotosynthese ist **Chlorophyll a**. Daneben gibt es noch weitere Pigmente, sogenannte **akzessorische Pigmente** oder Hilfspigmente. Dabei handelt es sich um Chlorophyll b, Carotinoide und Xanthophylle. Pigmente absorbieren Licht bestimmter Wellenlänge. Die Energie des absorbierten Lichts wird dazu verwendet, um Elektronen auf ein höheres Energieniveau anzuheben. Pigmente sind in sogenannten **Fotosystemen** organisiert. Fotosysteme bestehen aus einem **Lichtsammelkomplex** und dem **Reaktionszentrum**. Die akzessorischen Pigmente des Lichtsammelkomplexes übertragen dabei die aufgenommene Energie auf das Reaktionszentrum, wo sie für die Aktivierung und den Transfer von Elektronen genutzt wird. Das Reaktionszentrum besteht aus einem Chlorophyll-a-Paar und einem primären Elektronenakzeptor.

b)

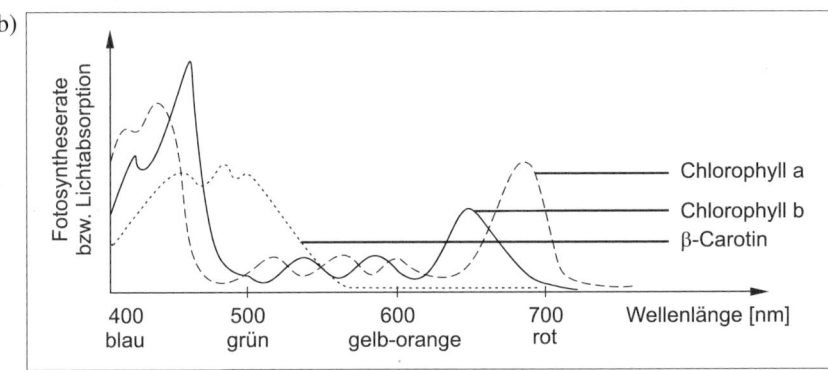

2 Bei der Tracer-Methode wird das für die Fotosynthese benötigte Wasser bzw. Kohlenstoffdioxid in je einem Versuch mit dem schweren Sauerstoffisotop ^{18}O markiert.
Setzt man markiertes Wasser ein, so stellt man fest, dass der gesamte gebildete Sauerstoff aus schweren Isotopen besteht. Setzt man markiertes Kohlenstoffdioxid ein, findet man im Anschluss die ^{18}O-Isotope im Traubenzucker und im Wasser.

$$6\ CO_2 + 12\ H_2O \longrightarrow C_6H_{12}O_6 + 6\ O_2 + 6\ H_2O$$
$$6\ CO_2 + 12\ H_2O \longrightarrow C_6H_{12}O_6 + 6\ O_2 + 6\ H_2O$$

Mithilfe dieser Methode wurde bewiesen, dass der gesamte gebildete Sauerstoff aus der Fotolyse des Wassers stammt.

3 Die Bakterien sammeln sich vor allem in den Bereichen an, wo die Grünalge mit rotem bzw. blauem Licht bestrahlt wird, nicht aber in dem Bereich, der dem grünen Licht ausgesetzt ist.
Da die Bakterien zu Orten mit hoher Sauerstoffkonzentration wandern, lässt sich schlussfolgern, dass die Algen in diesen Bereichen besonders viel Sauerstoff produzieren. Das lässt auf eine hohe Fotosyntheserate schließen.

Erklärbar ist dies durch das Wirkungsspektrum der Fotosynthesepigmente. Diese absorbieren besonders im blauen und roten Bereich des Lichts und nutzen die Energie zur Fotosynthese. Das grüne Licht wird kaum genutzt, weshalb in dem mit grünem Licht bestrahlten Bereich die Fotosyntheserate und somit die Sauerstoffproduktion gering sind.

4 a)

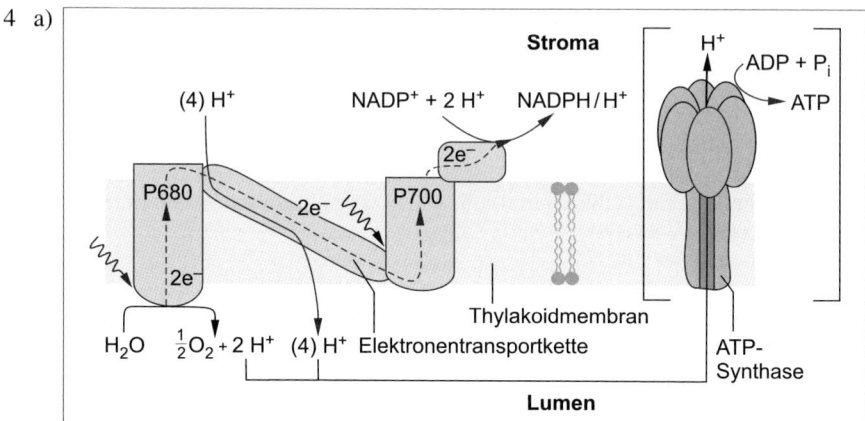

b) – Protonen werden bei der Lichtreaktion durch die Elektronentransportkette vom Stroma in das Lumen gepumpt.
   – Bei der Fotolyse des Wassers entstehen im Lumen Protonen.
   – Im Stroma werden Protonen bei der Bildung von NADPH/H$^+$ verbraucht.

5 $6\,CO_2 + 12\,NADPH/H^+ + 18\,ATP \longrightarrow$
   $C_6H_{12}O_6 + 12\,NADP^+ + 18\,ADP + 18\,P_i + 6\,H_2O$

6 *Ein Versuchsaufbau lässt sich häufig am einfachsten mit einer Skizze beschreiben. Nutzen Sie diese Möglichkeit.*

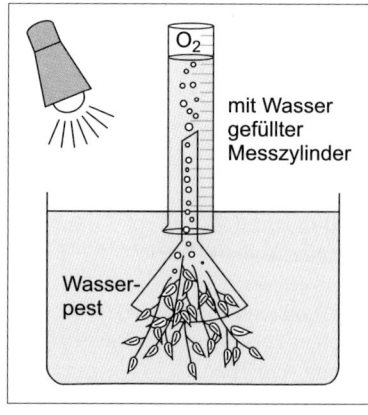

Versuch zur Abhängigkeit der Fotosynthese von der Lichtquantität
(verändert nach: www.ubz-stmk.at/luft1/experimente. htm#15)

– **Versuchsbeschreibung:** Sprossteile einer Wasserpflanze werden in einem Wasserbassin mit einem Trichter bedeckt, dessen Ende in einen umgedrehten, mit Wasser gefüllten Messzylinder mündet. Die Pflanze wird mit unterschiedlich hoher Lichtintensität bestrahlt. Die Sauerstoffproduktion, als Gasansammlung im Messzylinder sichtbar, dient als Maß für die Fotosyntheserate.

– **Beobachtung:** Bei sehr geringer Lichtintensität wird kein Sauerstoff abgegeben. Mit steigender Lichtintensität nimmt die Gasentwicklung bzw. die Fotosyntheserate zu. Ab einem gewissen Wert, der von Pflanze zu Pflanze unterschiedlich ist, steigt diese Rate nur noch sehr langsam bzw. gar nicht mehr an.

Wird die Lichtintensität sehr stark erhöht, so geht die Sauerstoffproduktion mit der Zeit zurück.

– **Erklärung:** Bei schwachem Licht wird kein Sauerstoff abgegeben, da von der Pflanze mehr Sauerstoff durch Zellatmung verbraucht wird, als durch die Fotosynthese hergestellt wird.

Am Kompensationspunkt entspricht die Sauerstoffproduktion dem Verbrauch. Wird die Lichtintensität weiter erhöht, steigt die Sauerstoffproduktion durch die Fotosynthese an.

Ist die maximale Fotosyntheseleistung erreicht, führt eine Steigerung der Lichtintensität zu keiner weiteren Steigerung der Fotosyntheserate. Man spricht von Lichtsättigung.

Bei zu starker Beleuchtung wird die Fotosynthese gehemmt, da die Pigmente zerstört werden können.

Stoffübersicht

☺ ☺ ☹

Aufbau und Funktion der Mitochondrien:

Aufbau: Doppelmembran, starke Faltung innerer Membran (Cristae), in der Matrix ringförmige DNA und (70S-)Ribosomen

Abläufe: Oxidative Decarboxylierung, Zitronensäurezyklus (Matrix), Atmungskette (Innere Mitochondrienmembran)

Glykolyse:

Umwandlung von Glucose in Brenztraubensäure (im Zytoplasma)

Bruttogleichung:
$$C_6H_{12}O_6 + 2\ NAD^+ + 2\ ADP + 2\ P_i \longrightarrow$$
$$2\ C_3H_4O_3 + 2\ NADH/H^+ + 2\ ATP$$

Zellatmung:

Oxidative Decarboxylierung:
Bruttogleichung:
$$2\ C_3H_4O_3 + 2\ NAD^+ + 2\ HS{\sim}CoA \longrightarrow$$
$$2\ C_2H_3O{\sim}SCoA + 2\ NADH/H^+ + 2\ CO_2$$

Zitronensäurezyklus (Citratzyklus, Krebszyklus):
Bruttogleichung:
$$2\ C_2H_3O{\sim}SCoA + 6\ NAD^+ + 2\ FAD + 2\ ADP + 2\ P_i + 6\ H_2O$$
$$\longrightarrow 4\ CO_2 + 6\ NADH/H^+ + 2\ FADH_2 + 2\ ATP + 2\ HS{\sim}CoA$$

Atmungskette (Endoxidation):
– Übertragung des von den Reduktionsäquivalenten aufgenommenen Wasserstoffs und der aufgenommenen Elektronen auf Sauerstoff unter Bildung von Wasser
– Schrittweise Reduktion von Sauerstoff mithilfe einer Elektronentransportkette (Prinzip der abgestuften Energiefreisetzung)
– Aufbau eines Protonengradienten über innerer Membran zur ATP-Synthese

Gesamtbilanz:
– Summengleichung:
$$C_6H_{12}O_6 + 38\ ADP + 38\ P_i \longrightarrow 6\ CO_2 + 6\ H_2O + 38\ ATP$$

– Wirkungsgrad η („eta"):

$$\eta = \frac{38 \cdot 30{,}5 \, kJ/mol}{2872 \, kJ/mol} = \frac{1159 \, kJ/mol}{2872 \, kJ/mol} = 0{,}40 \, (40\,\%)$$

Anaerober Abbau durch Gärung:

Milchsäuregärung:
– Bildung von Lactat aus Glucose (im Zytoplasma)
– Bruttogleichung:
$$C_6H_{12}O_6 + 2 \, ADP + 2 \, P_i \longrightarrow 2 \, C_3H_6O_3 + 2 \, ATP$$

– Wirkungsgrad: $\eta = \dfrac{61 \, kJ/mol}{2872 \, kJ/mol} = 0{,}02 \, (2\,\%)$

Alkoholische Gärung:
– Bildung von Ethanol aus Glucose (im Zytoplasma)
– Bruttogleichung:
$$C_6H_{12}O_6 + 2 \, ADP + 2 \, P_i \longrightarrow 2 \, C_2H_5OH + 2 \, ATP + 2 \, CO_2$$

– Wirkungsgrad: $\eta = \dfrac{61 \, kJ/mol}{2872 \, kJ/mol} = 0{,}02 \, (2\,\%)$

27

Die Zellatmung ist einer von mehreren möglichen zellulären Stoffwechselschritten zur Gewinnung chemischer Energie. Die folgende Abbildung zeigt eine unvollständige Übersicht über einen wesentlichen Schritt der Zellatmung.

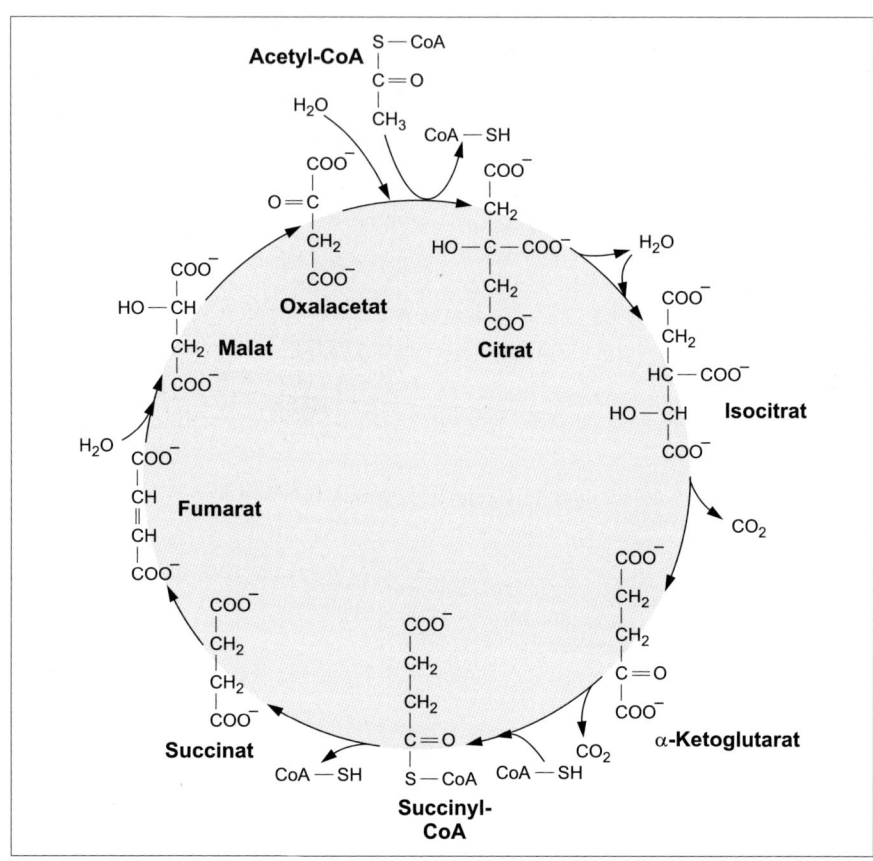

Übersicht über einen Teilschritt der Zellatmung

1 Benennen Sie den dargestellten Schritt der Zellatmung und ordnen Sie den Prozess in den Vorgang der Zellatmung ein.

2 Gehen Sie – unter Berücksichtigung der Gesamtenergiebilanz – anhand der Abbildung auf die Bedeutung des dargestellten Schrittes bei der Gewinnung chemischer Energie ein.

Übungsreferat 6: Fakultativ anaerob – die Bäckerhefe

In fast allen Kulturkreisen dient die Bäckerhefe *(Saccharomyces cerevisiae)* zur Herstellung von alkoholischen Getränken wie Wein oder Bier.

Im 19. Jahrhundert untersuchte der französische Chemiker und Mikrobiologie LOUIS PASTEUR den Stoffwechsel der Hefe, eines fakultativen Anaerobiers. Er stellte fest, dass Hefen Glucose unter anaeroben Bedingungen wesentlich schneller verbrauchen als bei ausreichender Sauerstoffversorgung. Dieses Phänomen wird nach seinem Entdecker auch als Pasteur-Effekt bezeichnet. Bei Anwesenheit von Sauerstoff schaltet die Hefe stets auf den aeroben Stoffwechsel um.

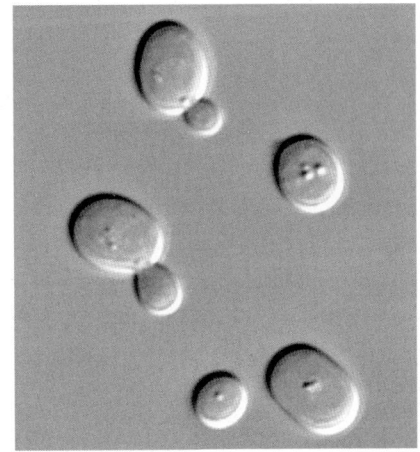

Sprossende Zellen von *Saccharomyces cerevisiae*

1 Erklären sie den sogenannten Pasteur-Effekt, indem Sie auf die zugrunde liegenden Stoffwechselprozesse eingehen.

2 Beschreiben Sie die vielfältigen Verwendungsmöglichkeiten der (Bäcker-)Hefe anhand von Beispielen.

3 Skelettmuskelzellen der Säugetiere können auch als „fakultative Anaerobier" bezeichnet werden. Erläutern Sie diesbezüglich Gemeinsamkeiten und Unterschiede zur Bäckerhefe.

Zusatzfragen: Grundprinzipien der Energiefreisetzung durch Stoffabbau

1 Geben Sie einen kurzen Überblick über den aeroben Abbau von Glucose.

2 Vergleichen Sie die beiden am häufigsten vorkommenden anaeroben katabolen Stoffwechselwege.

3 Erläutern Sie den Begriff „fakultative Anaerobier" anhand eines Beispiels.

4 Vergleichen Sie die Verwendung und Regeneration der Reduktionsäquivalente bei der Zellatmung und der Gärung.

5 Die Glykolyse ist ein Schritt bei der Energiegewinnung durch Abbau von Kohlenhydraten. Diskutieren Sie, wann in der Evolution die Glykolyse entstanden sein könnte.

6 Grüne Pflanzen betreiben Fotosynthese. Begründen Sie, welcher weitere Stoffwechselweg des Energiestoffwechsels bei ihnen vorkommt.

7 Die Sommerwurz, ein Vollschmarotzer, ist in ihrer Ernährung vollständig von ihrer Wirtspflanze abhängig. Sie ist gelb bis braun und hat verkümmerte Blätter. Mithilfe spezieller Saugorgane kann sie ihrer Wirtspflanze die benötigten Stoffe aus den Leitungsbahnen entziehen.
Begründen Sie, welche Stoffwechselvorgänge des Energiestoffwechsels bei der Sommerwurz ablaufen.

Sommerwurz (Gattung Orobanche)
(Franz Xaver, http://commons.wikimedia.org/wiki/File:Orobanche_elatior_1.jpg, lizenziert unter CC BY-SA 3.0)

30

Lösungen

Erwartungshorizont – Übungsreferat 5

1 Bei dem dargestellten Vorgang handelt es sich um den in den Mitochondrien ablaufenden **Citratzyklus** (Krebszyklus, Tricarbonsäurezyklus).
Als erster Schritt der Zellatmung läuft im Zytoplasma die **Glykolyse** ab, bei der Brenztraubensäure (BTS, Pyruvat) entsteht. BTS wird in den Mitochondrien durch **oxidative Decarboxylierung** in Acetyl-CoA umgewandelt. Acetyl-CoA wird in den Citratzyklus eingespeist. Die dabei entstehenden Reduktionsmittel werden in der **Atmungskette**, deren Komponenten an der inneren Mitochondrienmembran lokalisiert sind, benötigt.

2 *Die Beschriftung der Abbildung bzw. Folie mit den entscheidenden Schritten zur Gewinnung chemischer Energie (Bildung von ATP, NADH/H⁺ und FADH₂) sollte bereits während der Vorbereitungszeit erfolgen.*

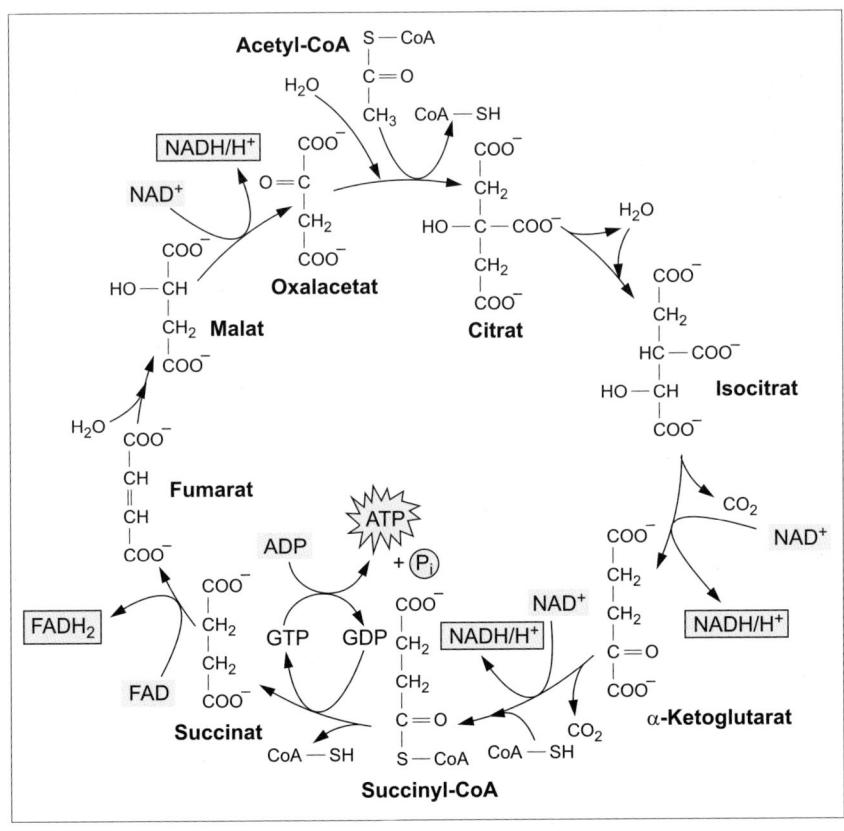

31

Der Ablauf der Zellatmung muss unter dem Gesichtspunkt der Gewinnung chemischer Energie logisch dargestellt und klar strukturiert werden. Die folgende Abfolge ist nur eine Möglichkeit, ausgehend von 1 mol Glucose. Die Bruttogleichungen der einzelnen Schritte sind laut Aufgabenstellung nicht verlangt, können aber zur Verdeutlichung beitragen.

Glykolyse im Zytoplasma:
- 1 mol Glucose wird durch doppelte Phosphorylierung aktiviert und anschließend in zwei C_3-Moleküle gespalten. Diese werden in mehreren Teilschritten zu zwei C_3-Molekülen Brenztraubensäure (BTS, Pyruvat) umgewandelt. Dabei werden 2 mol ATP pro mol Glucose gewonnen und zusätzlich 2 mol NADH/H$^+$ aufgebaut.
- Bilanz:
$$C_6H_{12}O_6 + 2\,NAD^+ + 2\,ADP + 2\,P_i \longrightarrow$$
$$2\,C_3H_4O_3 + 2\,NADH/H^+ + 2\,ATP$$

Citratzyklus im Zytoplasma:
- In den Mitochondrien erfolgt die schrittweise Abspaltung von 3 CO_2-Molekülen pro BTS. Bei dieser schrittweisen Oxidation von BTS werden 2 mol ATP pro mol Glucose gewonnen und zusätzlich 6 mol NADH/H$^+$ bzw. 2 mol FADH$_2$ aufgebaut.
- Bilanz der oxidativen Decarboxylierung:
$$2\,C_3H_4O_3 \longrightarrow 2\,\text{Acetyl-CoA} + 2\,CO_2 + 2\,NADH/H^+$$
- Bilanz des Citratzyklus:
$$2\,\text{Acetyl-CoA} + 6\,H_2O \longrightarrow 6\,NADH/H^+ + 2\,FADH_2 + 4\,CO_2 +$$
$$2\,ATP + 2\,\text{HS-CoA}$$

Atmungskette an der inneren Mitochondrienmembran:
- Der Wasserstoff der reduzierten Coenzyme NADH/H$^+$ bzw. FADH$_2$ wird in der Atmungskette über eine Reihe von Enzymen mit O_2 zu Wasser oxidiert. Über die beteiligten Redoxsysteme wird die beträchtliche Energie der Knallgasreaktion stufenweise freigesetzt und zum Aufbau von ATP genutzt (pro mol NADH/H$^+$ 2,5 mol ATP und pro mol FAD$_2$ 1,5 mol ATP).
- Bilanz:
$$10\,NADH/H^+ + 2\,FADH_2 + 6\,O_2 \longrightarrow 10\,NAD^+ + 2\,FAD + 12\,H_2O$$

Gesamtenergiebilanz:
Der Citratzyklus trägt zur Gesamtenergieausbeute von 28 mol ATP pro mol Glucose in der Zellatmung mit 2 mol ATP scheinbar nur einen geringen Teil bei. Durch die Bereitstellung von 6 mol NADH/H$^+$ und 2 mol FADH$_2$ für die Atmungskette können dort jedoch weitere 18 mol ATP gewonnen werden.

1 *Im Unterricht wird der Pasteur-Effekt in der Regel nicht explizit behandelt. Das Umschalten der Hefe vom anaeroben auf aeroben Stoffwechsel sollte Ihnen jedoch bekannt sein. Die Aufgabe erfordert, beide Stoffwechselwege zu vergleichen und vor allem auf den Energiegewinn und den Glucoseverbrauch einzugehen. Da der Schwerpunkt auf dem anaeroben Stoffabbau liegt, sollte der Fokus bei Ihrer Erklärung auf der alkoholischen Gärung liegen.*

Anaerobe Bedingungen: alkoholische Gärung

– **Schritt 1:** Glykolyse
1 Molekül Glucose (C_6-Körper) wird in 2 C_3-Körper (3-Phosphoglycerinaldehyd) zerlegt, die anschließend zu Brenztraubensäure (C_3-Körper) oxidiert werden. Dabei werden 2 Moleküle ATP („universelle Energiewährung") frei und es entstehen 2 Moleküle $NADH/H^+$ (Reduktionsäquivalente).

– **Schritt 2:** Decarboxylierung und Regeneration von NAD^+
Von Brenztraubensäure (C_3-Körper) wird zunächst Kohlenstoffdioxid (C_1-Körper) abgespalten. Das entstandene Ethanal (C_2-Körper) wird unter Verbrauch von $NADH/H^+$ zum Alkohol Ethanol (C_2-Körper) reduziert und das für die Glykolyse nötige NAD^+ regeneriert.

– Gesamtgleichung der alkoholischen Gärung:
$C_6H_{12}O_6$ (Glucose) + 2 ADP + 2 P_i $\longrightarrow$
2 C_2H_5OH (Ethanol) + 2 CO_2 + 2 ATP

– Energiegewinn pro Molekül Glucose: 2 ATP

Aerobe Bedingungen: Zellatmung

Glucoseabbau und Energiefreisetzung bei der Zellatmung in vier Schritten (Angaben in Molekülen pro Molekül Glucose):

– **Schritt 1:** Glykolyse: Es entstehen 2 ATP, 2 $NADH/H^+$
– **Schritt 2:** Oxidative Decarboxylierung: Es entstehen 2 CO_2, 2 $NADH/H^+$
– **Schritt 3:** Zitronensäurezyklus: Es entstehen 4 CO_2, 6 $NADH/H^+$, 2 $FADH_2$, 2 ATP
– **Schritt 4:** Atmungskette: Es entstehen 34 ATP aus 10 $NADH/H^+$ und 2 $FADH_2$
– Gesamtgleichung der Zellatmung (Bruttogleichung):
$C_6H_{12}O_6$ + 6 O_2 + 6 H_2O + 38 ADP + 38 P_i $\longrightarrow$
6 CO_2 + 12 H_2O + 38 ATP

– Energiegewinn pro Molekül Glucose: 38 ATP

Erklärung:

Der Wirkungsgrad der Zellatmung ist ca. 20-mal höher (38 ATP im Vergleich zu 2 ATP) als bei der alkoholischen Gärung. Daher muss für dieselbe Energieausbeute bei der alkoholischen Gärung fast 20-mal mehr Glucose verbraucht werden als bei der Zellatmung (Pasteur-Effekt). Die Zellatmung ist bei geeigneten Bedingungen (aerob) der bevorzugte Stoffwechselweg.

Bei ausreichender Zeit kann noch auf den Wirkungsgrad der Zellatmung von 38 %
eingegangen werden: Energiefreisetzung pro 1 mol ATP: 29 kJ; Energiefreiset-
zung pro 1 mol Glucose bei vollständiger Verbrennung: 2 870 kJ; Wirkungs-
grad = 38 · 29 kJ/2 870 kJ = 0,38.

2 *Diese Aufgabe eignet sich als Puffer, da sich die Beispiele mehr oder weniger*
ausführlich erklären lassen. Zusätzlich können Sie auf weitere Vorkommen der
Milchsäuregärung eingehen (Milchsäurebakterien zur Herstellung von Sauer-
milchprodukten, Sauerkraut etc.) sowie deren Nutzen (Konservierung durch Ab-
senkung des pH-Werts aufgrund der ausgeschiedenen Milchsäure). Alternativ ist
auch ein Ausblick auf weitere fakultative Anaerobier wie manche Bakterien,
Schnecken, Ringelwürmer oder parasitisch lebende Spulwürmer möglich.

Verwendungsmöglichkeiten der Bäckerhefe:
– Herstellung alkoholischer Getränke, z. B. Bier oder Wein

Ein Alkoholgehalt oberhalb von 18 % ist für die Hefe toxisch.

– Herstellung von Industriealkohol, z. B. als Biosprit „E10", Lösungsmittel, Aus-
gangsstoff für chemische Synthese
– Herstellung von Backwaren, z. B. Brot oder Kuchen; Kohlenstoffdioxid wirkt
als Treibmittel

3 **Gemeinsamkeiten** zwischen Bäckerhefe und Säugermuskelzelle:
– Bei ausreichender Sauerstoffversorgung wird der aerobe Stoffwechsel bevor-
zugt, da er eine höhere Energieausbeute ermöglicht.
– Der aerobe Stoffwechselweg ist identisch.
– Der erste Teil des anaeroben Stoffwechselwegs (= Glykolyse) ist identisch.

Unterschiede:
– Anaerobe Stoffwechselwege: In der Muskelzelle findet die Milchsäuregärung
statt, in der Hefezelle die alkoholische Gärung.
Summengleichung der Milchsäuregärung:
$$C_6H_{12}O_6 + 2 \ ADP + 2 \ P_i \longrightarrow 2 \ C_3H_6O_3 \ (\text{Milchsäure}) + 2 \ ATP$$
– Brenztraubensäure wird bei der Milchsäuregärung durch $NADH/H^+$ zu Milch-
säure anstatt zu Ethanol reduziert (= Regeneration von NAD^+).
– Es kommt bei der Milchsäuregärung nicht zur Kohlenstoffdioxidfreisetzung
(Gasentwicklung) wie bei der alkoholischen Gärung.
– Nach längerer Zeit besteht bei der Milchsäuregärung die Gefahr der Übersäue-
rung.
– Die Hefe ist ein einzelliger Organismus, die Muskelzelle hingegen Teil eines
Organs (Skelettmuskel) bzw. eines Organismus (hier: Säugetier).

1 Der aerobe Abbau von Glucose, die Zellatmung, läuft in vier Schritten ab:
   – Bei der **Glykolyse**, die im Zytoplasma stattfindet, wird Glucose in Brenztraubensäure umgewandelt. Dabei werden pro Molekül Glucose 2 Moleküle ATP (Energieäquivalente) und 2 Moleküle $NADH/H^+$ (Reduktionsäquivalente) freigesetzt.
   – Bei der in der Mitochondrienmatrix ablaufenden **oxidativen Decarboxylierung** wird Brenztraubensäure unter Abspaltung von Kohlenstoffdioxid in aktivierte Essigsäure umgewandelt. Dabei entstehen pro Glucosemolekül 2 Moleküle $NADH/H^+$.
   – Im ebenfalls in der Mitochondrienmatrix ablaufenden **Zitronensäurezyklus** werden schrittweise 4 Kohlenstoffdioxidmoleküle freigesetzt. Es werden 2 Moleküle ATP, 6 Moleküle $NADH/H^+$ und 2 Moleküle $FADH_2$ gebildet.
   – In der inneren Mitchondrienmembran werden in der **Atmungskette** die Elektronen der Reduktionsäquivalente $NADH/H^+$ und $FADH_2$ auf Sauerstoff übertragen. Dabei entstehen 34 Moleküle ATP und Wasser.
   Die Zellatmung kann in folgender Bruttogleichung zusammengefasst werden:
   $$C_6H_{12}O_6 + 6\ H_2O + 38\ ADP + 38\ P_i \longrightarrow 2\ CO_2 + 12\ H_2O + 38\ ATP$$

2 Es handelt sich um die **alkoholische Gärung** und die **Milchsäuregärung**. Der erste Schritt ist bei beiden Gärungen die Glykolyse. Im zweiten Schritt wird die entstehende Brenztraubensäure (C_3-Körper) bei der alkoholischen Gärung unter Kohlendioxidabgabe (C_1-Körper) in Ethanol (C_2-Körper) umgewandelt.
   Bei der Milchsäuregärung entsteht aus Brenztraubensäure Milchsäure (C_3-Körper). Der erste Schritt dient der Energiegewinnung, es werden pro Glucose 2 Moleküle ATP freigesetzt. Im zweiten Schritt wird das für die Glykolyse nötige NAD^+ regeneriert.
   Summengleichung der alkoholischen Gärung:
   $$C_6H_{12}O_6 + 2\ ADP + 2\ P_i \longrightarrow 2\ C_2H_5OH + 2\ CO_2 + 2\ ATP$$
   Summengleichung der Milchsäuregärung:
   $$C_6H_{12}O_6 + 2\ ADP + 2\ P_i \longrightarrow 2\ C_3H_6O_3 + 2\ ATP$$
   Die alkoholische Gärung findet man bei Hefen, die für die Herstellung alkoholischer Getränke wie Wein oder Bier verwendet werden oder bei der Backwarenproduktion als Treibmittel zum Einsatz kommen. Milchsäurebakterien betreiben Milchsäuregärung. Milchsäure dient z. B. in der Lebensmittelindustrie zur Herstellung von Sauermilchprodukten oder als Konservierungsmittel.

3 Die (Bäcker-)Hefe ist ein fakultativer Anaerobier, d. h., sie kann je nach Sauerstoffversorgung zwei unterschiedliche Stoffwechselwege beschreiten. Unter aeroben Bedingungen betreibt sie Zellatmung, unter anaeroben Bedingungen die alkoholische Gärung. Der bevorzugte Stoffwechselweg ist die Zellatmung, da die Energieausbeute dabei ca. 20-fach höher liegt (38 Moleküle ATP pro Glucosemolekül im Vergleich zu 2 Molekülen ATP).

4 Bei der Zellatmung werden in den ersten drei Schritten, der Glykolyse, der oxidativen Decarboxylierung und dem Zitronensäurezyklus, jeweils die Reduktionsäquivalente NADH/H$^+$ (FADH$_2$) hergestellt. Im vierten Schritt, der Atmungskette, werden diese mithilfe von Sauerstoff oxidiert und stehen dann wieder zur Elektronen- und Protonenaufnahme für die ersten drei Schritte zur Verfügung. Die frei werdende Energie wird in Form von ATP gespeichert. Dabei liegt der Energiegewinn aus der Atmungskette mit 34 Molekülen ATP pro Glucosemolekül deutlich höher als derjenige aus den ersten drei Schritten (4 Moleküle ATP). Bei den Gärungen wird Energie nur im ersten Schritt, der Glykolyse, gewonnen. Es entstehen pro Glucosemolekül 2 Moleküle ATP sowie 2 Moleküle NADH/H$^+$. Für den Ablauf der Glykolyse ist eine Regeneration der Reduktionsäquivalente zu NAD$^+$ nötig. Dies geschieht im zweiten Schritt: Bei der Milchsäuregärung wird dabei Brenztraubensäure zu Milchsäure umgewandelt, bei der alkoholischen Gärung entstehen aus Brenztraubensäure Ethanol und Kohlenstoffdioxid.

5 Einige Aspekte sprechen für eine evolutionär frühe Entstehung der Glykolyse. Sie ist der gemeinsame Stoffwechselweg für den aeroben und anaeroben Stoffabbau. Dabei stellt sie den ersten Schritt beim Abbau von Kohlenhydraten dar und ist bei rezenten Lebewesen weitverbreitet. Es ist wahrscheinlich, dass Organismen mithilfe der Glykolyse bereits Energie aus dem Stoffabbau durch Gärung (Milchsäure- und alkoholische Gärung) gewinnen konnten, bevor eine Sauerstoffatmosphäre auf der Erde vorhanden war (Entstehung vor ca. 2,5 Milliarden Jahren). Außerdem findet die Glykolyse im Zytoplasma statt; es waren also keine speziellen Organellen dafür nötig, die erst später in der Evolution entstanden sind.

6 Durch Fotosynthese speichern die grünen Pflanzen die Sonnenenergie, indem sie energiereiche, organische Stoffe (Glucose) aufbauen. Durch die **Zellatmung** können Pflanzen Glucose abbauen und die darin enthaltene Energie in Form von ATP (38 Moleküle ATP pro Glucosemolekül) wieder freisetzen und für andere Stoffwechselprozesse nutzen. Da grüne Pflanzen selbst Sauerstoff herstellen und in einer Sauerstoffatmosphäre leben, ist der aerobe Stoffabbau, die Zellatmung, möglich. Bei der Zellatmung wird Glucose mit Sauerstoff und Wasser zu Kohlenstoffdioxid und Wasser abgebaut.

7 Da die Sommerwurz kein **Chlorophyll** und nur verkümmerte Blätter besitzt, kann sie keine Fotosynthese (lichtabhängige Reaktion) betreiben und daher keine organischen Stoffe (Glucose) herstellen. Diese muss die Pflanze ihrer Wirtspflanze entnehmen. Für die ablaufende Zellatmung benötigt sie zudem Sauerstoff, den sie aus der Luft aufnimmt. Daraus erzeugt sie Kohlenstoffdioxid und Wasser sowie Energie in Form von ATP. Eventuell nimmt sie von der Wirtspflanze noch zusätzlich Wasser und/oder weitere Nährstoffe auf.

Stoffübersicht

☺ ☺ ☹

Aufbau der DNA:

Polymer aus **Nukleotiden: Zucker** (Desoxyribose), **Phosphatgruppe** am C_5-Atom und **organische Base** am C_1-Atom des Zuckers

Primärstruktur: Einzelner Polynukleotidstrang mit 5'-Ende (Phosphatgruppe) und 3'-Ende

Sekundärstruktur: Zwei antiparallel laufende Stränge, **komplementäre Basenpaarung, DNA-Doppelhelix**
– Adenin und Thymin: Zwei Wasserstoffbrückenbindungen
– Guanin und Cytosin: Drei Wasserstoffbrückenbindungen

Aufbau der RNA:

Unterschiede zur DNA: **Uracil** statt Thymin, Einzelstrang statt Doppelhelix, Ribose statt Desoxyribose, meist viel kürzer als DNA

Formen und Funktionen der RNA:
– mRNA (messenger RNA): Matrize für Proteinbiosynthese
– rRNA (ribosomale RNA): Bestandteil der Ribosomen
– tRNA (transfer RNA): Aminosäuretransport zu Ribosomen

Replikation der DNA:

MESELSON-STAHL-Experiment: **Semikonservative** Replikation

Ablauf der Replikation:
– Entwindung der DNA und Trennung der Einzelstränge durch **Helikase, Einzelstrangbindungsproteine** gegen Wiederanlagerung
– Leitstrang: Synthese des Startpunkts der Replikation durch **Primase** (RNA-Primer), Anbau von Nukleotiden durch **DNA-Polymerase** in 5'→3'-Richtung **(kontinuierliche Replikation)**
– Folgestrang: Viele RNA-Primer, Bildung von Okazaki-Fragmenten, Verknüpfung durch **Ligasen (diskontinuierliche Replikation)**

Ablauf der Transkription:
- Entwindung der DNA durch **RNA-Polymerase** und Synthese von RNA (5'→3') am **codogenen** Strang

- Startpunkte sind Promotoren, Endpunkte DNA-Stoppsequenzen
- Transport der mRNA zu den Ribosomen zur Translation

Genetischer Code:
- Triplett aus je drei Basen (Codon) codiert für Aminosäure (Ausnahme Stopp-Codons)
- Degeneration des Codes
- Universalität des Codes

Ablauf der **Translation:**
- **Initiation:** Anlagerung des Ribosoms, **Codon-Erkennung** durch Met-tRNA an P-Stelle des Ribosoms
- **Elongation:** Bindung weiterer tRNA an A-Stelle, Ausbildung der **Peptidbindung** zwischen Aminosäuren, **Translokation**
- **Termination:** Freisetzung des Polypeptids (Stopp-Codon)

Regulation der Genexpression bei Prokaryoten:

Operon-Modell: Operon aus Promotor, Operator und Strukturgenen, dem ein Regulatorgen vorgeschaltet ist
- **Substratinduktion:** Allosterische Inaktivierung eines Repressors durch Substrat als Effektor, Transkription
- **Endproduktrepression:** Allosterische Aktivierung eines Repressors durch Endprodukt einer Stoffwechselkette, keine Transkription

Proteinbiosynthese bei Eukaryoten:

Räumliche und zeitliche Trennung von Transkription und Translation

Prozessierung: Cap-Struktur am 5'-Ende, Polyadenylierung am 3'-Ende, Spleißen (Entfernung der Introns)

Mutationen und DNA-Reparatur

Mutationsformen:
- **Genmutationen:** Änderung der Information eines Gens
- **Genommutationen** (numerische Chromosomenaberrationen)
- Strukturelle Chromosomenaberrationen

Typen von Genmutationen/**Punktmutationen:**
– **Substitution:** Ersatz einer Base oder eines Basenpaars durch eine andere Base/ein anderes Basenpaar
– **Deletion/Insertion:** Verlust/Einfügen eines oder mehrerer Nukleotide

Folgen von Punktmutationen:
– **Stumme Mutation:** Keine Auswirkung auf die Aminosäuresequenz und das Protein (Codierung der gleichen Aminosäure)

– **Missense-Mutation:** Einbau einer anderen Aminosäure
– **Nonsense-Mutation:** Vorzeitiger Abbruch der Translation durch Stopp-Codon
– **Leserastermutation** (bei Insertion/Deletion): Triplettverschiebung durch Einschub oder Verlust eines Nukleotids, Bildung eines völlig veränderten Polypeptids

Exzisionsreparatur:
– Ausschneiden eines DNA-Stückes aus betroffenem Strang durch das Enzym **Nuklease**
– Reparatursynthese des Stranges durch die **DNA-Polymerase**
– Verbinden des verbliebenen DNA-Strangs mit dem reparierten Fragment durch die **Ligase**

Übungsreferat 7: DNA-Replikation

Ein Student macht ein Praktikum in einem molekularbiologischen Labor und soll experimentell eine DNA-Replikation durchführen. Dazu hat er die Moleküle, die an der Replikation der DNA beteiligt sind, isoliert und gereinigt. In einem Reaktionsansatz vermischt er sie mit DNA und inkubiert das Reaktionsgefäß bei der entsprechenden Temperatur und für die angegebene Zeit.

Bei seiner anschließenden Analyse findet er u. a. replizierte DNA mit folgendem Defekt vor: Die betreffenden Moleküle bestehen jeweils aus einem DNA-Einzelstrang, der mit zahlreichen kurzen DNA-Einzelstrangfragmenten von einigen hundert Nukleotiden Länge gepaart ist.

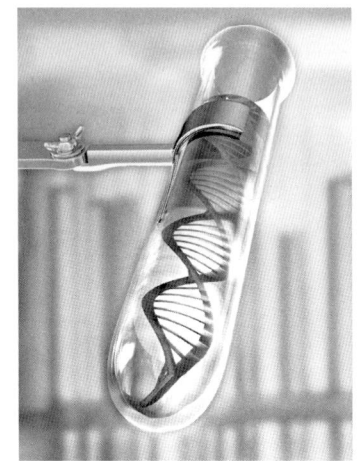

(© ktsdesign – Fotolia.com)

1 Erläutern Sie den molekularen Aufbau der DNA anhand einer Skizze.

2 Diskutieren Sie das oben beschriebene Ergebnis und nennen Sie die Bestandteile, die im Ansatz vorhanden sein müssen, um das gewünschte Ergebnis zu erreichen.

3 Begründen Sie, welche Änderungen im Versuchsansatz vorzunehmen sind, um mRNA zu erhalten.

Damit aus der in einem Gen verschlüsselten Erbinformation ein auf Proteinen beruhendes individuelles Merkmal entstehen kann, sind einige genau aufeinander abgestimmte Schritte nötig.

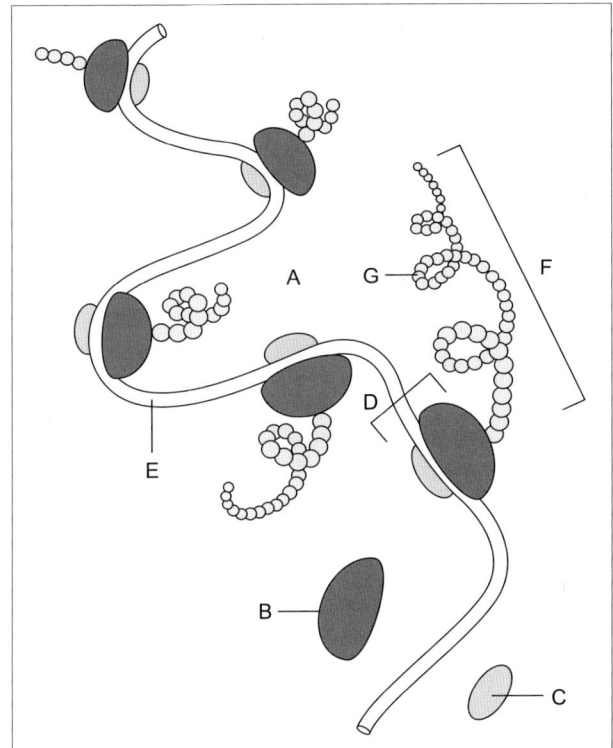

Schematische Darstellung eines wesentlichen Schrittes der Proteinbiosynthese bei Eukaryoten

1 Erläutern Sie die wesentlichen Schritte bei der Umsetzung der verschlüsselten Erbinformation in ein Protein unter Bezug auf die oben stehende Abbildung.

2 Leiten Sie mithilfe der Code-Sonne (siehe nächste Seite) die Aminosäuresequenz für folgende Basensequenz des codogenen DNA-Stranges ab:

3' …TACGTCGCGGTACTT… 5'

Übungsreferat 9: Somatotropinmangel

Eine Form des Zwergwuchses beim Menschen beruht auf einem Mangel an Somatotropin, einem Proteinhormon, das in der Hirnanhangdrüse produziert wird. Bei einer verminderten Produktion oder einem verringerten Ansprechen der Rezeptorzellen auf das Wachstumshormon Somatotropin kann es zur Ausbildung des kleinwüchsigen Phänotyps kommen. Zur Behandlung des Kleinwuchses wird das Hormon verwendet. Somatotropin besteht aus 191 Aminosäuren. Ein kurzer Ausschnitt der Aminosäuresequenz ist in Abb. 1 dargestellt.

> – Pro – Cys – Gln –

Abb. 1: Ausschnitt aus der Aminosäuresequenz von Somatotropin

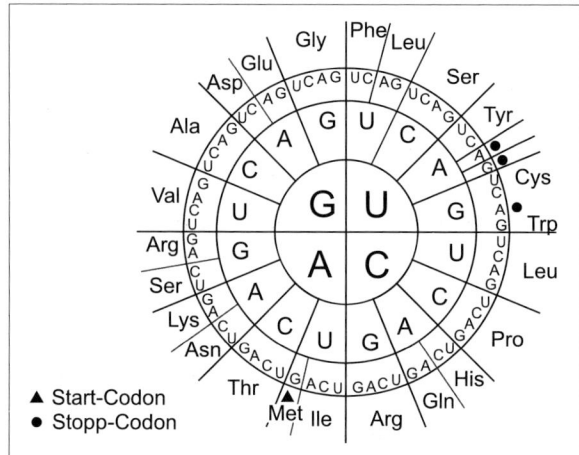

▲ Start-Codon
● Stopp-Codon

Abb. 2: Code-Sonne

1 Erstellen Sie mithilfe des genetischen Codes (Abb. 2) eine mögliche Basensequenz des DNA-Abschnitts, der die angegebene Aminosäuresequenz codiert, und beschreiben Sie kurz die Schritte, die bei der Realisierung der genetischen Information vom Gen zum funktionsfähigen Protein bei Eukaryoten ablaufen.

2 Zeigen Sie an diesem DNA-Abschnitt mögliche Punktmutationen und ihre Auswirkungen auf.

3 Diskutieren Sie mögliche Gründe für einen Mangel an Somatotropin im Körper.

Zusatzfragen: Molekulargenetik

1 a) Beschreiben Sie anhand einer Skizze den grundlegenden Bau der DNA und die Anordnung ihrer Bestandteile.

   b) Geben Sie an, wie sich der Bau der DNA von dem der RNA unterscheidet.

2 Nennen Sie vier verschiedene Enzyme, die im Rahmen der DNA-Replikation von direkter Bedeutung sind, und beschreiben Sie knapp deren Funktion.

3 Beschreiben Sie das Experiment von MESELSON und STAHL, das als Meilenstein in der Erforschung der DNA-Replikation angesehen werden darf. Gehen Sie auch auf Ergebnis und Aussage des Experiments ein.

4 Vergleichen Sie die Proteinbiosynthese von Eukaryoten und Prokaryoten anhand wesentlicher Gemeinsamkeiten und Unterschiede.

5 Zur Umwandlung von Arabinose in das Stoffwechselzwischenprodukt Xylulose-5-phosphat benötigt *E. coli* mehrere Enzyme. Diese sind nur bei Bakterien nachzuweisen, die auf Nährmedium mit Arabinose leben. Schlagen Sie anhand dieser Angaben eine plausible Regulationsmöglichkeit dieses Stoffwechselweges auf Genebene vor.

6 In einem Genlabor wird die Sequenz der mRNA des Gens untersucht, das Cytochrom c codiert, ein für die Atmungskette äußerst wichtiges Protein. Im mittleren Bereich der mRNA befindet sich die folgende Basenabfolge:

3'-Ende ...AUUUGAAGA... 5'-Ende

   a) Erstellen Sie mithilfe der angegebenen Code-Sonne (siehe vorangehende Seite) die durch diesen mRNA-Abschnitt codierte Aminosäuresequenz.

   b) Zeigen Sie an diesem Beispiel anhand einer geeigneten Auswahl, welche Wirkungen Punktmutationen auf die Aminosäuresequenz haben können.

7 In einem Schulbuch heißt es:

> Sonnenlicht trägt sowohl zur Schädigung als auch zur Reparatur der DNA bei.

Nehmen Sie begründet Stellung zu dieser Aussage.

Erwartungshorizont – Übungsreferat 7

1   *Für die Skizze ist die Darstellung eines kurzen doppelsträngigen Abschnitts mit
zwei komplementären Basenpaaren (AT und GC) ausreichend. Es empfiehlt sich,
die Schemazeichnung bereits in der Vorbereitungszeit auf einer Folie bzw. einem
Blatt zu erstellen. Während des Referats kann die Skizze dann herangezogen bzw.
flüssig angefertigt und entweder parallel dazu oder im Anschluss beschrieben
werden. Letzteres empfinden die Prüflinge meist als angenehmer, da sie weniger
leicht Gefahr laufen, ein Detail in der Zeichnung zu vergessen.*

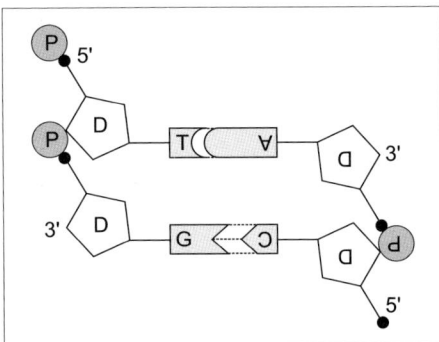

Aufbau der DNA:
- Die DNA ist eine Doppelhelix aus zwei schraubig umeinander gewundenen
  Nukleinsäuresträngen (Tertiärstruktur).

In der Skizze ist die Sekundärstruktur dargestellt.

- Das Rückgrat jedes Einzelstrangs besteht aus Desoxyribosemolekülen (Zucker)
  und Phosphatgruppen im Wechsel.
- DNA-Einzelstränge besitzen jeweils ein 5'- und ein 3'-Ende.
- Purin- (Adenin und Guanin) und Pyrimidinbasen (Thymin oder Cytosin) sind
  mit den Desoxyribosemolekülen verknüpft.
- Die Einzelstränge sind durch Wasserstoffbrückenbindungen, die sich zwischen
  den komplementären Basen ausbilden, verbunden (2 bei A/T und 3 bei G/C).
- Die Einzelstränge sind im Doppelstrang aufgrund von Bindungsverhältnissen
  der Basen antiparallel angeordnet.

2   *Es empfiehlt sich zunächst, den Mechanismus der Replikation, eventuell anhand
einer vereinfachten Skizze, zu erklären. Sie können dabei auch die Skizze aus Aufgabe 1 vereinfacht fortsetzen. Bei der anschließenden Erklärung kommen Sie auf
die im Ansatz enthaltenen sowie die für eine reibungslose Replikation zusätzlich
notwendigen Bestandteile zu sprechen.*

Die Replikation verläuft **semikonservativ**, d. h., der neu entstehende Doppelstrang setzt sich aus einem alten und einem neuen DNA-Strang zusammen.

Ablauf der Replikation:
- Entspiralisierung des DNA-Doppelstrangs durch die Helicase
- Anknüpfung neuer Nukleotide (Nukleosidtriphosphate durch Abspaltung von PP) an das 3'-Ende durch die DNA-Polymerase *(RNA-Primer als Ansatzstellen für die Polymerase nötig)*
- Kontinuierliche Replikation des Strangs, der in 3'→5'-Richtung entwunden wird
- Diskontinuierliche Ergänzung des anderen Strangs (5'→3') und Verknüpfung der entstehenden Okazaki-Fragmente durch die Ligase

Im Ansatz **vorhanden** sind DNA, DNA-Polymerase, Helicase, Nukleosidtriphosphate *(nicht explizit in der Angabe genannt)*.

Im Ansatz **fehlt** das Enzym **Ligase**, das die Okazaki-Fragmente am diskontinuierlich replizierten DNA-Strang miteinander verbindet.

Nach der Replikation müssten sich im Ansatz auch noch „normale" DNA-Doppelstränge befinden, da einer der Einzelstränge (Leitstrang) von der DNA-Polymerase vom 3'- zum 5'-Ende kontinuierlich ergänzt wird.

3 *Es ist sinnvoll, erst die Unterschiede zwischen DNA und RNA herauszustellen und auf dieser Basis einen veränderten Ansatz zu diskutieren.*

Vergleich	DNA	RNA
Konformation	Doppelstrang, Doppelhelix	Einzelstrang, oftmals gefaltet
Basen	Guanin, Cytosin, Adenin, Thymin	Guanin, Cytosin, Adenin, Uracil
Zucker	Desoxyribose	Ribose
Länge	sehr langes Molekül	kürzeres Molekül

Veränderungen im Ansatz zur Herstellung von mRNA:
- Verwendung von UTP (Uridintriphosphat) statt TTP
- RNA-Polymerase statt DNA-Polymerase
- Helicase nicht nötig, da die Entwindung der DNA von der RNA-Polymerase übernommen wird
- Ligase nicht notwendig, da nur eine kontinuierliche Synthese stattfindet (Ablesen des codogenen Strangs vom 3'- zum 5'-Ende)
- Verwendete DNA muss einen Promotor (und codierende Abschnitte) aufweisen

1 *Die verhältnismäßig offene Aufgabenstellung lässt Ihnen viele Freiheiten, was den Umfang Ihrer Antwort betrifft. Berücksichtigen Sie jedoch bei der Planung des Referates, dass der Schwerpunkt auf dem zweiten Schritt der Proteinbiosynthese, der Translation, liegen soll.*

Bei der **Transkription**, die im Zellkern stattfindet, wird der codogene Strang der DNA in einen mRNA-Strang abgeschrieben.

Ablauf der Transkription:
– Die RNA-Polymerase entwindet die DNA-Helix, indem sie die Wasserstoffbrückenbindungen zwischen den komplementären Basen löst.
– Die RNA-Polymerase erkennt den codogenen DNA-Strang und bindet an der Startstelle (Promotor).
– Der codogene DNA-Strang wird in 3'→5'-Richtung abgelesen und der mRNA-Strang (entspricht dem Codestrang) wird gebildet. Die Verknüpfung der RNA-Nukleotide durch die RNA-Polymerase erfolgt in 5'→3'-Richtung.
– Tritt in der DNA eine Zielstelle (Terminator) auf, so lösen sich die RNA-Polymerase und die mRNA von der DNA, die daraufhin wieder ihre Doppelhelixstruktur annimmt.

Beachten Sie bei der Beantwortung des folgenden Aufgabenteils auf jeden Fall den Bezug zur angebotenen Abbildung.

Die **Translation** (A) läuft im Zytoplasma an den Ribosomen ab. Dabei wird die Basensequenz des mRNA-Strangs in eine Aminosäuresequenz übersetzt.

Ablauf der Translation:
– **Initiation:**
  • Die Ribosomenuntereinheiten (große Untereinheit B/kleine Untereinheit C) lagern sich am Startcodon (z. B. AUG) der mRNA (E) zu einem funktionsfähigen Ribosom (D) zusammen.
  • Ein tRNA-Molekül, beladen mit der Aminosäure Methionin, bindet über das passende Anticodon an der P-Stelle des funktionsfähigen Ribosoms.
– **Elongation:**
  • Ein weiteres tRNA-Molekül, beladen mit einer weiteren Aminosäure, lagert sich über komplementäre Basenpaarung an die A-Stelle des funktionsfähigen Ribosoms an.
  • Durch eine Peptidbindung werden die beiden Aminosäuren (G) enzymatisch miteinander verknüpft.
  • Das Ribosom wandert in 5'→3'-Richtung um ein Basentriplett weiter und das erste, entladene tRNA-Molekül wird freigesetzt.
  • Ein weiteres tRNA-Molekül lagert sich an die frei gewordene A-Stelle der mRNA an.
  • Durch Wiederholung des Vorgangs entsteht eine Polypeptidkette (F).

– Termination:

- Am Stopp-Codon zerfällt das Ribosom.
- Die Polypeptidkette wird freigesetzt und die Translation ist beendet.

Sollte noch Zeit zur Verfügung stehen, kann zusätzlich noch auf die Besonderheiten der Proteinbiosynthese bei Eukaryoten eingegangen werden. Dies sollte im Referat jedoch als weiterführende Antwort klar zu den in der Abbildung dargestellten Vorgängen abgegrenzt werden.

Im Unterschied zu Prokaryoten ist bei Eukaryoten nach der Transkription noch eine RNA-Prozessierung im Zellkern nötig, da eukaryotische Gene neben **Exons** (Teile eines Gens, die ein Protein codieren) auch noch **Introns** (Teile eines Gens, die kein Protein codieren) enthalten:

- Beim **Spleißen** werden die Introns aus dem prä-mRNA-Strang enzymatisch herausgeschnitten.
- Das 5'-Ende wird mit einem modifizierten Nukleotid (Cap-Struktur) versehen.
- Am 3'-Ende wird ein Poly-A-Schwanz angehängt.

Erst nach diesen Prozessierungsschritten verlässt die reife mRNA den Zellkern und wandert ins Zytoplasma an die Ribosomen, wo sie translatiert wird.

2 Ableitung der Aminosäuresequenz:

Codogener Strang	3'... TAC GTC GCG GTA CTT ... 5'
mRNA	5'... AUG CAG CGC CAU GAA ... 3'
Aminosäuresequenz	Start – Gln – Arg – His – Glu

Erwartungshorizont – Übungsreferat 9

1 Es ist ausreichend, eine mögliche Basensequenz anzugeben. Es kann jedoch kurz auf die Eigenschaften des genetischen Codes hingewiesen werden: Er ist degeneriert, universell, kommafrei und nicht überlappend.

Basensequenz:
Da der genetische Code **degeneriert** ist, sind mehrere mRNA- und somit auch DNA-Sequenzen möglich.

In der Tabelle auf der folgenden Seite sind zwei Möglichkeiten angegeben.

AS-Sequenz:	N' – Pro – Cys – Gln – C'
mRNA:	5'... CCC UGU CAA ...3'
alternativ:	5'... CCG UGC CAG ...3'
DNA (codogen):	3'... GGG ACA GTT ...5'
alternativ:	3'... GGC ACG GTC ...5'
DNA (Code):	5'... CCC TGT CAA ...3'
alternativ:	5'... CCG TGC CAG ...3'

Übersetzungsschritte vom Gen zum funktionsfertigen Protein:
- **Transkription** (im Zellkern): Übertragung der Basensequenz des gentragenden DNA-Abschnitts (codogener Strang) in die Basensequenz der einzelsträngigen prä-mRNA.
- **Spleißen** der prä-mRNA: Nicht-codierende Introns werden herausgeschnitten und codierende Exons miteinander verbunden.
- Weitere **Prozessierung** zur reifen mRNA durch Anfügen der Cap-Struktur am 5'-Ende und Polyadenylierung am 3'-Ende.
- **Translation** (im Zytoplasma): Übertragung der Basensequenz der reifen mRNA in die Aminosäuresequenz des Proteins am Ribosom.
- **Faltung** der Aminosäuresequenz (Primärstruktur) zur funktionsfähigen Tertiärstruktur.

2 Eine Punktmutation ist eine Form der Genmutation, bei der eine einzelne Base verändert wird. Sie kann unterschiedliche Auswirkungen haben:
- **Stumm:** Keine Veränderung der Aminosäure (AS) und keine Auswirkungen; z. B. G statt C an der 3. Basenposition der Basensequenz aus Aufgabe 1.
- **Konservativ** oder **Missense:** Codierung einer anderen Aminosäure; das führt u. U. zu einer veränderten Tertiärstruktur, wenn sich dadurch andere Wechselwirkungen innerhalb der AS-Kette ergeben, und ggf. zu Funktionseinschränkungen/-verlust, wenn die Position betroffen ist, die für die Bindung von Somatotropin an den Rezeptor verantwortlich ist. G statt C an der 2. Basenposition resultiert z. B. im Einbau von Arg statt Pro.
- **Nonsense:** Codierung eines Stopp-Codons; dadurch ergibt sich eine kürzere AS-Kette und meist Funktionsverlust; z. B. U statt C an der 7. Basenposition der Basensequenz.

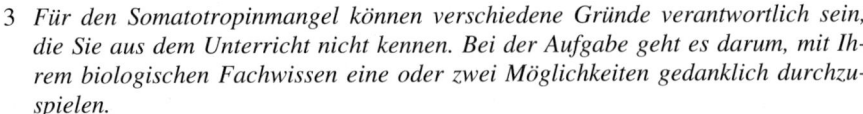

3 *Für den Somatotropinmangel können verschiedene Gründe verantwortlich sein, die Sie aus dem Unterricht nicht kennen. Bei der Aufgabe geht es darum, mit Ihrem biologischen Fachwissen eine oder zwei Möglichkeiten gedanklich durchzuspielen.*

Mögliche Ursachen für den Somatotropinmangel:
- Auf dem Weg vom Gen zum Protein kann ein Fehler aufgetreten sein. Es könnte eine **Punkt-** oder **Rastermutation** in dem Strukturgen vorliegen, das Soma-

totropin codiert, sodass das Gen fehlerhaft abgelesen wird. Dann ist entweder die Funktion eingeschränkt (Missense-Mutation z. B. an Hormon-/Rezeptorbindestelle) oder das Gen wird nicht vollständig abgelesen (Rastermutation bzw. Nonsense-Punktmutation), da es vorzeitig zu einem Kettenabbruch kommt.

– Auch ein Fehler in der **Genregulation** ist denkbar:

Es ist zwar nur das Jacob-Monod-Modell der Prokaryoten bekannt, aber mit einem Hinweis auf die Vereinfachung kann das Prinzip übertragen werden.

Beispielsweise könnte eine Mutation im Regulatorgen eine Expression eines Repressors zur Folge haben, dessen Induktorbindungsstelle fehlerhaft ausgebildet ist. Dadurch bleibt er an den Operator gebunden und verhindert das Ablesen des Strukturgens für Somatotropin durch die RNA-Polymerase.

Erwartungshorizont – Zusatzfragen

1 a) Die Grundbausteine der DNA (Desoxyribonukleinsäure) nennt man Nukleotide. Sie bestehen aus je einem Molekül Zucker, der **Desoxyribose**, die über das Kohlenstoffatom 1 (C_1) mit einer der vier **organischen Basen** (Purinbasen: Adenin und Guanin; Pyrimidinbasen: Cytosin und Thymin) und über das Kohlenstoffatom 5 (C_5) mit einem Phosphatrest verbunden ist. Die einzelnen Nukleotide werden über den Phosphatrest und das Kohlenstoffatom 3 (C_3) der Desoxyribose zu den DNA-Einzelsträngen verbunden. Durch diese Art der Nukleotidverknüpfung ergibt sich eine **Polarität** der DNA-Einzelstränge mit unterscheidbaren 5'- und 3'-Enden (Phosphatrest am 5'-Ende).

Durch die Paarung **komplementärer Basen** lagern sich zwei DNA-Einzelstränge zum DNA-Doppelstrang zusammen. Die Anordnung der Einzelstränge erfolgt antiparallel, d. h. mit jeweils gegensätzlicher Polarität. Aufgrund der unterschiedlichen Molekülgrößen der Basen und deren Fähigkeit, Wasserstoffbrückenbindungen auszubilden, lagern sich die **komplementären Basen** Adenin und Thymin (über zwei Wasserstoffbrückenbindungen) sowie Guanin und Cytosin (über drei Wasserstoffbrückenbindungen) zusammen. Es ergibt sich eine leiterartige Struktur mit einem Rückgrat bzw. den „Holmen" aus verbundenen Desoxyribosen und Phosphatresten sowie den „Sprossen" aus den komplementären Basenpaaren. Diese Gesamtstruktur verwindet sich allerdings schraubenartig zur Doppelhelix. Eine komplette Windung umfasst zehn Nukleotidpaare.

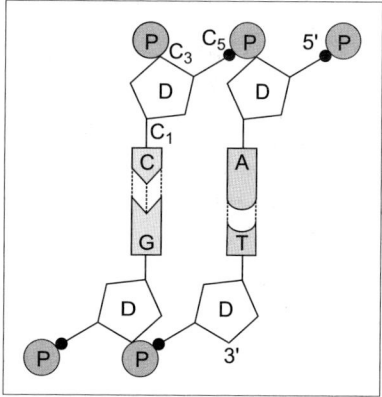

b) Die Struktur der RNA (Ribonukleinsäure) unterscheidet sich in vier wesentlichen Punkten von der DNA-Struktur:
- Statt des Zuckers Desoxyribose enthält RNA den Zucker Ribose.
- Statt der Base Thymin ist die Base Uracil enthalten.
- RNA-Moleküle sind in der Regel deutlicher kürzer als DNA-Moleküle.
- RNA liegt überwiegend einzelsträngig vor, wobei molekülinterne Zusammenlagerungen, sogenannte Intrastrangpaarungen möglich sind.

2 **Enzyme:**
- Die **Helicase** entwindet und trennt die DNA-Doppelhelix in Einzelstränge (unter ATP-Verbrauch).
- Die **Primase** erstellt RNA-Startsequenzen für die DNA-Polymerase.
- Die **DNA-Polymerase** verknüpft neu angelagerte Nukleotide.
- Die **Ligase** verbindet Okazaki-Fragmente zu einem durchgehenden Einzelstrang.

3 MESELSON und STAHL züchteten *E. coli*-Bakterien in einem Nährmedium mit schweren Stickstoffisotopen (^{15}N), sodass die Bakterien nach einiger Zeit näherungsweise nur noch schweren Stickstoff in ihrer DNA enthielten. Diese Bakterien wurden anschließend in ein Nährmedium mit normalen Stickstoffisotopen (^{14}N) überführt. Im Anschluss wurde die DNA der Bakterien mittels Dichtegradientenzentrifugation auf ihren Anteil an schweren bzw. normalen Stickstoffatomen untersucht. Die DNA der auf dem Nährmedium mit schweren Stickstoffisotopen gezüchteten Bakterien wanderte aufgrund ihrer höheren Dichte weiter nach außen als die DNA von Bakterien, die nur normale Stickstoffisotope enthielt. Bei der Dichtezentrifugation der DNA von Bakterien, die der ersten Generation (F1-Generation) nach der Überführung auf Normalmedium angehörten, ließ sich ausschließlich mittelschwere DNA feststellen. Bei der DNA der folgenden Bakteriengeneration (F2-Generation) traten zwei Banden auf, wobei eine als DNA mit normalen Stickstoffisotopen und die andere erneut als mittelschwere DNA mit normalen und schweren Stickstoffisotopen im Verhältnis $1:1$ zu identifizieren war. Dieses Ergebnis belegte den **semikonservativen Replikationsmechanismus**.

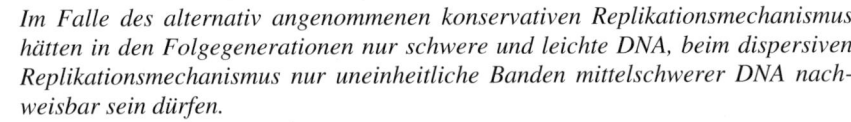

Im Falle des alternativ angenommenen konservativen Replikationsmechanismus hätten in den Folgegenerationen nur schwere und leichte DNA, beim dispersiven Replikationsmechanismus nur uneinheitliche Banden mittelschwerer DNA nachweisbar sein dürfen.

4 Wesentliche Schritte der Proteinbiosynthese bei Pro- und Eukaryoten:
- **Transkription:** Erzeugung einer mRNA (u. a.) durch die RNA-Polymerase
- **Translation:** Erzeugung eines Proteins bzw. Polypeptids unter Beteiligung von Ribosomen und tRNAs

Unterschiede zwischen Eukaryoten und Prokaryoten:
- Die Transkription findet bei Eukaryoten im Zellkern statt, räumlich getrennt von der Translation, die im Zytoplasma erfolgt.

– Nach bzw. schon während der Transkription der Eukaryoten erfolgt die sogenannte **Prozessierung** der mRNA:

- Anfügen des Poly-A-Schwanzes (100–200 Adenin-Nukleotide) an das 3'-Ende der mRNA (Schutz vor Abbau und Zusammenlagerung sowie erleichterter Transport aus dem Zellkern)

- Anfügen der Cap-Struktur an das 5'-Ende (Schutz vor enzymatischem Abbau und vermutlich von Bedeutung für die Initiation der Translation bzw. Anlagerung der Ribosomen)

- Spleißen durch Splicosomen (Herausschneiden nicht-codierender Introns und Zusammenfügen codierender Exons)

Zusätzlich kann, je nach unterrichtlicher Besprechung, angeführt werden, dass die Transkription bei Eukaryoten in komplexer Weise durch verschiedene Transkriptionsfaktoren gesteuert wird. Sie beeinflussen die Anlagerung und Arbeit verschiedener RNA-Polymerasen.

5 Eine plausible Regulationsmöglichkeit bietet das Operon-Modell nach F. JACOB und J. MONOD. Da die Enzyme zur Umsetzung der Arabinose erst in Gegenwart dieses Substrats gebildet werden, erfolgt diese Genregulation durch **Substratinduktion.**

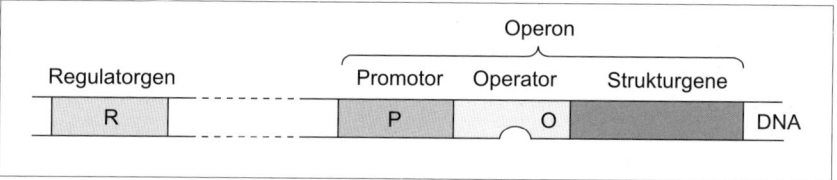

Nach dem Operon-Modell ist dem eigentlichen Genort, dem Operon, ein Regulatorgen vorgeschaltet. Das Operon besteht in der Regel aus einem **Promotor** als Startstelle für die RNA-Polymerase, einem regulierenden **Operator** und den **Strukturgenen**, die für die eigentlichen Enzyme, hier zur Umwandlung von Arabinose, codieren. Im Falle des Arabinose-Operons (ara-Operon) könnte Arabinose so auf den Operator wirken, dass die Strukturgene verstärkt exprimiert und damit die zur Umsetzung der Arabinose benötigten Enzyme gebildet werden.

Konkret wird durch Arabinose ein Aktivator aktiviert, der in direktem Kontakt zur RNA-Polymerase deren Anlagerung an den Promotor und damit die Transkription der Strukturgene fördert.

6 a) Aminosäuresequenz: ... Arg-Ser-Leu ...

b) *Innerhalb des Kolloquiums würde der Prüfer in der Regel nur ein bis zwei Beispiele ausführen lassen. Umfangreichere Kenntnisse sind jedoch für Nachfragen von Bedeutung.*

Bei Punktmutationen wird eine einzige Base verändert. Die Auswirkungen können sehr unterschiedlich sein:

– **Stumme Mutation:** Es erfolgt keine Änderung der Aminosäuresequenz. Beispielsweise hätte ein Austausch der siebten Base von Adenin zu Guanin aufgrund des degenerierten genetischen Codes ebenfalls die Codierung von Arginin zur Folge.

– **Missense-Mutation:** Es kommt zu einer Änderung der Aminosäuresequenz. Beispielsweise würde eine Veränderung der achten Base von Guanin zu Cytosin bedeuten, dass bei der Translation Threonin statt Arginin in das Polypeptid eingebaut wird.

– **Nonsense-Mutation:** Die Veränderung einer Base führt zur Entstehung eines Stopp-Codons. Die Translation und damit die Aminosäuresequenz würden an dieser Stelle enden. Der Austausch der zweiten Base von Uracil zu Adenin hätte diese Wirkung.

Auch kryptische Mutationen oder readthrough-Mutationen könnten genannt werden, die auf das Beispiel allerdings nur bedingt anwendbar sind.

– **Rastermutationen:** Es wird ein zusätzliches Nukleotid eingefügt (Insertion) bzw. ein Nukleotid entfernt (Deletion). Die Insertion oder Deletion einer einzelnen Base führt ab der entsprechenden Position zu einer veränderten Aminosäuresequenz. Rastermutationen können auch Stopp-Codons erzeugen oder entfernen. Es entstehen dadurch entsprechend kürzere oder längere Polypeptide.

7 Die Aussage ist grundsätzlich richtig. Energiereiche Strahlung wie die UV-Strahlung kann mutationsauslösend wirken. Dabei kommt es häufig zur **Dimerisierung** von Thyminbasen, wobei sich zwei nebeneinanderliegende Basen eines Stranges über eine kovalente Bindung verbinden. Dies stört die Paarung mit der komplementären Base Adenin und kann zu Fehlern bei der Replikation führen. In vielen Organismen kommen jedoch auch Enzyme vor, sogenannte Photolyasen, die unter Absorption von blauem Licht oder UV-Licht die Auflösung von Basendimeren verursachen. Der Vorgang wird als **Photoreaktivierung** bezeichnet.

Stoffübersicht

☺ ☹ ☹

Chromosomen und Karyogramm:

Aufbau Chromosom: Chromatin aus DNA und Proteinen, Metaphasechromosomen aus zwei über Zentromer verbundenen Chromatiden

Karyogramm: Bildliche Darstellung aller Chromosomen einer Zelle geordnet nach Form, Größe und Bänderung

Chromosomensatz des Menschen:
- **Diploide** Körperzellen mit 46 Chromosomen (44 Autosomen (22×2) und 2 Gonosomen)
- **Haploide** Keimzellen mit 23 Chromosomen (22 Autosomen und 1 Gonosom)

Zellzyklus:

Zellzyklus: **Interphase** und **Mitose**

Interphase:
- **G1-Phase:** Anwachsen der Zelle, Bildung von Proteinen und Organellen
- **S-Phase:** Synthese der Zweichromatid-Chromosomen
- **G2-Phase:** Vorbereitung auf die Mitose (weiteres Wachstum)

Mitose:

Definition: Vorgang der gleichmäßigen Chromosomenverteilung (Kernteilung) auf zwei Tochterzellen

Ablauf der Mitose:
- **Prophase:** Kondensation der Chromosomen, Beginn der Auflösung von Kernkörperchen und Kernmembran, Bildung des Spindelfaserapparats zwischen Zentriolen
- **Metaphase:** Anordnung der Chromosomen in Äquatorialebene
- **Anaphase:** Trennung der Schwesterchromatiden durch die Spindelfasern und Transport der Chromatiden zu den Zellpolen
- **Telophase:** Auflösung des Spindelapparates, Neubildung von Kernmembranen und -körperchen, Dekondensation der Chromosomen, Vorbereitung auf **Zellteilung** im Anschluss an Mitose

Definition: Vorgang der Kernteilung unter Reduktion des Chromosomensatzes (diploid zu haploid)

Phasen der Meiose:
- **Reduktionsteilung** (1. Reifeteilung): Halbierung des Chromosomensatzes
  - Anlagerung homologer Zweichromatid-Chromosomen zur **Tetrade** und Stückaustausch zwischen homologen Chromosomen durch **Crossing-over** während **Prophase I**
  - Zufällige Verteilung väterlicher und mütterlicher Chromosomen während **Anaphase I**
- **Äquationsteilung** (2. Reifeteilung): Trennung der Chromatiden der Zweichromatid-Chromosomen wie bei Mitose, ausgehend von 23 Zweichromatid-Chromosomen pro Zelle

Rekombination des genetischen Materials:
- **Interchromosomale** Rekombination durch zufällige Verteilung väterlicher und mütterlicher Chromosomen auf Tochterzellen
- **Intrachromosomale** Rekombination durch **Crossing-over**-Ereignisse während der Prophase I
- Zufällige Keimzellenauswahl bei der Befruchtung

Spermatogenese und Oogenese:
- Männliche Keimzellenbildung: Entstehung von vier Spermien aus einer Ursamenzelle
- Weibliche Keimzellenbildung: Entstehung einer plasmareichen Eizelle und dreier Polkörperchen aus einer Ureizelle

Numerische Chromosomenaberrationen: Entstehung i. d. R. durch Fehlverteilung der Chromosomen (**Nondisjunction**) während Meiose
- **Autosomale** Chromosomenaberrationen: z. B. Trisomien 13 (Pätau-Syndrom), 18 (Edwards-Syndrom) oder 21 (Down-Syndrom)
- **Gonosomale** Chromosomenaberrationen: z. B. Turner-Syndrom, Triplo-X-Syndrom, Poly-X-Syndrom bei Frauen oder Klinefelter-Syndrom und Diplo-Y-Syndrom bei Männern

Die folgenden lichtmikroskopischen Aufnahmen zeigen verschiedene Stadien sich gerade teilender Zwiebelwurzelzellen.

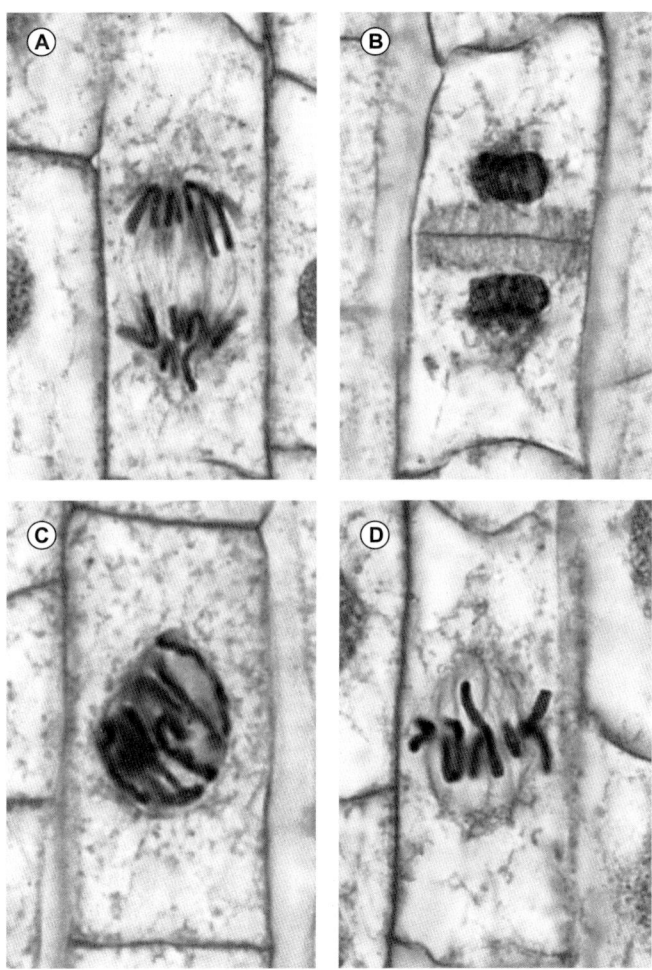

Verschiedene Stadien
sich teilender Zellen
*(Ed Reschke / Getty
Images)*

Ordnen Sie die abgebildeten Stadien den verschiedenen Phasen des Zellzyklus zu und beschreiben Sie die wichtigsten Ereignisse der jeweiligen Phase.
Fertigen Sie außerdem eine beschriftete Skizze der nicht aufgeführten Phase an.

Etwa zwei Millionen Paare in Deutschland sind ungewollt kinderlos – Tendenz steigend. Die meist körperlichen Ursachen können auf einen oder beide Partner zurückzuführen sein. Nur in fünf Prozent der Fälle ist keine Ursache feststellbar.
Folgendes Karyogramm stammt von der Frau eines betroffenen Paares.

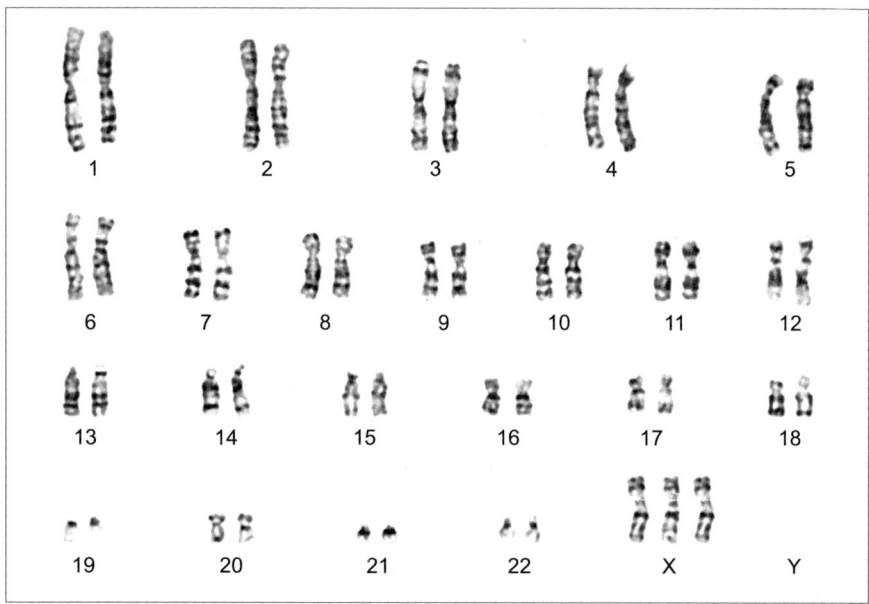

Karyogramm einer Frau

1 Beschreiben und analysieren Sie das vorliegende Karyogramm.

2 Erläutern Sie die Möglichkeiten für das Zustandekommen des dargestellten Karyotyps.

3 Nach einiger Zeit erwartet das Paar doch ein Kind. Diskutieren Sie, inwieweit eine Stammbaumanalyse oder die Anwendung pränataler Diagnostikmethoden im vorliegenden Fall sinnvoll sind.

Zusatzfragen: Zytogenetik

1 Erläutern Sie die biologische Bedeutung der Mitose im Zellzyklus.

2 Beschreiben Sie die Unterschiede zwischen einem Metaphase- und einem Anaphasechromosom in der Mitose.

3 Erläutern Sie die biologische Bedeutung der Meiose.

4 Beschreiben Sie den Ablauf der Meiose anhand beschrifteter Skizzen.

5 Vergleichen Sie die beiden Formen der Zellkernteilung hinsichtlich Ort, Ziel, Ergebnis und eventuell auftretenden Unterschieden zwischen männlichem und weiblichem Geschlecht beim Menschen.

6 Erläutern Sie das Karyogramm in Abb. 1 mit den entsprechenden Fachbegriffen und werten Sie es hinsichtlich der vorliegenden Besonderheit aus.

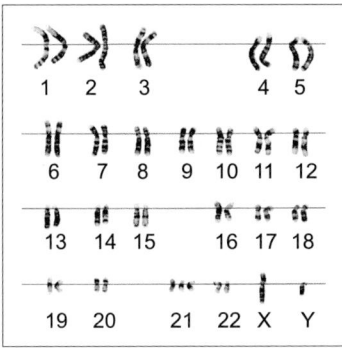

Abb. 1: Karyogramm

7 Beschreiben Sie Abb. 2 und gehen Sie auf mögliche Krankheitsbilder bei den Nachkommen ein.

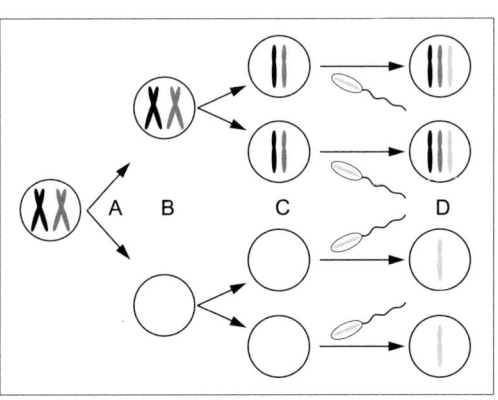

Abb. 2: Schema einer Keimzellenbildung (Zur besseren Übersichtlichkeit ist nur ein homologes Autosomenpaar dargestellt.)

Lösungen

Erwartungshorizont – Übungsreferat 10

Da die Interphase in der Darstellung fehlt, sollten Sie Ihren Vortrag mit einer be-schrifteten Skizze der Interphase beenden oder beginnen. Bereiten Sie diese entweder in der Vorbereitungszeit bereits auf einer Folie vor oder entwickeln Sie diese wäh-rend des Vortrags in Form einer Tafelskizze.

Erläutern Sie den Verlauf der Mitose in chronologischer Reihenfolge. Verweisen Sie bei der Beschreibung dabei – soweit möglich – immer auf die Strukturen in den licht-mikroskopischen Abbildungen.

Zellzyklus:
- Der Zellzyklus umfasst die **Interphase** (u. a. Wachstumsperiode) sowie die Mito-se-Phase.
- In der Mitose-Phase werden die Chromosomen in identische Hälften getrennt und gleichmäßig auf die beiden entstehenden Tochterzellen verteilt.

Beschreibung der einzelnen Phasen der Mitose:
- **Prophase**, Abb. C:
  - Kernmembran und Nukleolus (Kernkörperchen) lösen sich auf.
  - Das Zentriolenpaar trennt sich und wandert zu den entgegengesetzten Zell-polen. Der Spindelfaserapparat bildet sich aus.
  - Die Chromatinfäden verkürzen sich durch Spiralisierung und die Chromoso-men werden lichtmikroskopisch sichtbar.
- **Metaphase**, Abb. D:
  - Kernmembran und Nukleolus sind komplett aufgelöst.
  - Die Chromosomen haben sich maximal verkürzt und in der Mitte der Zelle, der Äquatorialebene, nebeneinander angeordnet.
  - Die Spindelfasern verbinden sich mit den Zentromeren der Chromosomen.
- **Anaphase**, Abb. A:
  - Die Zentromere der Chromosomen werden getrennt.
  - Die Chromatiden werden durch die Spindelfasern zu den entgegengesetzten Zellpolen gezogen.
- **Telophase**, Abb. B:
  - Die Einchromatid-Chromosomen entspiralisieren sich zu langen, dünnen und lichtmikroskopisch unsichtbaren Chromatinfäden.
  - Der Spindelfaserapparat bildet sich zurück.

Anschließend werden das Zytoplasma und die restlichen Organellen durch eine neue Zellmembran geteilt (Zytokinese). Kernmembran und Nukleolus werden in jeder der beiden Tochterzellen sichtbar.

Interphase:
- G1-Phase: Das Zytoplasma wird vermehrt und DNA-Vorstufen werden bereitgestellt.
- S-Phase: Histon-Proteine werden synthetisiert und die Einchromatid-Chromosomen zu Zweichromatid-Chromosomen verdoppelt.
- G2-Phase: Weitere Stoffe werden (für die anschließende Mitose) synthetisiert.

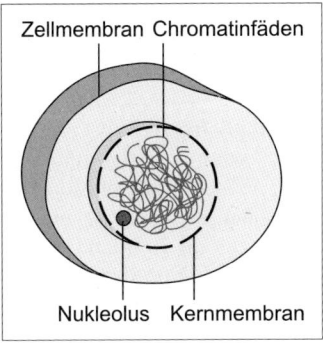

Eine Beschreibung der biologischen Bedeutung der Zellteilung ist laut Aufgabenstellung nicht verlangt, rundet jedoch Ihren Vortrag ab:
Der Ablauf der Mitose sichert eine gleichmäßige Verteilung der Chromatiden einer Mutterzelle auf zwei Tochterzellen und sorgt damit für die exakte Weitergabe der Erbinformation. Die entstandenen Tochterzellen sind erbgleich (= genetisch identisch) mit der Mutterzelle.

Erwartungshorizont – Übungsreferat 11

In der Regel wird im Unterricht die Trisomie 21 als Beispiel einer numerischen Chromosomenaberration ausführlich behandelt. Hier ist eine Genommutation dargestellt, bei der nicht die Autosomen (Körperchromosomen), sondern die Gonosomen (Geschlechtschromosomen) betroffen sind.

1 Optional können Sie einführend kurz auf die Herstellung eines Karyogramms eingehen.

Beschreibung und Analyse des Karyogramms:
- Ein Karyogramm ist die bildliche und geordnete Darstellung aller Metaphase-Chromosomen (Anordnung der Zweichromatid-Chromosomen in Äquatorialebene) einer Zelle.
- Unterschiede der Chromosomen in Größe, Bandenmuster und Lage des Zentromers werden im Karyogramm offensichtlich.
- Chromosomen sind in allen Körperzellen gleich: Jede Zelle enthält 22 Autosomenpaare und i. d. R. ein Gonosomenpaar. Homologe Chromosomen bilden Paare, wobei je ein homologes Chromosom vom Vater und von der Mutter stammt.
- Das vorliegende Karyogramm weist eine numerische Chromosomenaberration auf: Triplo-X-Syndrom, 44+XXX (andere Schreibweise: 47, XXX).

Die Häufigkeit des Triplo-X-Syndroms bei Mädchen beträgt 1:800 bis 1:1 000, der Phänotyp ist oft unauffällig. Bei 70 % der Betroffenen tritt eine Lernbehinderung auf, Einschränkungen in der Feinmotorik sind möglich und auch die Fruchtbarkeit kann beeinträchtigt sein. Seltener gibt es Poly-X-Frauen (Karyotyp: 44 + XXXX bzw. 44 + XXXXX).

2 **Möglichkeiten:**
  – Durch **Nondisjunction in der 1. Reifeteilung** der Meiose (Nichttrennung der homologen Gonosomen) erhält eine Tochterzelle den doppelten X-Chromosomensatz. Dies ist nur bei der Frau möglich (Eizelle: 22 + XX). Anschließend folgt die Befruchtung mit einem normalen Spermium (22 + X).
  – Durch **Nondisjunction in der 2. Reifeteilung** der Meiose (Nichttrennung der Chromosomenspalthälften / Chromatiden) erhält eine Tochterzelle den zweifachen Gonosomensatz. Dies ist bei der Frau oder dem Mann möglich (Eizelle bzw. Spermium: 22 + XX). Anschließend folgt die Befruchtung mit einem normalen Spermium bzw. einer normalen Eizelle (22 + X).

3 **Stammbaumanalyse:**
  – Eine Stammbaumanalyse wird vor allem bei erblichen Merkmalen und Erkrankungen mit phänotypischer Ausprägung angewandt. Dazu wird das Auftreten des Merkmals / der Symptome bei den Familienmitgliedern des / der Betreffenden untersucht, um den Erbgang (gonosomal / autosomal, dominant / rezessiv) ableiten zu können.
  – Die Nondisjunction tritt bei der Keimzellbildung spontan auf, es gibt daher im Regelfall keine erbliche Komponente.
  – Hier liegt eine Genommutation ohne deutliche phänotypische Ausprägung und erbliche Grundlage vor, daher kommt eine Stammbaumanalyse nicht infrage.

Pränatale Diagnostik:
  – Durch invasive Methoden wie **Amniozentese** (Fruchtwasseruntersuchung), **Chorionzottenbiopsie** oder Nabelschnurpunktion können fetale Zellen gewonnen werden. Aus ihnen kann eine Zellkultur angelegt und ein Karyogramm erstellt werden. Anschließend folgt die Chromosomenanalyse oder der Gentest. Im vorliegenden Fall ist diese Option sinnvoll und geeignet, um das Bestehen einer Genommutation beim ungeborenen Kind festzustellen.
  – Die nicht invasive **Ultraschalluntersuchung** kann Hinweise auf Fehlbildungen und Trisomien (z. B. durch Nackenfaltenmessung) liefern. Zur eindeutigen Aufklärung ist sie im vorliegenden Fall ungeeignet.

Da es schwierig ist, die genaue Zeit, die für das Referat benötigt wird, abzuschätzen, ist es sinnvoll, sich einen möglichen Puffer zurechtzulegen. Dieser darf nicht zu lang sein und sollte das Referat abrunden bzw. einen Ausblick geben. Da die Fragestellung „diskutieren Sie" lautet, ist es möglich, zum Abschluss auf die erhöhte Gefahr eines Abgangs bei invasiven Methoden einzugehen oder die ethischen Aspekte der pränatalen Diagnostik kurz zu beleuchten.

1 Innerhalb des Zellzyklus gewährleistet die Mitose, die Kernteilung, die gleichmäßige Verteilung der in der Interphase verdoppelten Chromatiden auf zwei neue Tochterzellen und damit die exakte Weitergabe der Erbinformation. Nach der Mitose *(und der Zytokinese)* liegen somit genetisch identische Tochterzellen vor, die der Mutterzelle in Chromosomenanzahl und Informationsgehalt genau gleichen.

2 Ein Metaphasechromosom besteht aus zwei Chromatiden und befindet sich in der Äquatorialebene der Zelle. Anaphasechromosomen bestehen dagegen nur aus einem Chromatid und sind an den gegenüberliegenden Zellpolen lokalisiert.

3 Bei der Meiose wird durch die **Reduktionsteilung** einerseits der diploide Chromosomensatz auf den haploiden Chromosomensatz reduziert. Dadurch bleibt nach einer Befruchtung der arttypische Chromosomensatz erhalten. Andererseits garantieren während der 1. Reifeteilung der Austausch von Chromatidenstückchen zwischen homologen Chromosomen (Crossing-over) sowie die zufällige Verteilung der väterlichen und mütterlichen Chromsomen eine Neukombination des väterlichen und mütterlichen Erbgutes.

4

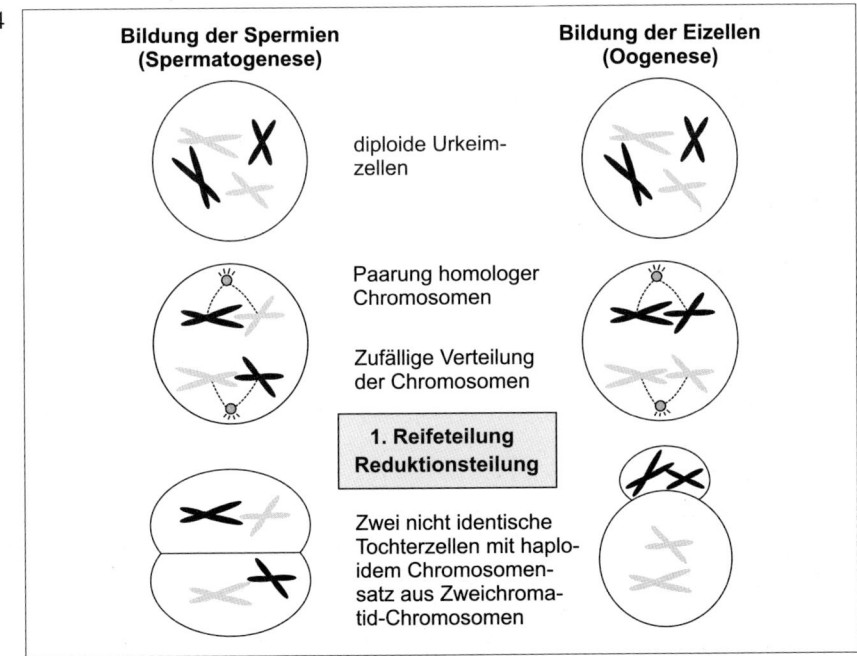

Fortsetzung siehe nächste Seite

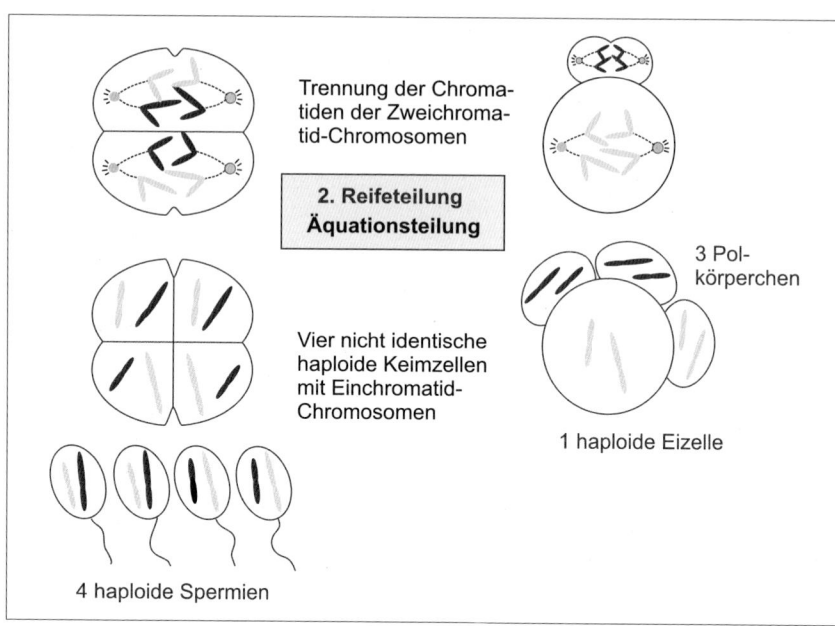

Trennung der Chromatiden der Zweichromatid-Chromosomen

2. Reifeteilung
Äquationsteilung

3 Polkörperchen

Vier nicht identische haploide Keimzellen mit Einchromatid-Chromosomen

1 haploide Eizelle

4 haploide Spermien

5

Vergleichs-kriterium	Mitose	Meiose
Ort	In allen wachsenden Geweben	Nur in den Keimdrüsen
Ziel	Vermehrung der Körperzellen	Keimzellenbildung als Voraussetzung für die Befruchtung
Ergebnis	2 genetisch identische, diploide Tochterzellen	4 genetisch unterschiedliche, haploide Keimzellen
Mann – Frau	Kein Unterschied	Identische Zellkernteilung, aber ungleiche Zellplasmateilung bei der Frau; 4 Spermien, aber nur 1 Eizelle

6 Unter einem Karyogramm versteht man eine schematische Darstellung des Karyotyps, wobei alle (Metaphase-)Chromosomenpaare nach Größe und Gestalt (Lage des Zentromers, Länge der Chromosomenarme, Bandenmuster) angeordnet werden. Beim Menschen lässt sich so der **diploide**, also doppelte Chromosomensatz mit 2n = 46 Chromosomen veranschaulichen. Man unterscheidet beim Menschen 22 **Autosomenpaare** und zwei **Gonosomen** (Geschlechtschromosomen, X und Y). Da in Abb. 1 die Kombination XY vorliegt, handelt es sich um das Karyogramm eines **Mannes**.

Als Besonderheit liegt in Abb. 1 das Chromosom 21 nicht – wie gewöhnlich – doppelt, sondern dreifach vor. Man spricht in solchen Fällen ganz allgemein von einer **Trisomie**, hier konkret von Trisomie 21 bzw. dem Down-Syndrom.

7 **Beschreibung der Keimzellenbildung:**
   A Nondisjunction in der 1. Reifeteilung (Reduktionsteilung): In der Anaphase sind die beiden homologen Chromosomen zu demselben Pol gewandert. Dadurch erhalten die gebildeten Keimzellen eine falsche Chromosomenzahl.
   B Eine der beiden Tochterzellen erhält zwei Chromosomen desselben Chromosomenpaares und die andere keine Chromosomen.
   C Nach der 2. Reifeteilung (Äquationsteilung) besitzen 50 % der weiblichen Keimzellen je zwei Chromatiden desselben Chromosomenpaares und die anderen 50 % keine Chromatiden.
   D Falls nach der Befruchtung durch eine normale männliche Keimzelle die befruchtete Eizelle eine Monosomie (nur ein Chromosom des betrachteten Chromosomentyps) aufweist, so ist diese Zygote letal und stirbt ab. Liegt jedoch der betrachtete Chromosomentyp nach der Befruchtung insgesamt dreifach vor, so spricht man von einer Trisomie. Bei den meisten Chromosomentypen ist diese fehlerhafte Verteilung ebenfalls letal, während eine Trisomie 21 das Krankheitsbild Down-Syndrom hervorruft.

Stoffübersicht

😊 😐 🙁

Chromosomentheorie der Vererbung:

Gen: Einheit der Erbinformation (Erbfaktor), Codierung eines Polypeptids (oder einer RNA), auf Chromosom lokalisiert

Allel: Zustandsform eines Gens
- **Homozygot:** Genlocus mit zwei gleichen Allelen
- **Heterozygot:** Genlocus mit zwei unterschiedlichen Allelen

Unterschiedliche Ausprägung von Allelen:
- **Dominant-rezessiv:** Vollständige Ausprägung des **dominanten** Allels, keine Ausprägung des **rezessiven** Allels
- **Unvollständig dominant/intermediär:** Teilweise Ausprägung beider Allele
- **Kodominant:** Vollständige Ausprägung beider Allele

Anzahl der vererbten Merkmale:
- **Monohybrider** Erbgang: Vererbung eines Merkmals
- **Dihybrider** Erbgang: Unabhängige Vererbung zweier Merkmale (Ausnahme Genkopplung)

Genkopplung: Gemeinsame Vererbung von Merkmalen, die auf einem Chromosom liegen (Aufhebung durch Crossing-over-Ereignisse)

Morgan-Einheit (ME): Maß für **relativen** Abstand von Genorten zueinander (aufgrund von Crossing-over-Wahrscheinlichkeiten)

Weitere Begriffe:
- **Multiple Allelie:** Mehr als zwei Ausprägungsformen eines Gens
- **Additive Polygenie:** Mehr als ein Gen ist für die Ausprägung eines Merkmals zuständig
- **Pleiotropie:** Ein Gen ist für vielfältige Symptome verantwortlich
- **Epistase:** Ein Gen beeinflusst/blockt Ausprägung eines anderen Gens

Begriffsdefinitionen:
- **Reinerbigkeit:** Auftreten eines bestimmten Merkmals über mehrere Generationen hinweg

- **Hybrid:** Kreuzungsprodukt zweier reinerbiger Sorten (mit unterschiedlichen Merkmalen)
- **Genotyp:** Gesamtheit der Erbanlagen (Erbbild)
- **Phänotyp:** Merkmalsausprägung (äußeres Erscheinungsbild)

Mendelsche Regeln:
- 1. mendelsche Regel: **Uniformitätsregel** bzw. Reziprozitätsregel
- 2. mendelsche Regel: **Spaltungsregel**
- 3. mendelsche Regel: **Unabhängigkeits- und Neukombinationsregel**

Wichtige Methoden:
- **Kombinationsquadrat**
- **Kreuzungsschmema**
- **Rückkreuzung:** Kreuzung zur Überprüfung der Reinerbigkeit eines Individuums mit einem für das entsprechende Merkmal homozygot rezessiven Individuum

Individuen der Fruchtfliegenart *Drosophila melanogaster* sind als **Wildtyp** normalflügelig und besitzen eine rote Augenfarbe. Genetiker haben mit diesen Tieren zwei unterschiedliche **Kreuzungsexperimente** durchgeführt und bei **reziproken** Kreuzungsexperimenten festgestellt, dass die Geschlechter für das Ergebnis der beiden Versuche keine Rolle spielen:

Drosophila melanogaster
(Studiotouch. Shutterstock)

– Kreuzung A: Normalflügelige Fliegen mit roter Augenfarbe werden miteinander gekreuzt (Parentalgeneration). Alle Nachkommen sind normalflügelig und haben eine rote Augenfarbe.

– Kreuzung B: Eine Fliege aus der Nachkommenschaft von Kreuzung A (Elter 1) wird mit einer **Doppelmutante** (Elter 2), die stummelflügelig ist und schwarze Augen besitzt, gekreuzt. Unter diesen Nachkommen findet man Fliegen vom Wildtyp, normalflügelige Fliegen mit schwarzer Augenfarbe, stummelflügelige Fliegen mit roten Augen sowie Doppelmutanten im Verhältnis 1 : 1 : 1 : 1.

1 Erläutern Sie die im Text fett gedruckten Begriffe.

2 Geben Sie die möglichen Genotypen der Parentalgeneration an und erstellen Sie die möglichen Kombinationsquadrate für die Kreuzung A.

3 Leiten Sie den Genotyp des Elters 1 in Kreuzung B eindeutig her.

Die Schwarzbäuchige Taufliege *Drosophila melanogaster*, auch Fruchtfliege genannt, ist das „Haustier" der Genetiker. Sie besitzt vier Chromosomenpaare und wird aufgrund ihres Status als Modellorganismus in der Genforschung bevorzugt verwendet.

In einem Kreuzungsexperiment wird eine gelbe, langflügelige Fruchtfliege mit einer schwarzen, kurzflügeligen Fruchtfliege gekreuzt. Dabei ist das Allel für die Körperfarbe gelb dominant gegenüber dem Allel für die Körperfarbe schwarz und das Allel für lange Flügel dominant gegenüber dem Allel für kurze Flügel. Das Ergebnis für die 400 Nachkommen der Kreuzung ist in nebenstehender Abbildung dargestellt.

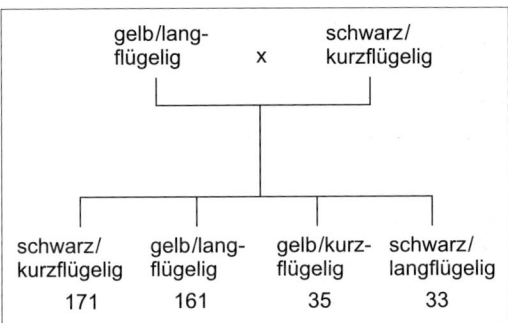

Kreuzungsergebnis bei *Drosophila melanogaster*

S. 72

1 Begründen Sie, warum *Drosophila melanogaster* eine der genetisch am besten untersuchten Spezies ist und sich als Modellorganismus eignet.

2 Diskutieren Sie die mendelschen Regeln anhand des vorliegenden Beispiels. Deuten Sie das Ergebnis auch unter Verwendung der Erkenntnisse der Zytogenetik.

67

1 Definieren Sie die ersten beiden mendelschen Regeln und erklären Sie sie anhand der Chromosomentheorie der Vererbung.

2 In einem Versuch werden reinerbige Tomatensorten miteinander gekreuzt. Rotstängelige Pflanzen mit gefiederten Blättern werden mit grünstängeligen Pflanzen mit ungefiederten Blättern kombiniert. In der F1-Generation treten ausschließlich rotstängelige Pflanzen mit gefiederten Blättern auf.

   a) Erklären Sie anhand eines Kombinationsquadrates das Versuchsergebnis.

   b) Ermitteln Sie die vermutlich auftretenden Phänotypen und deren Verhältnis in der F2-Generation.

   c) Gehen Sie davon aus, dass die beiden Merkmale von zwei Genen codiert werden, die gekoppelt vorliegen. Ermitteln Sie, welche Phänotypen auftreten werden, und begründen Sie Ihre Entscheidung.

3 Hinsichtlich der Blütengröße und der Blütenfarbe reinerbige Individuen zweier Pflanzenrassen werden miteinander gekreuzt. In der F2-Generation treten Pflanzen mit den folgenden Blütenphänotypen auf:

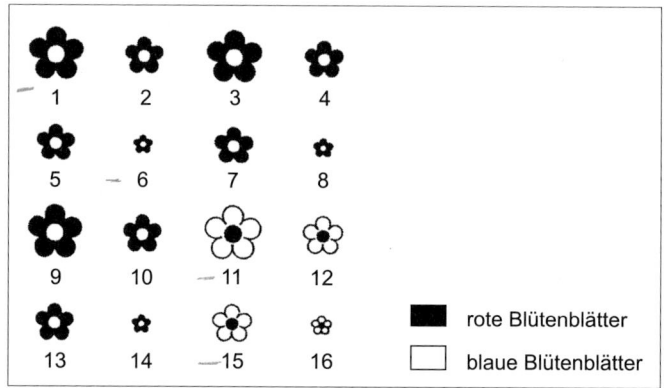

rote Blütenblätter

blaue Blütenblätter

Phänotypen aus einer Kreuzung mit reinerbigen Individuen

   a) Leiten Sie den Erbgang ab und definieren Sie die Allelsymbole.

   b) Geben Sie die möglichen Genotypen bei Pflanzen an, die den Phänotyp der Pflanzen 1, 6, 11 und 15 besitzen.

4 In einem Versuch werden reinerbige Erbsenpflanzen gekreuzt, deren Samen gelb und rund bzw. grün und kantig sind. In der F1-Generation treten nur Pflanzen mit runden, gelben Samen auf. Leider geht die Beschriftung der Aufbewahrungsbehälter der Samen verloren, sodass diese nicht mehr eindeutig zuzuordnen sind. Beschreiben Sie, wie man ermitteln kann, ob die Samen aus der F1- oder der Parentalgeneration stammen. Verdeutlichen Sie dies mithilfe von Kombinationsquadraten.

5 Bei Züchtungsversuchen mit der spanischen Wicke werden reinerbige Individuen gekreuzt. Pflanzen mit purpurnen Blüten und langen Pollen werden mit Pflanzen mit roten Blüten und runden Pollen gekreuzt. In der F1-Generation sind ausschließlich Pflanzen mit purpurnen Blüten und langen Pollen vorhanden. In der F2-Generation hingegen gibt es in etwa dreimal so viele Pflanzen mit purpurnen Blüten und langen Pollen wie Pflanzen mit roten Blüten und runden Pollen. Andere Kombinationen kommen nicht vor.

a) Leiten Sie den vorliegenden Erbgang ab und erläutern Sie die Ergebnisse in der F2-Generation.

b) Die Ergebnisse der Untersuchung wurden in einem groß angelegten Versuch wiederholt. Hierbei stellte man fest, dass neben den oben beschriebenen Varianten in der F2-Generation auch Pflanzen mit purpurnen Blüten und runden Pollen bzw. solche mit roten Blüten und langen Pollen vorkamen. Allerdings war deren Anzahl deutlich geringer als die der bereits beschriebenen Varianten. Erklären Sie die Zusammenhänge.

Erwartungshorizont – Übungsreferat 12

Vor der Beantwortung der Fragen 2 und 3 sollten Sie sich in der Vorbereitungszeit entscheiden, ob es für Sie angenehmer ist, eine von Ihnen vorbereitete Folie in das Prüfungsgespräch mitzubringen oder die Lösung erst während des Referates an der Tafel oder auf der Folie schrittweise zu entwickeln.

1 **Erläuterung der Begriffe:**
   - **Wildtyp:** Phänotyp bzw. Genotyp, der unter natürlichen Umweltbedingungen am häufigsten auftritt, hier normalflügelig und rote Augenfarbe. Diese beiden Merkmale werden dominant vererbt.
   - **Doppelmutante:** Ein Individuum, das zwei mutierte Gene im Vergleich zum Wildtyp aufweist und bei *Drosophila* auch phänotypisch zeigt, hier stummel-flügelig und schwarze Augenfarbe.
   - **Kreuzungsexperimente:** Gezielte Befruchtung weiblicher Geschlechtszellen mit männlichen Geschlechtszellen von Individuen, die genetische Unterschiede aufweisen.
   - **Reziprok:** Bei einer reziproken Kreuzung werden Individuen mit gegenüber einem vorausgegangenen Experiment vertauschten Elternrollen gepaart. So wurde in Kreuzung B zunächst ein männlicher Wildtyp mit einer weiblichen Doppelmutante und im Anschluss eine männliche Doppelmutante mit einem weiblichen Wildtyp gekreuzt. Bei gleichem Ergebnis ist erwiesen, dass die Ge-schlechter für das Ergebnis der Experimente keine Rolle spielen.

2 Bevor Sie auf die Fragen eingehen, sollten Sie die von Ihnen verwendeten Symbo-le definieren, z. B. N für normalflügelig bzw. n für stummelflügelig und R für rote Augenfarbe bzw. r für schwarze Augenfarbe. Keimzellen werden zur Kennzeich-nung oftmals durch einen Kreis symbolisiert.

Möglichkeiten:
   - Genotypen der Eltern: NNRR und NNRR

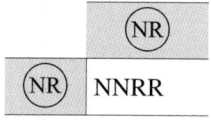

	(NR)
(NR)	NNRR

   - Genotypen der Eltern: NNRR und NnRr

	(NR)	(Nr)	(nR)	(nr)
(NR)	NNRR	NNRr	NnRR	NnRr

– Genotypen der Eltern: NnRR und NNRr

	(NR)	(Nr)
(NR)	NNRR	NNRr
(nR)	NnRR	NnRr

Eine Kreuzung mit den Genotypen NnRR und NnRr bzw. NNRr und NnRr ist aufgrund der Aussage „Alle Nachkommen" sehr unwahrscheinlich.

3 Herleitung des Genotyps:

– Die Kreuzung B beruht auf einer sogenannten Rückkreuzung, der Kreuzung eines Nachkommens aus der F1-Generation (hier: Elter 1) mit einem homozygot rezessiven Individuum (hier: Doppelmutante, Elter 2).

– Um zu testen, ob Elter 1 die dominanten Allele homo- oder heterozygot aufweist, wird dazu eine **Doppelmutante** mit dem **Genotyp nnrr** verwendet, da hier die Allele homozygot rezessiv vorliegen. Diese Doppelmutante kann also nur Keimzellen vom Typ **nr** bilden und an ihre Nachkommen vererben.

– **Elter 1** muss bezüglich der Flügelform heterozygot **Nn** aufweisen, da sowohl normalflügelige als auch stummelflügelige Nachkommen aus der Kreuzung hervorgehen. Da neben Nachkommen mit schwarzer Augenfarbe auch solche mit roter Augenfarbe existieren, muss auch die Augenfarbe heterozygot im Genotyp vorliegen. Der Genotyp von Elter 1 muss daher **NnRr** sein.

Eine Ableitung anhand eines Kreuzungsschemas und die konkrete Angabe der Genotypen der Individuen der F2-Generation ist zwar nicht notwendig, kann jedoch bei Bedarf (Zeit) oder Notwendigkeit (besseres Verständnis) in die Beantwortung einbezogen werden.

Phänotyp F2:	Wildtyp	normalflügelig / schwarze Augen	stummelflügelig / rote Augen	Doppel- mutante
Genotyp F2:	NnRr	Nnrr	nnRr	nnrr
Keimzellen Elter 1:	(NR)	(Nr)	(nR)	(nr)
Genotyp Elter 1:	NnRr			
Phänotyp:	normalflügelig / rote Augen			

71

1 Die Forschung an *Drosophila melanogaster* bietet viele Vorteile, die insbesondere die Züchtung der Art und die Auswertung von Experimenten betreffen:
   - Leichte Aufzucht: einfache und billige Haltung, gezielte Kreuzbarkeit
   - Kurze Generationszeit *(9 bis 14 Tage)*
   - Hohe Anzahl an Nachkommen pro Paarung *(bis zu 400)*
   - Relativ kleines Genom (vier Chromosomenpaare)
   - Viele leicht erkennbare, genetisch bedingte Merkmalsunterschiede (Körperfarbe, Flügellänge, Augenfarbe, Augengröße, Fühlerlänge etc.)
   - Großer Bestand an verwertbaren Forschungsergebnissen, da viele Forschergruppen seit Jahrzehnten an und mit *Drosophila* arbeiten

2 *Zunächst sollten die mendelschen Regeln auf das Beispiel angewendet und überprüft werden. Anschließend können Sie mithilfe der Erkenntnisse aus der Zytogenetik das vorliegende Ergebnis erklären.*

Es liegt ein **dihybrider, dominant-rezessiver** Erbgang vor.

Körperfarbe	A	gelb
	a	schwarz
Flügellänge	B	lang
	b	kurz

1. mendelsche Regel (Uniformitätsregel):
Kreuzt man zwei reinerbige Individuen einer Art (Parentalgeneration), die sich in einem Merkmal unterschieden, gleichen sich alle Nachkommen der F1-Generation bezüglich des Merkmals geno- und phänotypisch.

Theoretisches Kreuzungsschema:

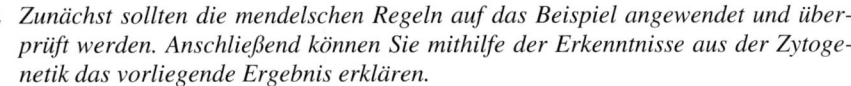

```
P-Generation:     gelb/langflügelig    x    schwarz/kurzflügelig
                  AABB                       aabb
F1-Generation:        alle AaBb (gelb/langflügelig)
```

Bewertung: Das vorliegende Kreuzungsergebnis lässt sich nicht mit der 1. mendelschen Regel erklären, da nicht alle Nachkommen phänotypisch gleich sind. Die gelbe, langflügelige Fliege der Elterngeneration muss daher mischerbig sein.

2. mendelsche Regel (Spaltungsregel):
Kreuzt man die für das Merkmal/die Merkmale heterozygoten Individuen der F1-Generation untereinander, treten in der F2-Generation die Merkmale der P- und der F1-Generation in einem bestimmten Zahlenverhältnis auf (bei dihybriden, dominant-rezessiven Erbgängen vier Phänotypen im Verhältnis von 9 : 3 : 3 : 1).

Bewertung: Die hier gekreuzten Fliegen sind nicht phänotypisch gleich, da die schwarze, kurzflügelige Fliege bezüglich beider Merkmale reinerbig ist. Die 2. mendelsche Regel lässt sich daher auf diese Kreuzung nicht anwenden.

3. mendelsche Regel (Unabhängigkeits- bzw. Neukombinationsregel):
Bei dihybriden Kreuzungen wird jedes Merkmal unabhängig voneinander vererbt. Die entsprechenden Gene sind dabei frei kombinierbar.

Theoretisches Kreuzungsschema:

```
P:    gelb/langflügelig     x      schwarz/kurzflügelig
         AaBb                            aabb

F1:         |  ab
      _____|_____

      AB  |  AaBb     gelb/langflügelig
      Ab  |  Aabb     gelb/kurzflügelig
      aB  |  aaBb     schwarz/langflügelig
      ab  |  aabb     schwarz/kurzflügelig
```

Bewertung: Das vorliegende Kreuzungsergebnis lässt sich nicht mit der 3. mendelschen Regel erklären, da die Merkmalskombinationen nicht wie erwartet im Verhältnis 1 : 1 : 1 : 1, sondern im Verhältnis von ca. 5 : 1 : 1 : 5 auftreten.

In der Fragestellung wird auf die Erkenntnisse der Zytogenetik verwiesen. Dabei muss auf die Verteilung der Allele auf den Chromosomen eingegangen werden.

Zytogenetische Überlegungen:
Hier liegt **Genkopplung** vor, d. h., die Allele für Körperfarbe und Flügellänge liegen auf demselben Chromosom:

```
P:    gelb/langflügelig     x      schwarz/kurzflügelig
        ⌐A  ⌐a                       ⌐a  ⌐a
        ⌊B  ⌊b                       ⌊b  ⌊b

F1:   gelb/langflügelig            schwarz/kurzflügelig
        ⌐A  ⌐a                       ⌐a  ⌐a
        ⌊B  ⌊b                       ⌊b  ⌊b

Verhältnis:    1           :           1
```

Die wenigen gelben und kurzflügeligen bzw. schwarzen und langflügeligen Fliegen sind durch Entkopplung entstanden. Grund dafür sind Crossing-over-Ereignisse in der 1. Reifeteilung.

Die Anzahl der Entkopplungen liefert einen Hinweis auf die Entfernung der Allele zueinander auf dem Chromosom, da mit zunehmender Distanz die Wahrscheinlichkeit für Entkopplung steigt. Mit diesen Erkenntnissen können Genkarten erstellt werden.
Bei der vorliegenden Kreuzung handelt es sich um eine Test-/bzw. Rückkreuzung mit dem hinsichtlich der untersuchten Merkmale homozygot rezessiven Tier.

1 *Achten Sie darauf, Ihren Vortrag gut zu strukturieren. Dabei ist es nicht entscheidend, ob Sie zuerst die Definitionen und im Anschluss die Erklärungen für beide Regeln liefern, oder ob Sie zunächst die erste Regel und deren Erklärung und im Anschluss daran die zweite Regel besprechen.*

1. mendelsche Regel = Uniformitätsregel bzw. Reziprozitätsregel:

Kreuzt man zwei reinerbige (= homozygote) Individuen einer Art, die sich in der Ausprägung eines Merkmals (Phänotyp) unterscheiden, so sind alle Nachkommen in der F1-Generation bezüglich dieses Merkmals gleich (uniform).

Erklärung: Diploide Organismen besitzen einen doppelten Chromosomensatz, weshalb sie jedes Gen in zweifacher Ausführung besitzen (Ausnahme bei Genen auf Gonosomen). Ist ein Individuum bezüglich eines Merkmals homozygot, so liegen die einander entsprechenden Gene in der gleichen Zustandsform (Allel) vor. Durch die Kombination der Keimzellen der Parentalgeneration wird je ein Allel des Gens an die F1-Generation weitervererbt. Somit sind alle F1-Individuen heterozygot. Es spielt dabei keine Rolle, ob es sich um einen dominant-rezessiven oder einen intermediären (unvollständige Dominanz) Erbgang handelt. Der Phänotyp der F1-Individuen ist immer gleich.

2. mendelsche Regel = Spaltungsregel:

Kreuzt man die Individuen der F1-Generation untereinander, so kommt es in der F2-Generation zu einer Aufspaltung der Merkmale in einem bestimmten Verhältnis.

Erklärung: Die F1-Individuen sind heterozygot, d. h., sie besitzen zwei unterschiedliche Allele eines Gens (z. B. A und a). In den Keimzellen der F1-Individuen befinden sich demnach unterschiedliche Allele (A oder a). Hieraus ergeben sich bei einer Kreuzung von zwei F1-Individuen unterschiedliche Möglichkeiten der Verteilung der Genotypen:

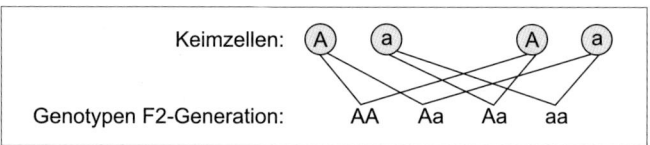

Hieraus resultiert ein Genotypenverhältnis von $1:2:1$. Je nachdem, ob es sich um einen dominant-rezessiven oder um einen intermediären Erbgang handelt, ergibt sich ein Zahlenverhältnis der Phänotypen von $3:1$ oder von $1:2:1$.

2 a) *Denken Sie daran, die Allele eindeutig zu definieren. Sie können die Gene in alphabetischer Reihenfolge benennen oder beispielsweise den ersten Buchstaben des Phänotyps des dominanten Allels dafür verwenden. Im Folgenden wird die zweite Variante gewählt.*

R = rotstängelig   r = grünstängelig
G = gefiederte Blätter   g = ungefiederte Blätter

Kreuzung der Parentalgeneration:

Phänotyp	rotstängelig, gefiederte Blätter	×	grünstängelig, ungefiederte Blätter
Genotyp	RRGG		rrgg
Keimzellen	RG		rg

Kombinationsquadrat:

Keimzellen	RG
rg	RrGg

Alle Pflanzen sind rotstängelig mit gefiederten Blättern (Uniformitätsregel).

b) **Kreuzung der F1-Generation:**

Phänotyp	rotstängelig, gefiederte Blätter	×	rotstängelig, gefiederte Blätter
Genotyp	RrGg		RrGg
Keimzellen	RG Rg rG rg		RG Rg rG rg

Kombinationsquadrat für nicht gekoppelte Gene:

Keimzellen	RG	Rg	rG	rg
RG	RRGG	RRGg	RrGG	RrGg
Rg	RRGg	RRgg	RrGg	Rrgg
rG	RrGG	RrGg	rrGG	rrGg
rg	RrGg	Rrgg	rrGg	rrgg

Es ergibt sich folgendes Phänotypenverhältnis:

9× rotstängelig mit gefiederten Blättern
3× rotstängelig mit ungefiederten Blättern
3× grünstängelig mit gefiederten Blättern
1× grünstängelig mit ungefiederten Blättern

c) Liegen die Gene gekoppelt vor, so würden die Allele R und G bzw. r und g immer gekoppelt, also zusammen vererbt werden.

Die Genotypen der F1-Generation wären zwar weiterhin RrGg (R-G r-g), die Keimzellen aber R-G und r-g. Demnach ergäbe sich folgendes Kombinationsquadrat für die Kreuzung zweier Individuen der F1-Generation:

Keimzellen	R-G	r-g
R-G	R-G; R-G	R-G; r-g
r-g	R-G; r-g	r-g; r-g

Es ergibt sich folgendes Phänotypenverhältnis:

3× rotstängelig mit gefiederten Blättern

1× grünstängelig mit ungefiederten Blättern

Durch Crossing-over-Ereignisse kann es zu einem Kopplungsbruch kommen. Demnach wäre es auch denkbar, dass die anderen beiden Phänotypen (2 b) vorkommen, statistisch gesehen aber sehr viel seltener als die anderen beiden Varianten.

3 a) Es handelt sich um einen **dihybriden** Erbgang. Da ausschließlich rote oder blaue Blütenblätter auftreten, ist der Erbgang dominant-rezessiv, wobei das Allel für die roten Blütenblätter dominant gegenüber dem Allel für die blauen Blütenblätter ist. Bei der Blütengröße gibt es neben großen und kleinen auch mittelgroße Blüten. Das bedeutet, dass es sich um einen **intermediären** Erbgang handelt.

R = rote Blütenblätter   r = blaue Blütenblätter
g = große Blüte   k = kleine Blüte

b) *In dieser Aufgabe wird nicht von Ihnen verlangt, dass Sie mittels eines Kombinationsquadrats oder eines Kreuzungsschemas ableiten, welche exakten Genotypen die Pflanzen 1, 6, 11 und 16 haben. Sie sollen lediglich angeben, welche Genotypen Pflanzen aufweisen können, die diese Phänotypen besitzen.*

1: RRgg oder Rrgg
6: RRkk oder Rrkk
11: rrgg
15: rrkg

4 Die Samen der Pflanzen, die die rezessiven Merkmale grün und kantig aufweisen, lassen sich eindeutig von den gelben, runden unterscheiden. Aus letzteren müssen Pflanzen gezüchtet werden, deren Genotyp mithilfe einer **Rückkreuzung** identifiziert werden kann. Bei einer Rückkreuzung werden die zu untersuchenden Pflanzen mit einem Individuum gekreuzt, das die rezessiven Merkmale (homozygot) aufweist. Aus dem Ergebnis der Rückkreuzung lässt sich eindeutig feststellen, ob die Pflanze homo- oder heterozygot ist. Damit ist zu ermitteln, ob die Samen in einem Behälter aus der Parental- oder der F1-Generation stammen.

G = gelb   g = grün
R = rund   r = kantig

Genotypen:
Pflanze mit rezessiven Merkmalen: ggrr
Zu untersuchende Pflanze aus der Parentalgeneration (homozygot): GGRR
Pflanze aus der F1-Generation (heterozygot): GgRr

- **Fall 1: Samen der Parentalgeneration (homozygot)**

Keimzellen	gr
GR	GrRr

Alle Individuen weisen gelbe, runde Samen auf.

- **Fall 2: Samen der F1-Generation (heterozygot)**

Keimzellen	gr
G R	GgRr
G r	Ggrr
g R	ggRr
g r	ggrr

Die vier unterschiedlichen Phänotypen treten im Verhältnis 1 : 1 : 1 : 1 auf.

5 a) Es handelt sich um einen **dihybriden** Erbgang, da zwei Merkmale, die Blütenfarbe und die Pollenform, betrachtet werden. Da in der F1-Generation ausschließlich Pflanzen mit purpurnen Blüten und langen Pollen vorliegen, handelt
es sich bezüglich beider Merkmale um einen **dominant-rezessiven** Erbgang,
wobei das Allel für die purpurnen Blüten und das Allel für die langen Pollen
jeweils dominant gegenüber den Allelen für rote Blüten und runde Pollen sind.
Obwohl es sich um einen dihybriden Erbgang handelt, kommen in der F2-Ge-
neration keine neuen Varianten vor. Dies kann mit einer Genkopplung begründet werden. Die Gene für die Blütenfarbe und die Pollenform liegen auf dem
gleichen Chromosom. Somit werden sie gekoppelt vererbt.

*Hiermit wäre die Frage ausreichend beantwortet. Wenn Sie Zeit haben und die
Prüfer es zulassen, können Sie Ihre Aussagen mit einem Kreuzungsschema oder
einem Kombinationsquadrat ableiten.*

P = purpurne Blüten   p = rote Blüten
L = lange Pollen   l = runde Pollen

S. 69

Kreuzung der Parentalgeneration:

Phänotyp	purpurne Blüten, lange Pollen	×	rote Blüten, runde Pollen
Genotyp	P-L; P-L		p-l; p-l
Keimzellen	P-L		p-l

Kreuzung der F1-Generation:

Phänotyp	purpurne Blüten, lange Pollen	×	purpurne Blüten, lange Pollen
Genotyp	P-L; p-l		P-L; p-l
Keimzellen	P-L, p-l		P-L, p-l

Kombinationsquadrat:

Keimzellen	P-L	p-l
P-L	P-L; P-L	P L; p-l
p-l	P-L; p-l	p-l; p-l

Es ergibt sich folgendes Phänotypenverhältnis:

3× purpurne Blüten und lange Pollen

1× rote Blüten und runde Pollen

b) Die Merkmalskombinationen „purpurne Blüten und runde Pollen" bzw. „rote Blüten und lange Pollen" können durch einen **Kopplungsbruch** (Entkopplung) entstehen. In der Prophase I der Meiose können intrachromosomale Rekombinationen durch Crossing-over stattfinden. Durch diesen Stückaustausch bei homologen Chromosomenpaaren können gekoppelte Gene neu kombiniert werden. Da die Anzahl dieser Varianten deutlich geringer ist als die der eingangs beschriebenen Varianten, kann man davon ausgehen, dass die Gene auf dem Chromosom relativ nah beieinander liegen. Je weiter die Gene voneinander entfernt sind, desto wahrscheinlicher ist es, dass sie bei einem Crossing-over-Ereignis voneinander getrennt werden.

Stoffübersicht

☺ ☻ ☹

Vererbung der Blutgruppen:

AB0-System:
- Vererbung nach den mendelschen Regeln
- Allele I^A, I^B, i auf Chromosom 9 (multiple Allelie), I^A und I^B sind **kodominant** und dominant gegenüber i
- Blutgruppe A: Antigen A, im Serum Antikörper gegen B
- Blutgruppe B: Antigen B, im Serum Antikörper gegen A
- Blutgruppe AB: Antigene A, B, im Serum keine Antikörper
- Blutgruppe 0: keine Antigene, im Serum Antikörper gegen A, B
- **Agglutination:** Verklumpen des Blutes durch eine Antigen-Antikörper-Reaktion

Rhesussystem:
- Vererbung nach den mendelschen Regeln
- Rhesuspositiv Rh^+: Antigen D, Genotyp DD oder Dd
- Rhesusnegativ rh^-: Genotyp dd, im Serum keine Antikörper gegen Antigen D, Bildung erst nach Sensibilisierung

Erbgänge von Erbkrankheiten beim Menschen:

Autosomal-dominante Erbleiden:
- Genotyp des Merkmalsträgers: AA oder Aa
- Geschlechtsunabhängige Vererbung (Frauen und Männer gleichermaßen betroffen)
- Erkrankte mit mindestens einem erkrankten Elter
- Auftreten der Erkrankung in jeder Generation

Autosomal-rezessive Erbleiden:
- Genotyp des Merkmalsträgers: aa
- **Konduktoren:** Personen mit dem Genotyp Aa
- Geschlechtsunabhängige Vererbung
- Erkrankte mit nicht zwangsläufig erkrankten Eltern

(X-)Gonosomal-dominante Erbleiden:
- Genotyp des/r Merkmalsträgers/in: $X_A Y$; $X_A X_A$ oder $X_A X_a$
- Mehr Frauen als Männer betroffen
- Männer sind **hemizygot**, da sie nur ein X-Chromosom besitzen
- Jede/r Betroffene mit betroffenem Elter

- Töchter betroffener Väter sind Merkmalsträgerinnen
- Mütter betroffener Söhne sind Merkmalsträgerinnen

(X-)Gonosomal-rezessive Erbleiden:
- Genotyp des/r Merkmalsträgers/in: X_aY; X_aX_a
- **Konduktorinnen:** Frauen mit Genotyp X_AX_a
- Mehr Männer als Frauen betroffen (aufgrund von Hemizygotie)
- Töchter können nur erkranken, wenn ihre Väter betroffen sind
- Söhne von Merkmalsträgerinnen sind erkrankt

Genetische Beratung und pränatale Diagnostik:

Stammbaumanalysen zur Risikoabschätzung bei monogen vererbten Erbleiden mit vollständiger phänotypischer Ausprägung
Beispiel autosomal-dominanter Erbgang:
- Eltern: Aa und Aa
- Kind: Mit 75 % Wahrscheinlichkeit betroffen

Heterozygotentest: Verfahren bei rezessiven Erbleiden zur Feststellung, ob eine Person heterozygot betroffen bzw. Konduktor ist (z. B. über Messung der Aktivität eines Enzyms)

Methoden der pränatalen Diagnostik:
- **Ultraschalluntersuchung** (nicht invasiv)
- **Chorionzottenbiopsie:** Entnahme fetaler Zellen aus äußerer Embryonalhaut und deren Analyse
- **Amniozentese:** Entnahme und Untersuchung von fetalen Zellen im Fruchtwasser
- **Nabelschnurpunktion:** Entnahme von Nabelschnurblut und dessen Analyse

Vaterschaftstests werden häufig mittels sogenannter Ausschlussverfahren anhand von Blutgruppentests durchgeführt. Bei der Untersuchung können beispielsweise die Blutgruppen des AB0-, Rhesus- und MN-Systems verglichen werden. Beim MN-System existieren drei Phänotypen, die durch die Kombination der kodominanten Allele M und N zustande kommen.

Bei einem Vaterschaftstest wird das Blut der zu untersuchenden Personen zu Seren gegeben. Die Seren enthalten die Antikörper der jeweiligen Blutgruppe.

Im vorliegenden Fall wurde das Blut der Mutter, des Kindes und des vermeintlichen Vaters untersucht. Die Untersuchungen der Blutgruppen ergaben folgendes Ergebnis:

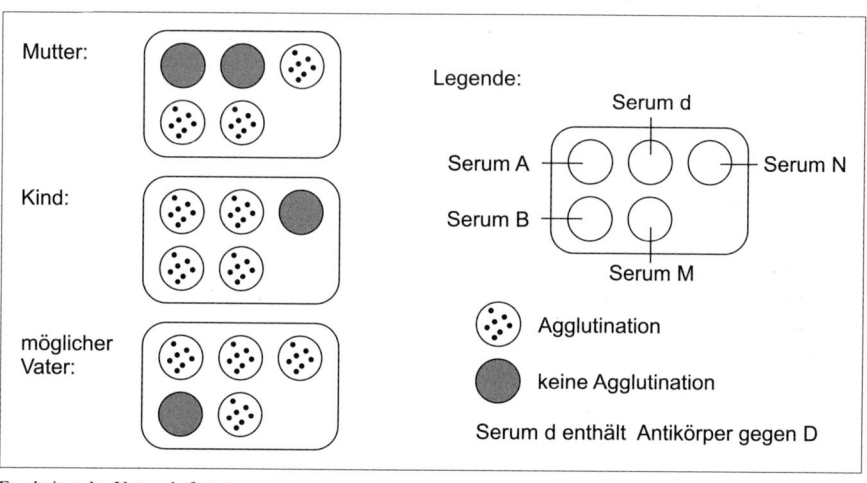

Ergebnisse des Vaterschaftstests

1 Leiten Sie unter der Charakterisierung der Blutgruppensysteme die möglichen Genotypen der Personen ab.

2 Erklären Sie, ob der vermeintliche Vater der tatsächliche Vater des Kindes sein kann.

Übungsreferat 15: Das Lesch-Nyhan-Syndrom

Das Lesch-Nyhan-Syndrom ist eine seltene, gonosomal vererbte Stoffwechselerkrankung. Nur bei einer frühzeitigen Behandlung können Symptome wie autoaggressives Verhalten weitgehend verhindert werden. Die Ursache ist ein Gendefekt, der zu einer stark verminderten Aktivität des Enzyms HPRT1 (Hypoxanthin-Phosphoribosyl-Transferase 1) führt. Dieses Enzym ist nötig, um Purinbasen zur DNA- und RNA-Synthese wiederverwerten zu können. Eine verminderte Aktivität des Enzyms hat den vermehrten Abbau der Purinbasen zur Folge, der anschließend zur Bildung der in höheren Konzentrationen nervenschädigenden Harnsäure führt.

Der Diagnostik und genetischen Familienberatung kommt bei Auftreten des Syndroms eine große Bedeutung zu. In Abb. 1 ist der Stammbaum einer Familie dargestellt, in der dieses Erbleiden auftritt. In einem Labortest werden Zellen der Personen 3, 5 und 6 Purine (in Form von Hypoxanthin) zugesetzt und die Entwicklung der Harnsäurekonzentration im Zellmedium verfolgt. Die Verläufe der Messkurven zeigt Abb. 2.

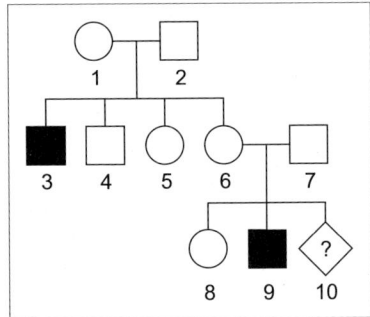

Abb. 1: Stammbaum einer Familie mit Lesch-Nyhan-Syndrom

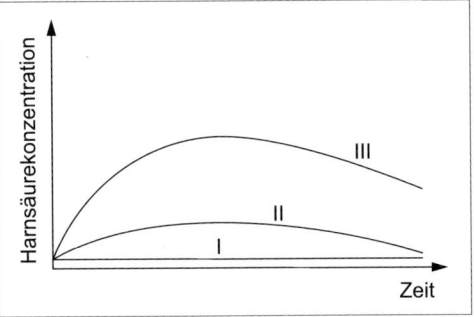

Abb. 2: Ergebnis des Labortests

1 Leiten Sie anhand des Stammbaums in Abb. 1 – möglichst unter Ausschluss aller Ihnen bekannten Erbgangtypen – ab, um welche Art der Vererbung es sich handelt. Ordnen Sie außerdem die Kurven I–III in Abb. 2 den in Abb. 1 aufgeführten Personen zu und erläutern Sie Ihre Entscheidung unter Angabe der Genotypen.

2 Geben Sie begründet an, mit welcher Wahrscheinlichkeit ein weiteres Kind (10) der Personen 6 und 7 betroffen sein wird, und beschreiben Sie potenzielle Möglichkeiten der pränatalen Diagnostik.

82

1 Die folgende Abbildung zeigt einen Stammbaum einer Familie, in der eine vererb-
bare Augenkrankheit auftritt.

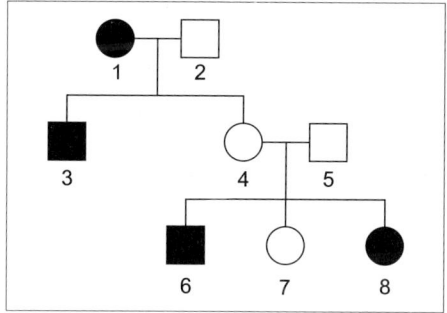

Abb. 1: Stammbaum

a) Leiten Sie den Erbgang der Augenkrankheit ab und schließen Sie nicht zutref-
fende Erbgänge begründet aus. Y-chromosomale Erbgänge können vernach-
lässigt werden.

b) Geben Sie für den zutreffenden Erbgang alle möglichen Genotypen der Personen an.

2 Galaktosämie ist eine autosomal-rezessiv vererbte Stoffwechselkrankheit.
Erkrankte Personen können Galaktose aufgrund eines Enzymmangels nicht in
Glucose umwandeln. Die dadurch bedingte Anreicherung von Galaktose im Blut
führt letztlich zu Schädigungen von Leber und Gehirn. Drei Kindern wurde jeweils kurz nach der Geburt eine identische Menge Galaktose verabreicht. Nach einer gewissen Zeit wurde der Galaktosegehalt in deren Blut ermittelt (Abb. 2).

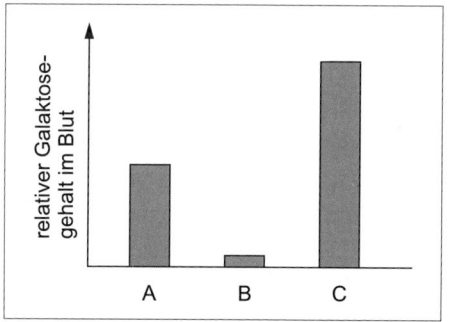

Abb. 2: Galaktosegehalt im Blut dreier Kinder

Geben Sie die Genotypen der Kinder A bis C anhand von Abb. 2 an und erläutern
Sie den Zusammenhang zwischen Genotyp und Galaktosegehalt im Blut.

3 Beschreiben Sie das Phänomen der Rhesusunverträglichkeit.

4 Beschreiben Sie das AB0-System, das am häufigsten verwendete System zur Klassifizierung der menschlichen Blutgruppen.

5 Erläutern Sie die Kennzeichen eines autosomal-dominanten Erbgangs anhand eines einfachen Stammbaumes.

6 Erläutern Sie, weshalb von manchen Erbkrankheiten wie der Rotgrünblindheit mehr Männer als Frauen betroffen sind.

7 Diskutieren Sie die Möglichkeiten und Grenzen der pränatalen Diagnostik.

Erwartungshorizont – Übungsreferat 14

1 *In vielen Fällen steht Ihnen die Abbildung aus der Angabe während der Prüfung auf Folie zur Verfügung. Bereiten Sie sich daher darauf vor, die Abbildung in Ihren Vortrag einzubinden. Ermitteln Sie ausgehend von den Untersuchungsergebnissen die möglichen Genotypen der Personen. In dieser Teilaufgabe müssen Sie noch keine Varianten ausschließen. Zu Beginn sollten Sie zunächst die Blutgruppensysteme charakterisieren. Nutzen Sie dazu die Tafel oder eventuell zur Verfügung gestellte Folien.*

Charakterisierung der Blutgruppensysteme:
- AB0-System: I^A und I^B sind kodominant, aber dominant gegenüber i
  Vier mögliche Blutgruppen: A ($I^A I^A$, I^Ai), B ($I^B I^B$, I^Bi), AB ($I^A I^B$) und 0 (ii)
- Rhesussystem: D ist dominant gegenüber d
  Zwei mögliche Blutgruppen: Rh$^+$ (DD, Dd) und rh$^-$ (dd)
- MN-System: M und N sind kodominant
  Drei mögliche Blutgruppen M (MM), N (NN) und MN (MN)

Verwenden Sie die Abbildung, um die Phänotypen (Blutgruppen) abzuleiten, und notieren Sie die möglichen Genotypen an der Tafel. Sie können diese dann in der 2. Teilaufgabe nutzen.

Mutter:
- Agglutination bei den Seren B, M und N
- Reaktion mit Antikörpern A, N und M
- Blutgruppe: A, rh$^-$, MN
- Mögliche Genotypen: $I^A I^A$ dd MN oder I^Ai dd MN

Kind:
- Agglutination bei den Seren A, B, d und M
- Reaktion mit Antikörpern B, A, D und N
- Blutgruppe: AB, Rh$^+$, N
- Mögliche Genotypen: $I^A I^B$ DD NN oder $I^A I^B$ Dd NN

Vater:
- Agglutination bei den Seren A, d, M und N
- Reaktion mit Antikörpern B, D, N und M
- Blutgruppe B, Rh$^+$, MN
- Mögliche Genotypen: $I^B I^B$ DD MN, I^Bi DD MN, $I^B I^B$ Dd MN oder I^Bi Dd MN

2 *Um die Erklärung anschaulich zu gestalten, ist es von Vorteil, ein Kreuzungsschema an der Tafel zu skizzieren.*

Das Kind kann nicht den Genotyp $I^A I^B$ DD NN besitzen, da seine Mutter rhesusnegativ ist. Der Genotyp des Kindes muss daher $I^A I^B$ Dd NN sein.

Mögliche Genotypen der Eltern:
Mutter: $I^A I^A$ dd MN oder I^Ai dd MN
Vater: $I^B I^B$ DD MN, I^Bi DD MN, $I^B I^B$ Dd MN oder I^Bi Dd MN

Kreuzungsschema:

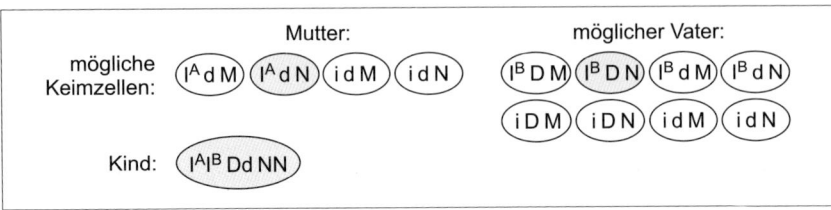

Resultat: Es ist möglich, dass es sich bei dem mutmaßlichen Vater um den tatsächlichen Vater des Kindes handelt.

Erwartungshorizont – Übungsreferat 15

1 **Ableitung der Vererbung:**
- Sowohl autosomal- als auch gonosomal-dominante Erbleiden können ausgeschlossen werden, da ansonsten Person 1 und/oder Person 2 betroffen sein müsste/n. Die erkrankten Personen wären in diesem Fall nur durch Neumutationen zu erklären, deren zweifaches Auftreten sehr unwahrscheinlich ist.
- Ein autosomal-rezessiver Erbgang kann durch den Stammbaum nicht ausgeschlossen werden. Da jedoch nur Jungen/Männer betroffen sind, ist dieser Vererbungsmodus eher unwahrscheinlich.
- Ein Y-chromosomaler Erbgang kann ausgeschlossen werden, da in diesem Fall die Personen 2, 4 und 7 betroffen sein müssten. Y-chromosomale Erbgänge sind sehr selten, da Y-Chromosomen sehr klein und entsprechend genarm sind.
- Ein **X-chromosomal-rezessiver** Erbgang ist wahrscheinlich, da phänotypisch nicht betroffene Eltern ein erkranktes Kind haben und vor allem Männer betroffen sind (Hemizygotie).

Sollten Bedenken bestehen, die Zeit des Referats mit den weiteren Inhalten ausfüllen zu können, kann an dieser Stelle auch knapp auf einzelne Beispiele für die verschiedenen Arten der Vererbung eingegangen werden.

Auswertung des Tests:
- Der durchgeführte Test stellt einen **Heterozygotentest** dar. Er dient dazu, den Genotyp phänotypisch gesunder Personen festzustellen. Häufig weisen heterozygote Personen bzw. **Konduktoren** bei Stoffwechselerkrankungen eine entsprechend reduzierte Anzahl an Enzymen bzw. Enzyme mit verringerter Aktivität auf. Sie können mithilfe der Stoffwechseluntersuchung von homozygotmerkmalsfreien Menschen unterschieden werden.

- Im vorliegenden Beispiel gilt, dass Zellen erkrankter Personen einen großen Teil des zugeführten Hypoxanthins abbauen müssen. Es kommt dadurch zu einer Anhäufung von Harnsäure im Zellmedium.
- Kurve III: Merkmalsträger mit Genotyp X_aY. Alle Enzyme arbeiten mit verminderter Aktivität. Es handelt sich um die Person 3.
- Kurve II: Konduktorin mit Genotyp X_AX_a. Ein Teil der Enzyme arbeitet mit verminderter Aktivität. Es handelt sich um die Person 6.
- Kurve I: Nicht-Konduktorin mit Genotyp X_AX_A. Alle Enzyme arbeiten mit voller Aktivität. Es handelt sich um die Person 5.

2 Wahrscheinlichkeitsanalyse:

Da ein Sohn des Paares 6/7 Merkmalsträger und Person 7 nicht betroffen ist, muss Person 6 eine Konduktorin sein.

Da bei diesem Erbgang unterschiedliche Wahrscheinlichkeiten für Jungen und Mädchen gelten, ist es wichtig, stark systematisch vorzugehen und die Möglichkeiten ggf. mithilfe eines Kreuzungsquadrates darzustellen.

Gameten Mutter		Gameten Vater	
		X_A	Y
	X_A	X_AX_A	X_AY
	X_a	X_AX_a	X_aY

Die Eltern bekommen also mit 50 %iger Wahrscheinlichkeit ein vollständig gesundes Kind (Junge oder Mädchen), mit 25 %iger Wahrscheinlichkeit einen Merkmalsträger (Junge) und mit 25 %iger Wahrscheinlichkeit ein Mädchen, das Konduktorin ist.

Möglichkeiten der pränatalen Diagnostik (PND):
- Ultraschalldiagnostik und bildgebende Verfahren (nicht invasiv)
- Chorionzottenbiopsie (invasiv): Entnahme von Zellen aus der äußeren, als Chorion bezeichneten Embryonalhaut
- Amniozentese (invasiv): Entnahme von Fruchtwasser
- Nabelschnurpunktion (invasiv): Entnahme von Blut der Nabelschnur

Ultraschalldiagnostik und bildgebende Verfahren sind für Stoffwechselerkrankungen in der Regel nicht geeignet. Bei der Chorionzottenbiopsie wird Gewebe gewonnen, das genetische und biochemische Untersuchung der Zellen des Embryos bzw. Fetus zulässt. Ähnliche Möglichkeiten bietet die Fruchtwasseruntersuchung, bei der neben der Flüssigkeit auch Zellen des Fetus gewonnen werden können. Diese Methode ist allerdings im Normalfall erst ab der 16.–17. Schwangerschaftswoche möglich. Ab der 18. Schwangerschaftswoche ist auch die Durchführung einer Nabelschnurpunktion denkbar, mithilfe derer ein Blutbild des Fetus erstellt werden kann und auch die Möglichkeit für biochemische und genetische Tests bietet.

Im vorliegenden Fall müsste auf invasive Methoden zurückgegriffen werden, um sichere Aussagen treffen zu können. Diese bergen jedoch stets das Risiko der Schädigung des Embryos bzw. Fetus oder eines Abgangs.

Der letzte Teil der Aufgabenstellung eignet sich ideal zur zeitlichen Pufferung. Gemäß der Aufgabenstellung müsste nur kurz beschrieben werden, welche Möglichkeiten es gibt. Sollte nach einer detaillierteren Beschreibung immer noch Zeit zur Verfügung stehen, empfiehlt es sich, einige Sätze zur ethischen Problematik und Möglichkeit eines Schwangerschaftsabbruchs hinzuzufügen.

Erwartungshorizont – Zusatzfragen

1 a) Der **X-chromosomal-rezessive** Erbgang kann ausgeschlossen werden. Die Tochter 8 hätte von ihrem gesunden Vater mit dem Genotyp $X_A Y$ auf jeden Fall ein intaktes Allel X_A geerbt und müsste somit phänotypisch gesund sein. Die möglichen Phänotypen wären dann $X_A X_A$ oder $X_A X_a$.
Der **autosomal-dominante** Erbgang kann ebenfalls ausgeschlossen werden, da die Krankheit eine Generation überspringt. Die Personen 4 und 5 sind gesund, müssten also beide den Genotyp aa aufweisen. Somit können sie ihren kranken Kindern 6 und 8 kein defektes Allel A vererbt haben.
Beim **autosomal-rezessiven** Erbgang ergeben sich keine Unstimmigkeiten.

   b) Beim autosomal-rezessiven Erbgang wird das intakte Allel mit A, das defekte mit a angegeben. Somit ergeben sich für die Personen 1 bis 8 folgende Genotypen:

1: aa	2: Aa	3: aa	4: Aa
5: Aa	6: aa	7: AA/Aa	8: aa

2 Die Abbildung zeigt die möglichen Ergebnisse eines **Heterozygotentests**.
Beim autosomal-rezessiven Erbgang wird das intakte Allel mit A, das defekte mit a angegeben.
Kind A ist **Konduktor** und besitzt den Genotyp Aa. Es liegt eine eingeschränkte Enzymaktivität bzw. eine geringere Enzymmenge vor. Dadurch erfolgt der Abbau von Galaktose langsamer und es resultiert ein mittlerer Wert.
Kind B besitzt den Genotyp AA und ist gesund. Aufgrund der uneingeschränkten Enzymfunktion wird die Galaktose schnell abgebaut.
Kind C ist an Galaktosämie erkrankt und besitzt den Genotyp aa. Durch die fehlende Enzymfunktion wird die Galaktose nicht bzw. nur sehr langsam abgebaut.

3 Die Rhesuseigenschaften des Blutes werden durch das **Antigen D** bestimmt. Menschen mit dem Genotyp DD bzw. Dd bilden Antigene D auf den Blutkörperchen aus, sind also rhesuspositiv. Rhesusnegative Menschen weisen den Genotyp dd auf und bilden keine Antigene D. Kommen rhesusnegative Menschen mit rhesus-

positivem Blut in Kontakt, bilden sie Antikörper gegen D aus (**Sensibilisierung**). Dies geschieht beispielsweise, wenn eine rhesusnegative Mutter bei der Geburt geringe Mengen an rhesuspositivem Blut des Kindes aufnimmt. Bei einer weiteren Schwangerschaft mit einem rhesuspositiven Kind können die Anti-D-Antikörper von der Mutter in den Blutkreislauf des Kindes übertreten und die Blutkörperchen mit den Antigenen D verklumpen. Dies führt zur Blutarmut, Sauerstoffmangel, Gehirnschäden und häufig zu Fehlgeburten.

Eine Anti-D-**Prophylaxe**, d. h. die Gabe von Antikörpern D kurz nach der ersten Geburt zerstört die kindlichen Blutzellen mit den Antigenen im mütterlichen Blut. Damit wird die Rhesusunverträglichkeit bei der zweiten Schwangerschaft verhindert.

4 Das AB0-System folgt einem **dominant-rezessiven** Erbgang und wird **monogen** vererbt, d. h., nur ein Gen ist für die Ausprägung des Merkmals verantwortlich. Die Besonderheit liegt darin, dass das Gen in zwei dominanten Allelen A und B (**kodominant**) und einem rezessiven Allel 0 vorkommt (**multiple Allelie**). Daraus resultieren die Blutgruppen A (Genotyp AA bzw. A0), B (BB bzw. B0), AB (AB) und 0 (00). Menschen mit Blutgruppe A bilden **Antigene** A auf der Oberfläche der roten Blutkörperchen aus, für die Blutgruppen B und AB gilt Entsprechendes. Blutgruppe 0 bildet keine Antigene aus. Im Blutserum der Menschen mit Blutgruppe A findet man **Antikörper** (Anti-B) gegen das Antigen B, für die Seren der anderen Blutgruppen gilt wieder Entsprechendes. Bei Bluttransfusionen unterschiedlicher Blutgruppen kann es zur Verklumpung (**Agglutination**) führen, wenn gleiche Antigene und Antikörper zusammenkommen, z. B. Antigen A und Anti-A.

5 Bei einem autosomal-dominanten Erbgang wird das defekte Allel mit A, das intakte mit a angegeben. Merkmalsträger können den Genotyp AA (**homozygot**) oder Aa (**heterozygot**) aufweisen, Gesunde besitzen immer den Genotyp aa. Bei Heterozygoten können die Merkmale in abgeschwächter Form auftreten. Das Auftreten der Krankheit in einer gesunden Familie ist immer auf eine Neumutation zurückzuführen. Da es sich um ein autosomal-dominantes Erbleiden handelt, liegt das defekte Allel auf einem Körperchromosom (Autosom) und ist so **unabhängig vom Geschlecht**, d. h., Männer und Frauen sind gleichermaßen betroffen.

Der Stammbaum muss so gewählt werden, dass ein rezessiver Erbgang und ein X-chromosomaler Erbgang ausgeschlossen werden und die beschriebenen Merkmale daran erläutert werden können. Da hier das Geschlecht keine Rolle spielt, können die Symbole für Frau (Kreis) und Mann (Quadrat) oder ein geschlechtsunabhängiges Symbol (Raute) verwendet werden. Ausgefüllte Symbole stehen für Merkmalsträger.

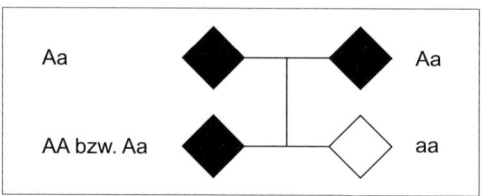

Aa	Aa
AA bzw. Aa	aa

Ein rezessiver Erbgang kann ausgeschlossen werden, da das Kind von kranken Eltern (beide Genotyp aa) nicht gesund sein kann.

6 Es handelt sich hierbei um gonosomal-rezessiv vererbte Krankheiten, wobei das defekte Allel in den allermeisten Fällen auf dem X-Chromosom liegt (**X-chromo-somal-rezessiv**). Es wird als X_a angegeben. Weibliche Merkmalsträger haben den Genotyp X_aX_a, männliche X_aY. Bei Männern reicht also ein defektes Allel für die Merkmalsausprägung aus, da auf dem Y-Chromosom kein entsprechendes Allel vorhanden ist (**Hemizygotie**). Somit sind mehr Männer von gonosomal-rezessiven Erbkrankeiten betroffen. Gesunde Frauen besitzen entweder zwei intakte Allele oder eines (**Konduktorin**).

7 Die pränatale Diagnostik umfasst nicht invasive und invasive Methoden. Die **Ul-traschalluntersuchung**, die am meisten verbreitete nicht invasive Methode, ist für den Embryo und die Mutter ungefährlich. Sie kann Hinweise auf Chromoso-menabweichungen, Entwicklungsstörungen oder Fehlbildungen liefern. Mit inva-siven Methoden werden genauere Ergebnisse erreicht, sie erhöhen aber auch je nach Methode die Fehlgeburtsrate. Die beiden gängigsten Methoden sind die **Am-niozentese** (Fruchtwasseruntersuchung) und die **Chorionzottenbiopsie**. Bei der Fruchtwasseruntersuchung wird der Schwangeren Fruchtwasser durch die Bauch-decke entnommen, die enthaltenen fetalen Zellen werden isoliert, vermehrt und biochemisch untersucht bzw. einer Chromosomenanalyse unterworfen. Bei der Chorionzottenbiopsie werden zur Analyse Zellen aus der Embryonalhaut (Chori-on) entnommen.

Die mittels dieser Verfahren gewonnenen Erkenntnisse erfassen jedoch bei Wei-tem nicht alle vorgeburtlichen Störungen. Außerdem ist auch das Ausmaß einer Beeinträchtigung des Neugeborenen nicht genau abzuschätzen. Mit einem positi-ven Befund stehen die Eltern vor der ethisch schwierigen Entscheidung eines Schwangerschaftsabbruchs.

Stoffübersicht

☺ ☹ ☹

Neukombination von Erbanlagen/Klonierung:

DNA-Isolierung aus Spenderorganismus und Schneiden mit **Restriktionsenzymen** (überhängende Enden „sticky ends")

Gewinnung eines bakteriellen Plasmids als **Vektor** mit Markergenen (z. B. Antibiotikumresistenz), Schneiden mit Restriktionsenzymen

Hybridisierung der kompatiblen überhängenden Enden von Spender- und Plasmid-DNA, Verknüpfung durch Ligase

Transformation: Einbringen der Plasmide in Bakterien

Selektive Identifizierung und Klonierung:
– Identifizierung plasmidtragender Bakterien auf Nährboden mit Antibiotikum
– Übertragung einzelner Kolonien mittels **Stempeltechnik** auf einen Nährboden mit zweitem Antibiotikum zur Identifikation transgener Bakterien (mit Hybridplasmid)
– Isolierung und Vermehrung rekombinanter Bakterien

Wichtige gentechnische Methoden:

Erstellung von **cDNA** (*complementary* oder *copy* DNA):
– Isolierung der mRNA des gewünschten Gens
– Transkription der mRNA in komplementären cDNA-Strang durch **Reverse Transkriptase**
– Enzymatischer Abbau der RNA und DNA-Synthese

Erstellung einer **Genbank** (Genbibliothek):
– Fragmentierung der Gesamt-DNA eines Organismus mittels Restriktionsenzymen
– Einbau der Fragmente in Vektoren und Aufnahme in Bakterien
– Vermehrung der Bakterien durch Klonen

Anwendung von **Gensonden:**
– Gensonden: (Radioaktiv oder Fluoreszenz-)markierte synthetische Nukleotidsequenzen zur Identifikation bestimmter DNA-Abschnitte (z. B. aus einer Genbank)

– Vorgehensweise: **Hybridisierung** der Gensonden mit Einzel-strang-Fragmenten z. B. bakterieller DNA und Nachweis mit radio-aktiv empfindlichem Film oder Fluoreszenzmikroskop

Polymerase-Kettenreaktion (PCR):
– Vervielfältigung kleiner DNA-Mengen für DNA-Analysen
– PCR-Ansatz: DNA-Matrize, Nukleotide, hitzebeständige DNA-(taq)-Polymerase, Primer
– Ein Zyklus: **Denaturierung** (bei ca. 94 °C), Abkühlen und **Hybri-disierung** der Einzelstränge mit den Primern, **Polymerisation**

Methoden zur Erstellung eines **genetischen Fingerabdrucks:**
– Isolierung von DNA und Vervielfältigung polymorpher, nicht-co-dierender DNA-Bereiche (z. B. STRs) durch PCR
– Isolierung von DNA und Schneiden mit bestimmten Restriktions-enzymen (RFLP)
– Trennung der DNA-Fragmente mittels **Gelelektrophorese**

Anwendung der Gentechnik:

Tierzucht: Einbringen von Fremd-DNA (z. B. Gene für Wachstums-hormone) in befruchtete Eizellkerne durch **Mikroinjektion**

Pflanzenzucht: Verwendung des Ti-Plasmids (aus *A. tumefaciens*) zur gentechnischen Nutzung (Entfernen tumorinduzierender Gene und Einbau gewünschter Gene sowie Markergene zur Identifikation)

Lebensmittel- und Medikamentenherstellung: Kontrollierte Ex-pression des gewünschten Gens in Bakterien

Gendiagnostik durch genetischen Fingerabdruck (z. B. bei Erbkrankheiten wie Chorea Huntington)

Somatische Gentherapie: Einschleusen intakter Gene in Körperzel-len mit defekten Genen (z. B. über Retroviren)

Übungsreferat 16: Somatostatinproduktion mithilfe genetisch veränderter Bakterien

Somatostatin ist ein Peptidhormon der Wirbeltiere. Es wird u. a. in bestimmten Zellen der Bauchspeicheldrüse und im Hypothalamus gebildet. Eine von mehreren Wirkungen dieses Hormons ist die Hemmung der Sekretion von Enzymen der Bauchspeicheldrüse sowie von Pepsin und Gastrin, das die Magensäureproduktion anregt. Diese Wirkung macht sich die Medizin zunutze, um Entzündungen oder Geschwüre im Bereich der Magenschleimhaut oder des Zwölffingerdarms medikamentös zu behandeln. Während Somatostatin in den 70er-Jahren noch aufwendig aus Schafshirnen gewonnen werden musste, lässt sich das aus 14 oder 28 Aminosäuren bestehende Protein heute auch gentechnisch erzeugen. Dazu wird ein geeignetes Hybridplasmid hergestellt und in *E. coli*-Bakterien eingebracht. Es steht dazu das gezeigte Plasmid pBR322 zur Verfügung. Die Schnittstellen für verschiedene Restriktionsenzyme sind markiert.

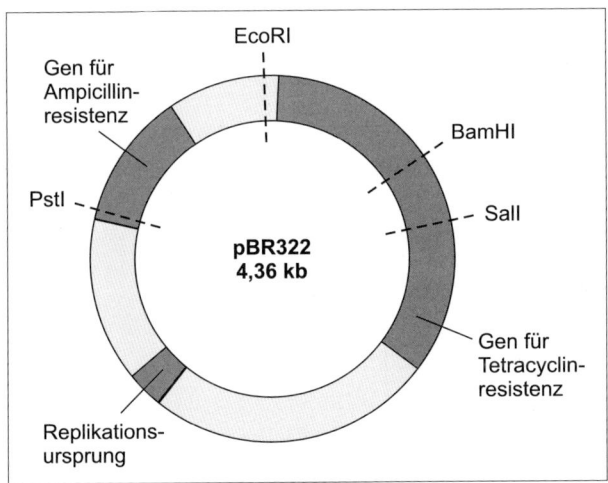

Das Plasmid pBR322
(verändert nach: Keith Redway, University of Westminster)

Erläutern Sie die wesentlichen Prozessschritte, die zur Erzeugung genetisch veränderter *E. coli*-Bakterien für die erfolgreiche Produktion von Somatostatin notwendig sind, und unterstützen Sie Ihre Ausführungen durch eine Skizze des fertigen Hybridplasmids.
Stimmen Sie Ihre Vorgehensweise so ab, dass die rekombinanten Bakterien selektiert werden können, und beschreiben Sie die dazu nötige Vorgehensweise.

Die Polymerase-Kettenreaktion wird weltweit in vielen biologischen und medizinischen Laboratorien für unterschiedlichste Aufgaben verwendet, etwa für die Diagnostik genetischer Besonderheiten und Erbkrankheiten oder für das Erstellen bzw. Überprüfen genetischer Fingerabdrücke.

Die PCR-Produkte werden meist gelelektrophoretisch getrennt. Dabei wandern die elektrisch geladenen DNA-Moleküle unter dem Einfluss eines elektrischen Felds durch ein Gel, wobei sich kleinere Moleküle schneller bewegen und dadurch weiterwandern. Nach der Auftrennung lassen sich die DNA-Moleküle mithilfe von Fluoreszenzfarbstoffen als Banden sichtbar machen.

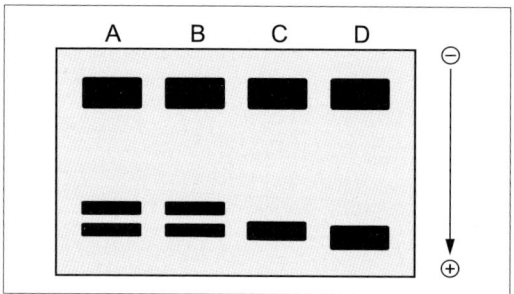

Abb. 1: Gelelektrophoretisches Bandenmuster von PCR-Produkten nicht erkrankter (A, B) und erkrankter (C, D) Personen

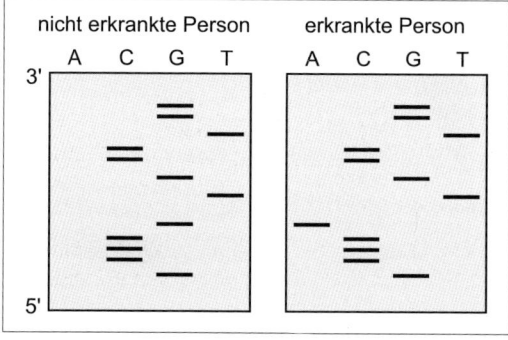

Abb. 2: Nukleotidsequenz-Analyse einer nicht erkrankten und einer erkrankten Person

1 Erläutern Sie anhand einer beschrifteten Skizze die Durchführung der Polymerase-Kettenreaktion.

2 Abb. 1 zeigt das Ergebnis einer Gelelektrophorese. Zeigen Sie anhand von Abb. 1 Gemeinsamkeiten und Unterschiede bei nicht erkrankten und erkrankten Personen auf.

3 Durch DNA-Sequenzierung kann die Nukleotidsequenz der untersuchten DNA ermittelt werden. Leiten Sie den Sequenzabschnitt der nicht erkrankten Person aus Abb. 2 ab und benennen Sie den Unterschied zur erkrankten Person.

1 Nennen Sie drei verschiedene Enzyme bzw. Enzymgruppen, die als Werkzeuge der modernen Gentechnik von großer Bedeutung sind, und beschreiben Sie stichpunktartig deren Funktion bzw. Wirkung.

2 Bei der Herstellung einer sogenannten Genbibliothek wird Spender-DNA in Form vieler Fragmente über unterschiedliche Vektoren in Bakterien eingebracht. Beschreiben Sie eine Möglichkeit, eine Bakterienkolonie mit einem bestimmten DNA-Fragment zu identifizieren.

3 Mithilfe sogenannter genetischer Fingerabdrücke können wertvolle Erkenntnisse gewonnen werden. Neben der Anwendung in der Kriminalistik wird dieses Instrument auch in anderen Bereichen, z. B. als Vaterschaftstest, genutzt. In der folgenden Abbildung sind die entsprechenden Daten mehrerer Personen dargestellt.

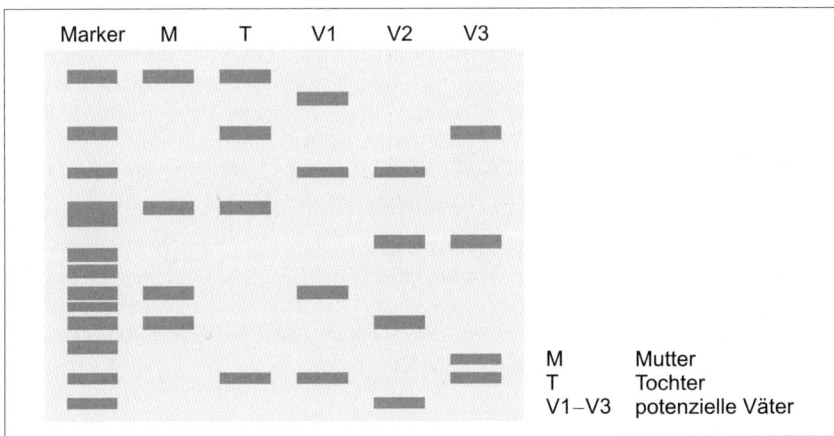

Ergebnis einer Gelelektrophorese zur Auswertung des genetischen Fingerabdrucks

Entscheiden und begründen Sie, welche Person (V1–V3) als Vater infrage kommt, und erklären Sie kurz das Prinzip der Erstellung eines genetischen Fingerabdrucks.

4 Erklären Sie die Grundzüge von somatischer Gentherapie und Keimbahntherapie und nehmen Sie Stellung zu ethischen Aspekten dieser Methoden.

5 Transgene Pflanzen werden häufig mithilfe des Ti-Plasmids aus *Agrobakterium tumefaciens* erzeugt. Erklären Sie kurz die Vorteile dieses Verfahrens im Bereich der grünen Gentechnik und nennen Sie Beispiele für transgene Nutzpflanzen.

6 Nehmen Sie kritisch Stellung zu Chancen und Risiken der grünen Gentechnik.

Lösungen

Erwartungshorizont – Übungsreferat 16

Eine konsequente und logische Gliederung auf dem Vorbereitungsskript erlaubt es Ihnen, den Ablauf der Plasmidherstellung sicher und vollständig vorzutragen ohne dabei den roten Faden zu verlieren. Angesichts der Komplexität des Themas ist das hier von besonderer Bedeutung.

Herstellung des Hybridplasmids:
- **Isolierung bzw. Herstellung der Spender-DNA:**
  - Möglichkeit 1: Die DNA von Spenderzellen, die das Gen für Somatostatin enthalten, wird durch geeignete **Restriktionsenzyme** verdaut. Mit diesen Restriktionsfragmenten werden später Hybridplasmide erzeugt.
  - Möglichkeit 2: Das DNA-Fragment mit der erforderlichen Sequenz wird direkt synthetisiert. Dabei muss die DNA-Sequenz des Abschnitts bekannt sein.
  - In jedem Fall müssen an den Enden der Spender-DNA sogenannte klebrige Enden („sticky ends") vorliegen, die einen Einbau an einer Restriktionsenzymschnittstelle des Plasmids zulassen. Für eine spätere erfolgreiche Identifizierung rekombinanter Bakterien ist nur der Einbau innerhalb eines Antibiotikum-Resistenzgens sinnvoll. Entsprechend sollten die Enden der Spender-DNA zur Erkennungssequenz z. B. des Restriktionsenzyms BamH1 passen.

Im Gegensatz zur EcoRI-Schnittstelle, die außerhalb des Resistenzgens liegt, sind theoretisch auch die Schnittstellen PstI und SalI geeignet. In der Praxis wird ein Ende der Spender-DNA gemäß der Erkennungssequenz von BamHI, das andere Ende entsprechend der Sequenz von EcoRI gestaltet. Dieses Vorgehen verkleinert das spätere Hybridplasmid.

- **Öffnung des Vektors:**
  Der Plasmidvektor pBR322 wird durch Restriktionsenzyme geöffnet, deren Erkennungssequenz zu den klebrigen Enden der Spender-DNA passen. Hier wäre z. B. BamH1, u. U. in Kombination mit EcoRI, sinnvoll.

- **Hybridisierung:**
  Die geöffnete Vektor-DNA hybridisiert an den überhängenden Enden mit der Spender-DNA. Die endgültige Verbindung erfolgt durch **Ligasen**.

Zusätzlich und der codierenden Spender-DNA vorgeschaltet, könnte auch ein Regulationssystem in den Vektor eingebracht werden. Dies könnte nach dem Operon-Modell (JACOB-MONOD-Modell) ein Konstrukt aus Regulatorgen, Operator und Promotor sein (vgl. lac-Operon). Der Einbau kann analog zum Einbau der Spender-DNA erfolgen. Idealerweise würde das Regulatorsystem bereits vor dem Einbau der Spender-DNA stromaufwärts an das Somatostatingen geknüpft.

Erläutern Sie die Bestandteile des Hybridvektors unbedingt anhand der Abbildung, die Sie im Idealfall bereits während der Vorbereitungszeit angefertigt haben.

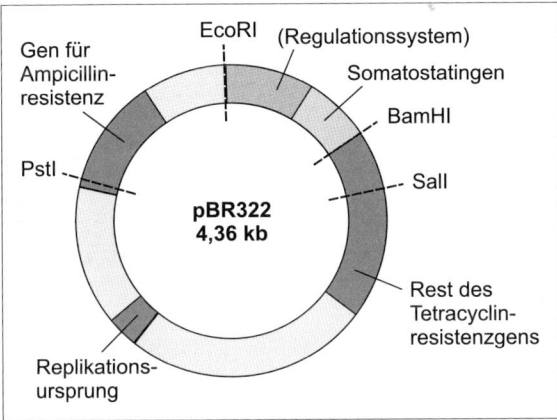

Gen für
Ampicillin-
resistenz

EcoRI (Regulationssystem)

Somatostatingen

BamHI

PstI

pBR322
4,36 kb

SalI

Rest des
Tetracyclin-
resistenzgens

Replikations-
ursprung

– **Transformation:**
Der fertig konstruierte Hybrid- bzw. Expressionsvektor wird in Wirtszellen eingeschleust. Diese Transformation kann u. a. durch Hitzeschock, Elektroporation oder Zugabe von Calciumchlorid erfolgen.

– **Selektive Identifizierung:**
Die natürliche Vermehrung der Bakterien führt automatisch zur Vervielfältigung der DNA bzw. zur DNA-Klonierung. Durch die Verwendung eines Plasmid-Vektors mit Resistenzgenen als Markern ist es möglich, Bakterienkolonien mit vollständigen Expressionsvektoren zu identifizieren (**Hybridvektor-Klonselektion**). Bei einem erfolgreichen Einbau des Spender-DNA-Konstrukts zwischen den Schnittstellen für EcoRI und BamHI kann die Identifizierung nach dem **Prinzip der Markerinaktivierung** erfolgen:

• Bakterien ohne Plasmid: Kein Wachstum auf Nährböden mit Antibiotika
• Bakterien mit unverändertem Plasmid: Wachstum sowohl auf Nährboden mit Ampicillin als auch mit Tetracyclin
• Bakterien mit Hybridplasmid: Wachstum auf Nährboden mit Ampicillin, kein Wachstum auf Nährboden mit Tetracyclin

Die praktische Umsetzung der Klonselektion ist mithilfe der **Stempeltechnik** möglich.

Sollte es Ihnen nicht möglich sein, mit Ihren Erläuterungen der verschiedenen Prozesstechniken den vorgegebenen Zeitrahmen zu füllen, empfiehlt es sich, andere bekannte Anwendungen der Gentechnik und ggf. deren Risiken anzusprechen.

1 *Machen Sie sich in der Vorbereitungszeit Gedanken darüber, ob es Ihnen ange-*
nehmer ist, eine selbst skizzierte Abbildung in das Prüfungsgespräch mitzubringen
oder die Skizze erst während des Referats an der Tafel oder auf der Folie schritt-
weise zu entwickeln und dabei mit Erläuterungen zu versehen.

Die Polymerase-Kettenreaktion (PCR) ist ein Verfahren zur schnellen Vervielfältigung von DNA.

Vorbereitung der DNA:
Die zu vervielfältigende doppelsträngige DNA befindet sich in einer Lösung, zu
der eine hitzebeständige DNA-Polymerase (Taq-Polymerase), einzelne Nukleotide
sowie Primer hinzugegeben werden. Letztere sind komplementär zu den Enden
des zu vervielfältigenden DNA-Abschnitts.

Ablauf der PCR:
– **Denaturierung doppelsträngiger DNA-Fragmente:** Die Lösung wird erhitzt,
damit sich die Doppelstränge unter Auflösung der Wasserstoffbrückenbindungen zwischen den komplementären Basen der Nukleotide voneinander trennen.

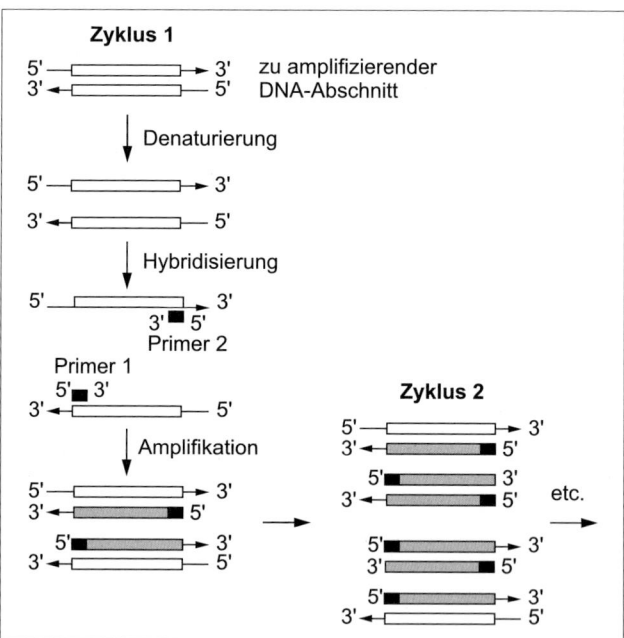

– **Hybridisierung:** Die Lösung wird abgekühlt; dabei binden die Primer über
Wasserstoffbrückenbindungen an die komplementären DNA-Sequenzen der zu
vervielfältigenden DNA. Für jeden Strang wird ein eigener Primer benötigt.

- **Amplifikation:** Die DNA-Polymerase verlängert die Primer durch Anfügen von Nukleotiden. Die Originalstränge dienen hierbei als Matrizen.
- Die zu vermehrende DNA wird in einem Zyklus (Dauer ca. 1 Min.) verdoppelt.

2 **Gemeinsamkeit:** Bei erkrankten und nicht erkrankten Personen liegt jeweils in einer identischen Bande die gleiche Menge langer DNA-Moleküle vor.

Unterschiede: Erkrankte Personen weisen eine Bande mit kurzen DNA-Molekülen auf, die bei gesunden Personen nicht auftritt. Sie variiert in Position und Stärke bei den Personen C und D.

Bei nicht erkrankten Personen sind stattdessen zwei schmalere Banden (entspricht geringerer DNA-Menge) sichtbar, die ebenfalls relativ kurze DNA-Fragmente enthalten. Die untere der beiden Banden entspricht in etwa der Position der Bande bei Person C.

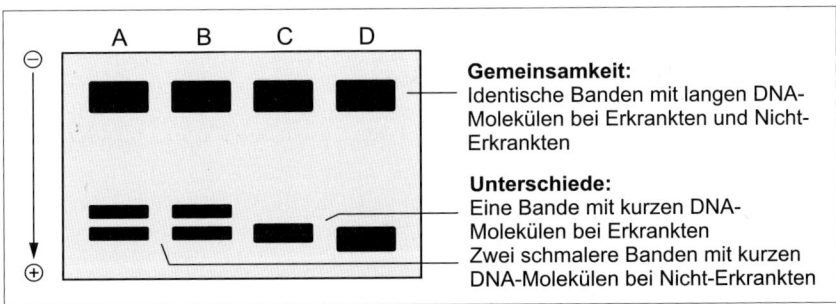

3 *Eine Beschreibung der DNA-Sequenzierung ist zwar nicht notwendig, kann jedoch je nach unterrichtlicher Besprechung in die Beantwortung eingehen.*

DNA-Sequenz der nicht erkrankten Person:

5'–GCC–CGT–GCC–TGG–3'
↑

An Position 5 der Basensequenz liegt bei der erkrankten Person eine **Punktmutation** vor. Es handelt sich um eine **Substitution** (A statt G).

Falls ausreichend Zeit zur Verfügung steht, kann noch auf die möglichen Auswirkungen von Punktmutationen eingegangen werden.

1 **Enzymgruppen:**
   - **Restriktionsenzyme** („Genscheren"): Enzyme, die das Phosphorsäure-Zucker-Rückgrat der DNA durchtrennen. Die DNA wird dabei an bestimmten, in der Regel palindromischen Sequenzen geschnitten. Es kommt entweder zu Schnitten mit überstehenden komplementären Einzelsträngen („sticky ends") oder zu glatten Schnitten („blunt ends").
   - **Ligasen** („Genkleber"): Enzyme, die das Phosphorsäure-Zucker-Rückgrat zur Herstellung eines durchgehenden DNA-Stranges aus einzelnen Fragmenten verbinden.
   - **DNA-Polymerasen:** Enzyme, die anhand einer DNA-Einzelstrang-Matrize einen komplementären DNA-Einzelstrang aus Nukleotiden erzeugen. Bei der PCR wird hauptsächlich die hitzebeständige **taq-Polymerase** eingesetzt, die aus Bakterien heißer Quellen gewonnen wird.
   - **Reverse Transkriptasen:** Enzyme, die aus RNA-Matrizen einen komplementären DNA-Einzelstrang (copy-DNA bzw. cDNA) aus Nukleotiden herstellen.

2 Die Methode wird als **Koloniehybridisierung** bezeichnet. Sie erlaubt die Identifizierung der gesuchten Bakterienkolonie anhand radioaktiv oder fluoreszierend markierter, einzelsträngiger DNA-Fragmente, deren Basensequenz komplementär zu Abschnitten der gesuchten DNA ist. Man spricht von **Gensonden**.

Vorgehensweise:
   - Bakterien der Genbibliothek werden auf einem Nährboden kultiviert. Das entstehende Koloniemuster wird auf eine Nitrocellulose- oder Nylon-Folie übertragen.
   - Die Bakterien auf der Folie werden lysiert und ihre DNA wird in Einzelstränge aufgetrennt und fixiert.
   - Gensonden, die mit den passenden Einzelsträngen hybridisieren können, werden zugegeben.
   - Die Folie wird von nicht hybridisierten Gensonden gereinigt. Anschließend wird eine Autoradiographie mithilfe eines Röntgenfilms oder eine Bestrahlung mithilfe einer UV-Lampe zur Identifizierung der gesuchten Kolonien durchgeführt.
   - Anhand des Koloniemusters kann die Kolonie mit dem gesuchten Spender-DNA-Abschnitt auf dem Nährboden identifiziert werden.
   - Ggf. können die betreffenden Bakterien auf separaten Nährböden vermehrt bzw. kloniert werden.

3 Nach der Darstellung ist die Person V3 mit der höchsten Wahrscheinlichkeit der tatsächliche Vater. Das Bandenmuster stimmt in zwei Banden mit dem der Tochter T überein. Diese Banden fehlen im genetischen Fingerabdruck der Mutter.
   Die Erstellung eines genetischen Fingerabdrucks beruht auf der Tatsache, dass im menschlichen Genom eine Vielzahl nicht codierender Bereiche mit repetitiven Ba-

sensequenzen vorkommen. Diese auch als **STRs** („short tandem repeats") oder Mikrosatelliten bezeichneten Bereiche unterscheiden sich bei verschiedenen Individuen hinsichtlich ihrer Länge. Sie werden daher auch als **polymorphe Bereiche** bezeichnet. Je mehr dieser Genorte betrachtet werden, desto höher ist die Sicherheit der Aussage einer vergleichenden Analyse.

Vorgehensweise zur Erstellung des genetischen Fingerabdrucks:
- Isolierung von DNA aus Mundschleimhaut-, Blut-, Haarwurzelzellen o. Ä.
- Vervielfältigung der polymorphen DNA-Bereiche mithilfe der **Polymerase-Kettenreaktion (PCR)** unter Verwendung geeigneter Primer-Sets
- Auftrennung und Längenbestimmung der DNA-Fragmente durch **Gelelektrophorese** unter Verwendung eines Längenstandards und eines Farbstoffes zur anschließenden Visualisierung der Banden

4   Im Rahmen der **somatischen Gentherapie** wird versucht, Erbleiden oder mutationsbedingte Erkrankungen durch Einbringung intakter Gene zu behandeln. Beispielsweise wird versucht, Krebspatienten durch Übertragung aktiver Tumor-Suppressorgene zu behandeln. Obwohl auch diese Behandlungsmethode in Deutschland stark reglementiert ist, sind die ethischen Bedenken vergleichsweise gering. Die somatische Gentherapie dient der Heilung betroffener Patienten bzw. der Linderung ihrer Beschwerden. Keimbahnzellen sind nicht betroffen, sodass normalerweise keine Veränderungen an die Nachkommen weitergegeben werden können. Potenzielle Nebenwirkungen, z. B. durch Beschädigung anderer Gene, sind jedoch ethisch relevant und abzuwägen.

Bei der **Keimbahntherapie** wird versucht, bereits in Keimzellen (v. a. in Eizellen) potenziell problematische bzw. krankheitsauslösende Gene durch intakte Gene zu ersetzen. Dabei sind ausschließlich die Nachkommen, nicht die Eltern, von der Veränderung betroffen. In Deutschland ist die Keimbahntherapie am Menschen verboten, da mit jedem Eingriff auch ungewollte Veränderungen und damit potenzielle Nebenwirkungen verursacht werden können, die das ungeborene Leben bzw. dessen Nachkommen betreffen können. Zudem ist es schwierig, eine Grenze zwischen der Behandlung gefährlicher Gendefekte oder nur ungeliebter, aber unproblematischer Eigenschaften zu ziehen.

5   Aufgrund des Baus und der Struktur höherer Pflanzen kann Fremd-DNA bei weit entwickelten Pflanzen meist nur direkt in einzelne Pflanzenzellen eingebracht werden. Pflanzenembryonen sind sehr häufig innerhalb von Pflanzensamen nur schlecht zugänglich. Mithilfe des natürlich vorkommenden und tumorinduzierenden *Agrobakterium tumefaciens* und dessen Ti-Plasmiden gelingt es, DNA in junge Pflanzenzellen ohne Zellwand (sogenannte **Protoplasten**) einzuschleusen und in das Pflanzengenom zu integrieren. Dazu ist es im Vorfeld nötig, die Tumorgene natürlicher Ti-Plasmide zu inaktivieren bzw. zu entfernen und die entsprechende Spender-DNA ins Plasmid einzubauen. Transgene Protoplasten können auf Nährböden unter entsprechender Hormonzugabe zu vollständigen Pflanzen regeneriert werden.

Beispiele für transgene Nutzpflanzen:
- Die „Flavr-Savr-Tomate" bzw. „Anti-Matsch-Tomate"

Ihre Haltbarkeit wurde durch die Verhinderung der Produktion des Enzyms Pektinase nach der Antisense-Technik gesteigert.

- Der „Golden Rice" bzw. „Vitamin-A-Reis"

Diese Sorte erzeugt nach der Übertragung mehrerer Gene β-Carotin als Vorstufe von Vitamin A und lagert es u. a. in den Reiskörnern ein.

- Bt-Mais

Bt-Mais enthält ein Gen aus Bacillus thuringiensis und produziert ein Protoxin, das im Darm bestimmter Insekten zum giftigen Delta-Toxin umgewandelt wird.

6 **Chancenreiche Aspekte:**
- Vereinfachter Pflanzenschutz durch herbizidresistente Sorten, z. B. bei Mais und Raps
- Ertragssteigerung durch
  - schädlingsresistente Nutzpflanzen, z. B. Bt-Mais
  - widerstandsfähige Sorten, z. B. trockenheitsresistente Arten *(z. B. bei Baumwolle)*
- Biofortifikation durch nährstoff-, mineralstoff- und vitaminangereicherte Arten *(z. B. Vitamin E in Ölpflanzen, Vitamin A in Reis)*
- Verbesserung der rohstofflichen Nutzbarkeit *(z. B. erhöhter Amylopektinanteil bei der Kartoffelsorte Amflora, verminderter Ligningehalt bei Pappeln)*

Risiken und Unwägbarkeiten:
- Verdrängung von Wildpflanzen und Verminderung der Biodiversität durch Zuchtsorten mit erhöhter Widerstandsfähigkeit bzw. Konkurrenzstärke
- Eingriff in natürliche Nahrungsgefüge durch potenzielle Schädigung pflanzenfressender Insekten etc.
- Horizontaler Gentransfer durch Pollenübertragung auf Wildpflanzen oder unveränderte Kulturpflanzen
- Resistenzbildung bei pflanzenfressenden Insekten
- Abhängigkeiten bei Landwirten durch Patent- und Monopolproblematik (Saatgutproduzenten)
- Bedenkenloser Umgang mit Natur und Umwelt aufgrund widerstandsfähiger Nutzpflanzen

Stoffübersicht

☺ ☹ ☹

Populationswachstum:

Definitionen:
- **Population:** Gesamtheit aller Individuen einer Art und eines gemeinsamen Lebensraumes (Biotop) mit gemeinsamem Genpool
- **Wachstumsrate r:** Differenz aus der Geburtenrate b und der Sterberate d ($r = b - d$)
- **Umweltkapazität K:** Populationsgröße, bei der sich eine Population im Gleichgewicht befindet

Wachstumsmodelle:
- **Exponentielles** Wachstum: Veränderung der Individuenzahl (N) pro Zeiteinheit um konstanten Faktor ($dN/dt = r \cdot N$), konstante Verdopplungszeit
- **Logistisches** Wachstum: Unterteilung in Anlaufphase, exponentielle Wachstumsphase, stationäre Phase und ggf. Absterbephase
- **Superexponentielles** Wachstum: Stetige Verkürzung der Verdopplungszeit

Regulationsfaktoren des Populationswachstums:
- Dichteabhängige, v. a. biotische Faktoren (z. B. intraspezifische Konkurrenz, Krankheitserreger, Stress)
- Dichteunabhängige, v. a. abiotische Faktoren (z. B. Klimaveränderungen, Naturkatastrophen, Bodenveränderungen)

Fortpflanzungsstrategien:

Einteilung in r- und K-Strategen nur relativ zu anderen Arten möglich

Merkmale von **r-Strategen:**
- Meist kleine Individuen mit hoher Vermehrungsrate und kurzer Generationszeit
- Großes Verbreitungspotenzial und Etablierung in stark schwankenden, sogenannten temporären Habitaten

Merkmale von **K-Strategen:**
- Meist große Individuen mit geringer Vermehrungsrate, starke Angepasstheit an Lebensräume bei effektiver Nutzung der Ressourcen
- Populationsgröße nahe der Umweltkapazität K
- Bedrohung bei Änderung der Lebensbedingungen
- Vorherrschaft im Endstadium einer Besiedlung

Räuber-Beute-Systeme:

LOTKA-VOLTERRA-**Regeln:** Mathematisch formulierte Gesetze der Populationsdynamik (gültig unter idealisierten Bedingungen)
- Gesetz **periodischer Zyklen:** Periodische, phasenverschobene Schwankungen der Populationsgrößen von Räuber und Beute
- Gesetz von der **Erhaltung der Mittelwerte:** Langfristig Schwankung beider Populationsgrößen um Durchschnittswert
- Gesetz von der **Störung der Mittelwerte:** Kurzfristige Abnahme des Mittelwerts der Räuberpopulation und kurzfristige Zunahme des Mittelwerts der Beutepopulation nach gleichermaßen negativer Beeinflussung der Populationen

Regelkreis: Darstellung der gegenseitigen Regulation von Populationen durch negative und positive Rückkopplung

Biodiversität:

Definition: Formen- und Artenreichtum der belebten Welt

Umgang mit **natürlichen Ressourcen:**
- Folgen der Nutzung durch den Menschen: Umweltverbrauch und Umweltbelastungen
- Ziele eines nachhaltigeren Umgangs: Nutzung regenerativer Energien, Recycling und Ressourcenschonung

Belastung der Ökosysteme:
- **Gewässerbelastung:** Ursachen und Folgen der Eutrophierung von Gewässern
- **Luftverschmutzung:** Erzeugung von Ruß und gasförmigen Schadstoffen durch Verbrennung fossiler Energieträger
- Land- und forstwirtschaftliche **Monokulturen:** Eingriff in natürlichen Stoffkreislauf, Ersetzen von Mineralstoffen durch **Düngung,** Einsatz von **Pestiziden**
- **Biologische Invasion:** Verdrängung der im Ökosystem heimischen Arten durch rasche Ausbreitung gebietsfremder, durch den Menschen eingeschleppter Lebewesen (Neobiota)

Übungsreferat 18: Einführung des Asiatischen Marienkäfers

Der Asiatische oder Harlekin-Marienkäfer *(Harmonia axyridis)* gehört zur Familie der Marienkäfer *(Coccinellidae)*. Die ursprünglich in Asien beheimatete Art wurde zur biologischen Schädlingsbekämpfung zunächst in Nordamerika und anschließend auch in Europa eingeführt. Das Adulttier frisst pro Tag bis zu 250 Blattläuse und auch die Larven des Marienkäfers vertilgen während ihrer Entwicklung bereits bis zu 1 200 dieser Pflanzenschädlinge. Alternativ zu biologischen Bekämpfungsmethoden kommen in der industriellen Landwirtschaft auch häufig Insektizide zum Einsatz.

Abb. 1: Asiatischer Marienkäfer *(Andreas Trepte, http://commons.wikimedia.org/ wiki/File:Asian_lady_beetle-%28Harmo nia-axyridis%29.jpg, CC BY-SA 2.5)*

Auf einer Versuchsfläche wurden die Populationsdichten des Asiatischen Marienkäfers und einer Blattlausart über einen längeren Zeitraum hinweg erfasst. Das Ergebnis ist in Abb. 2 dargestellt.

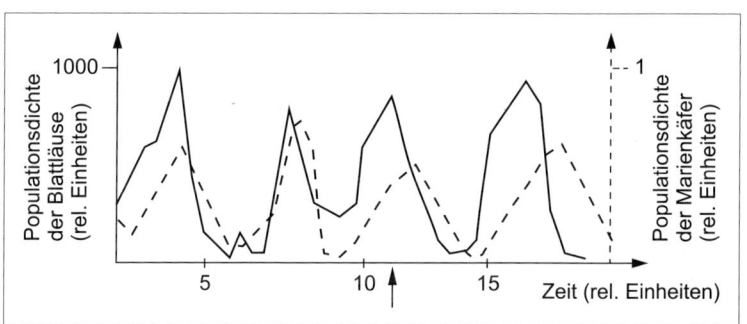

Abb. 2: Populationsverläufe von Marienkäfern und Blattläusen

1   Ordnen Sie die beiden Kurvenverläufe den genannten Arten korrekt zu und begründen Sie die Verläufe unter Einbeziehung geeigneter ökologischer Gesetzmäßigkeiten zu Räuber-Beute-Beziehungen.
    Geben Sie ferner begründet an, welche weitere Populationsentwicklung zu erwarten ist, wenn zum markierten Zeitpunkt ein Insektizid eingesetzt wird, das sowohl gegen Blattläuse als auch gegen Marienkäfer wirksam ist.

2   Skizzieren Sie den zu erwartenden Verlauf einer Blattlauspopulation, die in einem für sie adäquaten Ökosystem ohne natürliche Feinde ausgesetzt wird. Beschreiben und begründen Sie den Verlauf.

3   Stellen Sie anhand einer geeigneten Auswahl kritisch dar, welche negativen Auswirkungen menschliche Eingriffe in Ökosysteme im Rahmen der industriellen Landwirtschaft haben können, und belegen Sie Ihre Ausführungen nach Möglichkeit mit Beispielen.

Übungsreferat 19: Populationsentwicklung bei Wildkaninchen

Wildkaninchen leben in Kolonien von ca. 30–40 Tieren. Sie legen ihre Baue unterirdisch an.

Weibliche Kaninchen können unter günstigen Bedingungen bis zu sieben Würfe mit einer Wurfgröße von fünf bis neun Jungen pro Jahr austragen. In einer Setzröhre, abseits vom Gemeinschaftsbau, gebärt das Weibchen die nackten, blinden Jungtiere. Diese verlassen die Setzröhre erstmals nach ca. drei Wochen und werden nach vier Wochen entwöhnt.

Die weiblichen Tiere sind bereits nach fünf Monaten geschlechtsreif, während die Männchen die Geschlechtsreife erst nach ca. neun Monaten erreichen. Die Lebenserwartung beträgt maximal neun Jahre, wobei viele Tiere schon in ihrem ersten Lebensjahr durch Krankheiten, Nahrungsmangel oder als Beutetiere zu Tode kommen.

Junges Wildkaninchen
(Thorsten Denhard, http://commons.wikimedia. org/wiki/File:Oryctolagus_cuniculus_juvenile_ (Germany,Eppelheim).jpg, CC BY-SA 3.0)

Fressfeinde der Kaninchen sind u. a. Rotfüchse, Marder, Eulen und Greifvögel.

1 Diskutieren Sie anhand des Textes die Fortpflanzungsstrategie von Kaninchen.

2 In den letzten Jahren besiedeln Wölfe wieder einige Regionen Deutschlands. Erläutern Sie anhand eines Regelkreises den Einfluss dieser Wiederbesiedelung auf die Kaninchen- und die Rotfuchspopulation.

3 Diskutieren Sie die voraussichtlichen Populationsentwicklungen der drei Arten. Gehen Sie dabei von idealisierten Bedingungen aus (Wildkaninchen sind nur eines von vielen Beutetieren beider Räuber).

Zusatzfragen: Populationsdynamik und Biodiversität

1 Charakterisieren Sie exponentielles und logistisches Populationswachstum unter Einbeziehung einer Skizze.

2 Vergleichen Sie die Fortpflanzungsstrategien von r-Strategen und K-Strategen anhand geeigneter Kriterien und gehen Sie dabei auch auf jeweils förderliche Umweltbedingungen ein.

3 Umweltfaktoren beeinflussen Populationsgrößen.

   a) Nennen Sie eine sinnvoll geordnete Auswahl verschiedener Umweltfaktoren.

   b) Zeigen Sie die Auswirkung eines hemmenden, dichteabhängigen Faktors mithilfe einer Regelkreisdarstellung.

4 Folgende Diagramme zeigen die Populationsentwicklungen der Pantoffeltierchenarten *Paramecium aurelia* und *Paramecium caudatum*.

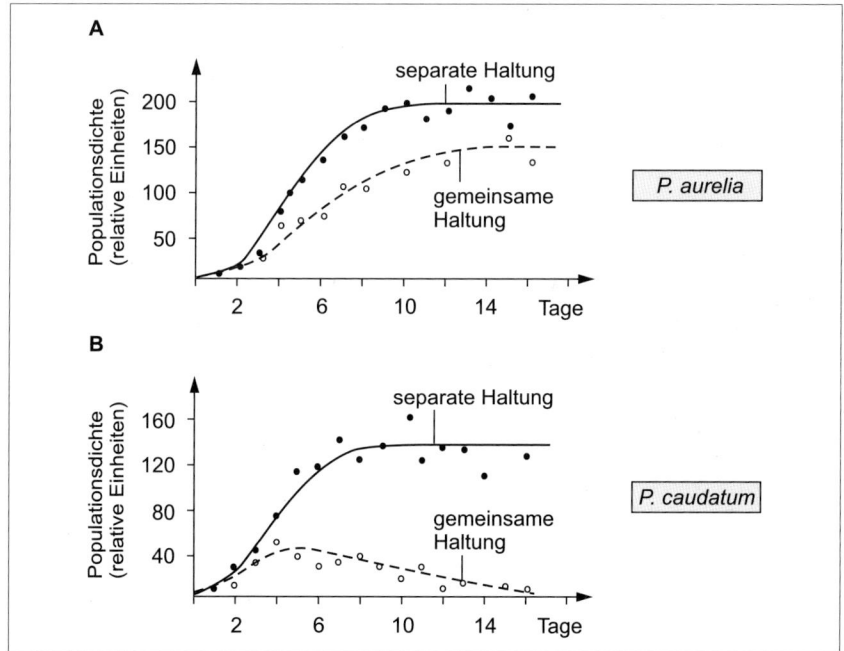

Populationsentwicklung bei Pantoffeltierchen
(verändert nach: Gause, G. (1934) "The struggle for existence" Williams & Wilkins, Baltimore)

Beschreiben Sie die Verläufe der Populationsentwicklung beider Arten bei getrennter und gemeinsamer Haltung und interpretieren Sie die Diagramme hinsichtlich der Beziehung der beiden Arten zueinander.

5 Beschreiben Sie kurz die Populationsentwicklung des Menschen. Nennen Sie Ursachen für den Verlauf und verknüpfen Sie diese mit den Grundbegriffen der Populationsdynamik.

6 Nennen Sie zwei verschiedene anthropogene Einflüsse auf das Klima und geben Sie jeweils eine mögliche Auswirkung auf die Biodiversität an.

7 Bioindikatoren stellen eine wertvolle Möglichkeit der Umweltanalytik dar, Aussagen über die Umweltbedingungen eines Lebensraumes bzw. dessen Veränderungen zu treffen. Die nachfolgende Abbildung zeigt die Vitalität dreier verschiedener Krebstiere in Abhängigkeit der Salzkonzentration. Beurteilen Sie die Eignung der drei Arten als Bioindikatoren und begründen Sie Ihre Ansicht.

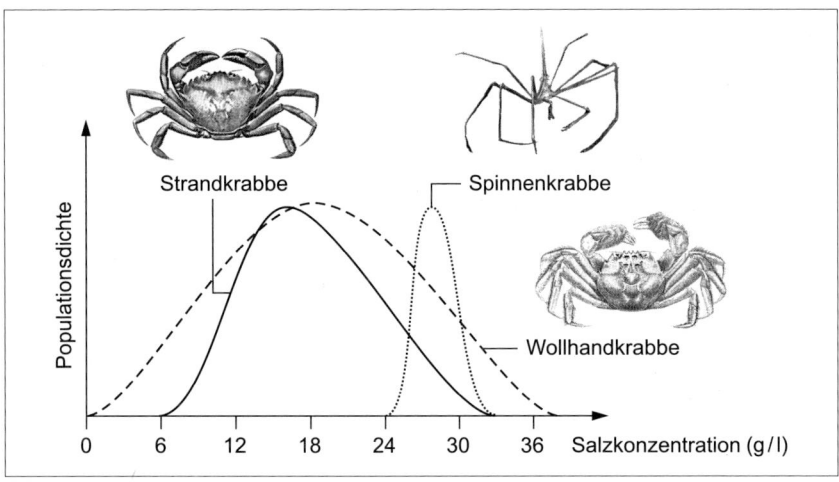

Populationsdichte dreier Krabbenarten in Abhängigkeit vom Salzgehalt der Umgebung

8 Begründen Sie, weshalb auch aus wirtschaftlicher Sicht der Erhalt der Biodiversität ein vorrangiges Ziel sein sollte.

Erwartungshorizont – Übungsreferat 18

Die Beantwortung der Aufgaben 1 und 2 muss bezüglich des Fachwissens stringent und mit dem Anspruch auf Vollständigkeit erfolgen. Entsprechend der unterrichtlichen Behandlung kann in Aufgabe 1 frei oder konkret anhand der LOTKA-VOLTERRA-Regeln argumentiert werden. Aufgabe 3 erlaubt es Ihnen, zeitlich und inhaltlich zu variieren, um die Gesamtzeit des Kurzreferats möglichst exakt zu treffen.

1 **Zuordnung der Kurvenverläufe:**
   – Durchgezogene Linie: Blattläuse
   – Gestrichelte Linie: Marienkäfer

Die Grundlage für die periodischen Populationsschwankungen ist eine Räuber-Beute-Beziehung, in der ein Räuber (hier: Asiatischer Marienkäfer) von seiner Beute (hier: Blattlausart) abhängig ist. Dabei kommen die **LOTKA-VOLTERRA-Regeln I und II** zur Anwendung:

Regel I nach LOTKA und VOLTERRA (Regel der periodischen Zyklen):
   – Die Dichte der Räuber- und der Beutepopulationen schwankt bei konstanten Außenbedingungen periodisch.
   – Die Schwankungen der Räuberpopulationsdichte folgen dabei stets phasenverzögert auf diejenigen der Beutepopulationsdichte.

Regel II nach LOTKA und VOLTERRA (Regel der Erhaltung der Mittelwerte):
   – Die Mittelwerte der Populationsdichte bleiben bei beiden Arten unter unveränderten Außenbedingungen relativ konstant.
   – Zusätzlich gilt, dass der Mittelwert der Beutepopulationsdichte stets deutlich über derjenigen der Räuberpopulationsdichte liegt.

Nach dem Einsatz eines Breitbandinsektizids kommt die **Regel III nach LOTKA und VOLTERRA** (Regel der Störung der Mittelwerte) zur Anwendung:
   – Werden durch äußere Einflüsse beide Populationen in gleichem Maße dezimiert, so erholt sich die Beutepopulation stets vor der Räuberpopulation. (Die Größe der Räuberpopulation nimmt kurzfristig ab.)

In dem Zusammenhang könnte zusätzlich auch auf das Fortpflanzungsverhalten von r-Strategen eingegangen werden.

   – Da die Beuteorganismen die Lebensgrundlage für die Räuber darstellen, erholt sich deren Population aufgrund von Nahrungsmangel, geringer Individuenzahl und meist längerer Generationszeit erst zeitverzögert wieder.
   – Anschließend setzen sich die periodischen Schwankungen wieder fort.

Die LOTKA-VOLTERRA-REGELN gelten streng nur unter der Bedingung, dass sich eine Räuberart lediglich von einer Beuteart ernährt, die wiederum nur diesen natürlichen Feind besitzt. Dies ist unter realistischen Bedingungen nur selten der Fall.

2 *Häufig werden den Prüflingen während der Bearbeitungszeit OHP-Folien und Folienstifte zur Verfügung gestellt, sodass das entsprechende Diagramm bereits vorgefertigt werden kann. Alternativ kann meist auch auf Tafel oder Flipchart zur Veranschaulichung zurückgegriffen werden.*

Anzunehmen ist eine Wachstumskurve gemäß dem **logistischen Populationswachstum.**

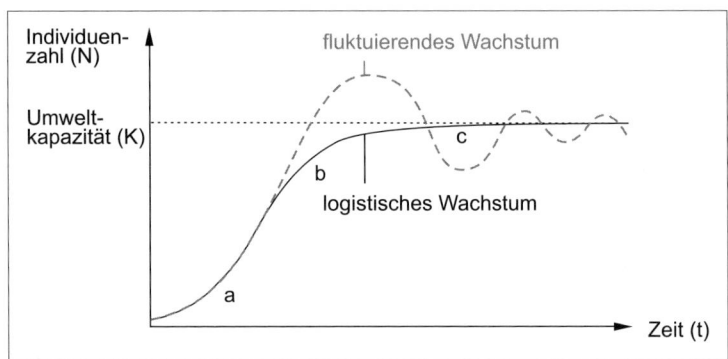

Kennzeichen des Verlaufs:
- Zu Beginn findet nach der Anlaufphase eine exponentielle Vermehrung statt, da genügend Nahrung zur Verfügung steht (a).
- Die **Wachstumsrate** nimmt mit steigender Populationsdichte ab, da bestimmte Ressourcen, z. B. Nahrung und Lebensraum, nur begrenzt zur Verfügung stehen (b).
- Die **Geburtenrate** sinkt und die **Sterberate** steigt, bis sich beide idealerweise ausgleichen.
- Musterfall: Die Populationsgröße nähert sich asymptotisch an die **Umweltkapazität K** an (c).

Ergänzend kann hinzugefügt bzw. skizziert werden, dass unter Freilandbedingungen häufig Schwankungen um K stattfinden (fluktuierendes Wachstum). Bei entsprechender Argumentation kann auch eine Absterbephase gemäß der Wachstumskurve einer Laborkultur erwähnt werden.

3 **Negative Auswirkungen der industriellen Landwirtschaft:**
- Verlust an **Biodiversität** durch Schaffung von **Monokulturen,** z. B. von Maisfeldern oder Fichtenhochwäldern, zur Ertragsmaximierung bei gleichzeitiger Vereinheitlichung der Lebensräume und Verringerung der ökologischen Nischen
- Veränderung von Pflanzengesellschaften und die Verdrängung von Wildpflanzen durch Überdüngung von Böden
- Belastung des Grundwassers durch Nitrate
- Gewässereutrophierung

- Pestizideinsatz und **Resistenzbildungen**
- Gefahr der **Bioakkumulation** von Schadstoffen *(z. B. DDT bei Wanderfalken)* durch den Einsatz von Pestiziden

*Bei zeitlichem Puffer kann optional noch auf negative Auswirkungen von **Tier- und Pflanzentransfers** eingegangen werden:*
- *Verdrängung einheimischer Arten durch **invasive Arten**, z. B. Grauhörnchen oder Asiatische Marienkäfer*
- *Erweiterung des Beutespektrums eingeführter Arten, z. B. Mungos auf Jamaika*
- *Einführung von Krankheitserregern oder Parasiten, gegen die heimische Arten nicht resistent sind, z. B. Krebspest durch Amerikanischen Flusskrebs oder Varroamilbe bei Honigbienen*
- *Auslösung von Allergien beim Menschen durch eingeführte Arten, z. B. Ambrosia (Traubenkraut)*

Erwartungshorizont – Übungsreferat 19

1 *Beim Wildkaninchen ist, wie auch bei vielen anderen Tierarten, keine eindeutige Zuordnung zu einer Fortpflanzungsstrategie möglich, da eine Kombination der Merkmale von r- und K-Strategen vorliegt. Um die vorherrschende Strategie zu ermitteln, ist der Vergleich mit den Strategien anderer Arten des gleichen Lebensraumes wichtig. K- und r-Strategie sind also immer nur in Relation zu Merkmalen anderer Arten festzulegen.*
Um den Vortrag zu strukturieren, empfiehlt es sich, eine Tabelle anzulegen. Notieren Sie während der Vorbereitungszeit typische Merkmale für r- und K-Strategen und ordnen Sie die passenden Textinhalte zu.

Merkmal	r-Stratege	K-Stratege
Lebensdauer		bis zu neun Jahre
Sterberate	vor allem im ersten Jahr hoch	
Zeit bis zur Geschlechtsreife	kurz: fünf / neun Monate	
Fortpflanzungshäufigkeit		mehrmals, bis zu 7-mal pro Jahr
Anzahl der Nachkommen	relativ viele, 5–9 pro Wurf	
Brutpflege		vorhanden, Jungtiere werden gesäugt
Entwicklung	relativ schnell	

2 *Fertigen Sie einen Regelkreislauf an, bei dem das Wildkaninchen als Beute der anderen beiden Arten zentral steht. Anhand dieses Regelkreises können Sie die Wechselbeziehungen exemplarisch erläutern.*

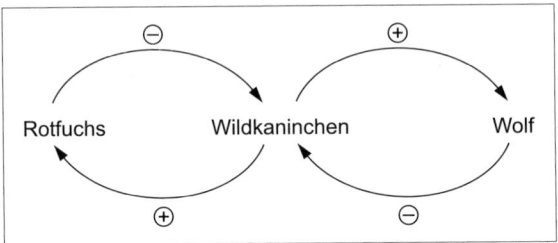

Einfluss der Wiederansiedlung von Wölfen auf die Kaninchen und Rotfuchspopulation:

– Je mehr Wölfe es gibt, desto mehr Kaninchen werden erbeutet. Die Dichte der Kaninchenpopulation sinkt.

– Je weniger Kaninchen es gibt, desto weniger Nahrung finden die Rotfüchse; die Dichte der Rotfuchspopulation sinkt.

– Je weniger Rotfüchse es gibt, desto weniger Kaninchen werden erbeutet, sodass sich die Populationsdichte der Wildkaninchen wieder erhöht.

– Je mehr Kaninchen es gibt, desto mehr Nahrung gibt es für die Wölfe, aber auch für die Rotfüchse.

Die Dichte der Rotfuchspopulation wird aufgrund der Konkurrenz der Wölfe etwas zurückgehen. Da es einen zusätzlichen Fressfeind gibt, wird auch die Kaninchenpopulation vorübergehend etwas abnehmen, bis sich ein neues Gleichgewicht eingestellt hat.

3 *Zur Veranschaulichung bietet es sich an, ein Diagramm zur Populationsentwicklung (an die Tafel) zu skizzieren.*

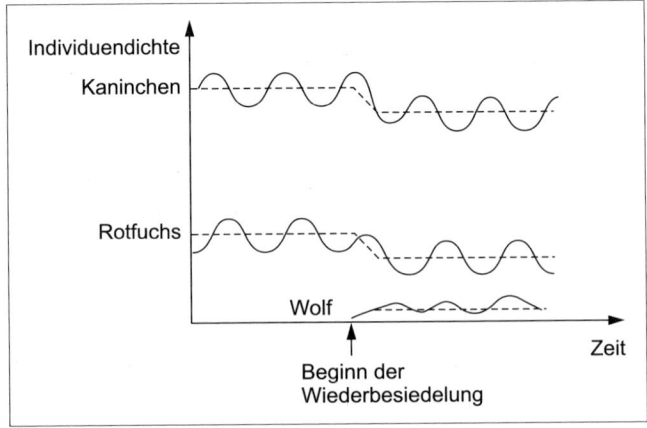

Diskussion:
- Rotfuchs und Wolf sind Konkurrenten, die Populationsdichte der Rotfüchse wird sich daher vermutlich verringern.
- Vermutlich wird auch die Dichte der Kaninchenpopulation etwas abnehmen, da die Kaninchen einen zusätzlichen Fressfeind haben.
- Die Dichte der Wölfe und der anderen Populationen wird sich vermutlich mit der Zeit um einen konstanten Wert herum einpendeln.

Erwartungshorizont – Zusatzfragen

1 **Exponentielles Wachstum:**
- Wachstum ist unbegrenzt
- Wachstumsrate r ist konstant
- Keine Zu- oder Abwanderung berücksichtigt

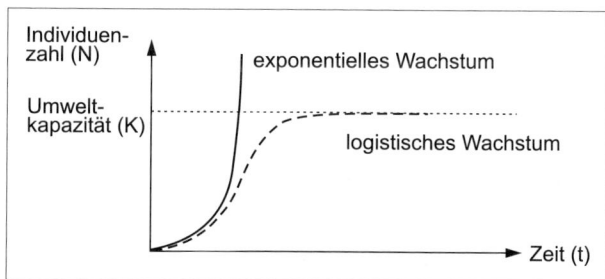

Logistisches Wachstum:
- Wachstum begrenzt
- Nur zu Beginn (nach Anlaufphase) exponentielles Wachstum
- Wachstumsrate nimmt mit steigender Populationsgröße ab, da die Geburtenrate sinkt und die Sterberate steigt
- Asymptotische Annäherung der Populationsgröße an die Umweltkapazität K
- Unter Freilandbedingungen kommt es häufig zu Schwankungen um K, d. h. zu fluktuierendem Wachstum

2

Kriterien	r-Strategen	K-Strategen
Wachstumsrate	zeitweise hoch	gering
Lebensdauer	kurz	lang
Sterblichkeit	hoch	gering
Nachkommen pro Reproduktion	viele	wenige
Zeitpunkt der ersten Reproduktion	früh	spät
Größe der Nachkommen / Eier	klein	groß

Kriterien	r-Strategen	K-Strategen
Brutpflege / Fürsorge	kaum oder fehlend	sehr ausgeprägt
Ressourcennutzung	schnell bei kurzfristiger Verfügbarkeit	häufig spezialisiert zur effektiven Nutzung
Verwendung von Ressourcen	Investition in Fortpflanzungsorgane und hohe Nachkommenzahl	Investitionen in Körper und hohe Konkurrenzstärke
Populationsgröße	stark oszillierend	nahe an K

Die Strategie der r-Strategen erweist sich als besonders günstig bei stark schwankenden Umweltbedingungen. Das Vorgehen der K-Strategen ist hingegen bei konstanten Umweltbedingungen besonders vorteilhaft.

3 a) Man unterscheidet grundsätzlich **dichteunabhängige** Umweltfaktoren (meist **abiotische** Faktoren) von **dichteabhängigen** Faktoren (häufig **biotische** Faktoren):
   – Dichteunabhängige Faktoren hängen sehr häufig mit den Klima- und Bodenverhältnissen des Lebensraumes zusammen. Besonders relevant sind Temperatur, Wasserverfügbarkeit, Wind und der Mineralstoffgehalt des Bodens. Je nach Angepasstheit einer Art kann sich ein spezifischer Faktor fördernd oder hemmend auf die Populationsdichte auswirken.
   – Dichteabhängige Faktoren können einerseits intraspezifisch wirksam sein, wie z. B. die Konkurrenz um begrenzte Ressourcen oder deren ausreichende Verfügbarkeit. Auch die Fruchtbarkeit der Individuen ist zu nennen. Andererseits spielen interspezifische Faktoren eine Rolle. Dazu zählen Symbiosen als förderliche Faktoren, aber auch das Auftreten von Fressfeinden, Parasiten und Krankheiten als hemmende Faktoren.

   b) Dichteabhängige, hemmende Faktoren wirken sich häufig gemäß einem Regelkreis mit negativer Rückkopplung aus. Ein Beispiel dafür ist das Nahrungsangebot:

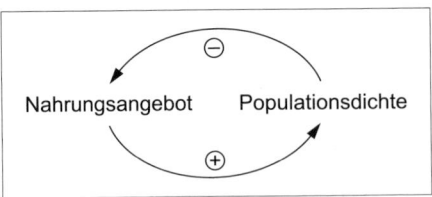

Der Regelkreisdarstellung lassen sich folgende Zusammenhänge entnehmen:
   – Je höher das Nahrungsangebot, desto höher ist die Populationsdichte.
   – Je höher die Populationsdichte, desto niedriger ist das Nahrungsangebot.

- Je niedriger das Nahrungsangebot, desto niedriger ist die Populationsdichte.
- Je niedriger die Populationsdichte, desto höher ist das Nahrungsangebot.

4 Bei getrennter Haltung zeigen beide Arten **logistisches Wachstum**. Nach einer Phase des exponentiellen Wachstums nähern sich die Populationen der jeweiligen Umweltkapazität K an. *P. aurelia* erreicht dabei unter Normalbedingungen eine deutlich höhere Populationsdichte als *P. caudatum*.
Bei gemeinsamer Haltung steigt die Populationsdichte in den ersten Tagen ebenfalls exponentiell, ab ca. fünf Tagen zeigt jedoch nur *P. aurelia* eine Populationsentwicklung im Sinne des logistischen Wachstums, während die Populationsgröße von *P. caudatum* kontinuierlich sinkt. Allerdings erreicht die Population von *P. aurelia* bei gemeinsamer Haltung nicht die gleiche Größe wie bei getrennter Haltung.
Diese Kurvenverläufe sind typisch für das Auftreten interspezifischer Konkurrenz, die zu einem **Konkurrenzausschluss** führt. Offenbar stellen beide Arten ähnliche Ansprüche an ihre Umwelt, sodass sich ihre ökologischen Nischen gleichen. *P. aurelia* ist jedoch konkurrenzstärker und erreicht eine stabile Populationsgröße, während die Population von *P. caudatum* stark abnimmt und im vorliegenden Versuchsansatz vermutlich ausstirbt.

5 Die Populationsgröße hat sich von ca. 5 Mio. Menschen vor 10 000 Jahren über ca. 250 Mio. Menschen zur Zeitenwende auf über 7 Mrd. (2013) gesteigert. Das Verdopplungsintervall wurde dabei innerhalb der letzten 100 Jahre immer kürzer, man spricht daher von einem **superexponentiellen Wachstum**.

Ursachen für den Verlauf:
- Durch eine Steigerung der landwirtschaftlichen Anbauflächen und Steigerung der Agrarproduktion durch Technik, Schädlingsbekämpfung, Düngung und andere Maßnahmen können mehr Menschen versorgt werden. In Zusammenhang mit der Erschließung von Ansiedlungsflächen führte dies zu einer Steigerung der **Geburtenrate b** und der **Umweltkapazität K**.
- Die Verbesserung der medizinischen Versorgung und die Etablierung hygienischer Standards führten zu einer Absenkung der **Sterberate d**.
- Neben weiteren Faktoren spielen auch die enorme Verfügbarkeit von Gütern durch die Industrieproduktion sowie die gesteigerte Mobilität durch moderne Fortbewegungsmittel eine Rolle.

6 **Einflüsse auf das Klima:**
- **Anthropogener Treibhauseffekt:** Durch die vermehrte Freisetzung von Treibhausgasen wie Kohlenstoffdioxid, Methan und Lachgas erhöht sich deren Konzentration in der Atmosphäre. Die dadurch bedingte Erderwärmung führt zu Verschiebungen von Klima- und Vegetationszonen. Es ist zu befürchten, dass infolgedessen zahlreiche Arten verdrängt werden bzw. sogar aussterben.

Die Goldkröte gilt als das erste Amphibium, das vermutlich durch den Klimawandel ausgestorben ist.

- **Ozonloch:** U. a. bedingt durch den Ausstoß von Industriechemikalien, wie z. B. von Fluorchlorkohlenwasserstoffen (FCKWs), kommt es zum katalytischen Abbau von Ozonmolekülen in der Stratosphäre. Die intakte Ozonschicht absorbiert die energiereiche UV-Strahlung. Fehlt sie, gelangt die Strahlung weitgehend ungehindert zur Erde. UV-Strahlung zählt zu den mutagenen Strahlungen und kann dementsprechend verschiedene Organismen schädigen, z. B. auch Plankton, das eine wichtige Basis zur Produktion von Biomasse darstellt.
- **Saurer Regen:** Durch den Ausstoß von Schadstoffen wie Schwefel- und Stickstoffoxiden bilden sich in der Atmosphäre verschiedene Säuren (schwefelige Säure, Schwefelsäure, Salpetersäure). Sie führen dazu, dass der pH-Wert des Regens sinkt und infolgedessen auch der pH-Wert von Böden und Gewässern abnimmt. Geschädigt werden u. a. Laub- und Nadelbäume sowie sehr viele wasserlebende Organismen wie Zooplankton, Schnecken, Muscheln und Fische.

7   Bioindikatoren müssen grundsätzlich eine relativ geringe ökologische Potenz bezüglich des zu bewertenden Umweltfaktors aufweisen, damit ihre Präsenz oder ihr Fehlen möglichst genaue Aussagen über den Zustand des Lebensraumes zulässt.
Die Wollhandkrabbe hat den größten Toleranzbereich bzw. die höchste ökologische Potenz bzgl. der Salzkonzentration. Sie ist **euryök** und damit als Indikator für den Salzgehalt ungeeignet. Auch die Strandkrabbe weist ein relativ großes Toleranzspektrum auf. Die niedrigste ökologische Potenz besitzt die Spinnenkrabbe. Sie ist **stenök** und damit potenziell als Indikatororganismus geeignet.

8   **Wirtschaftliche Aspekte:**
- Die Biodiversität bzw. Vielfalt der Arten beherbergt ein riesiges genetisches Reservoir, das auch zum Einkreuzen in Nutzpflanzenarten verwendet werden könnte. Durch den Klimawandel gewinnt dies an Bedeutung.
- Viele Pflanzen und Tiere enthalten Stoffe, die als Medikamente oder als Vorbild für Medikamente genutzt werden können *(z. B. Inhaltsstoffe der Yamswurzel zur hormonellen Verhütung)*.
- Pflanzen dienen als Quelle für industriell genutzte Rohstoffe.

    Beispielsweise ist Naturkautschuk von Kautschukbäumen kaum synthetisch ersetzbar, die Bäume sind nur begrenzt kultivierbar.

- Grüner Tourismus stellt eine wichtige Einkommensquelle vieler Länder dar und basiert auf deren natürlichem Artenreichtum.

Stoffübersicht

☺ ☹ ☹

Fossilien als Dokumente der Evolution:

Definition: In Gestein, Eis, Moor oder Baumharz konservierte Über-reste oder Spuren von Organismen aus früheren Erdzeitaltern

Beweis der Veränderung der Tier- und Pflanzenwelt im Laufe der Erdgeschichte

„Lebende Fossilien": Rezente (d. h. gegenwärtig lebende) Orga-nismen mit urtümlichen Merkmalen (z. B. Quastenflosser, Gingko)

Entwicklung des Evolutionsgedankens:

Katastrophentheorie von GEORGES CUVIER: Entstehung neuen Le-bens / neuer Arten im Anschluss an (Natur-)Katastrophen aus verblie-benen Arten

Selektionstheorie nach JEAN-BAPTISTE DE LAMARCK: Erwerb neuer Eigenschaften bei veränderten Umweltbedingungen durch eigenen Vervollkommnungstrieb und deren Vererbung auf Nachkommen

Selektionstheorie nach CHARLES DARWIN: Unter Voraussetzung der Überproduktion und Variabilität von Nachkommen überleben bei sich ändernden Umweltbedingungen die bestangepassten Individuen **(natürliche Selektion).**

Grundlagen der systematischen Einteilung der Lebewesen:

Systematik nach CARL VON LINNÉ:
– Einordnung der Lebewesen nach anatomischen und physiologi-schen Merkmalen in hierarchisches System: Reich, Stamm, Klasse, Ordnung, Familie, Gattung, Art
– **Binäre Nomenklatur:** „Doppelter" Artname aus Gattungsbezeich-nung und Beiwort (z. B. *Homo sapiens*)

Artdefinitionen:
– **Morphologisch:** In wesentlichen Merkmalen (z. B. physiologi-schen, anatomischen, verhaltensbiologischen) übereinstimmend
– **Biologisch:** Fähig, sich zu paaren und fruchtbare Nachkommen zu erzeugen

Grundbegriffe der Verwandtschaftsforschung:

Homologie: Übereinstimmung von Merkmalen bzw. Organen in Bau und Entstehung trotz unterschiedlicher Gestalt und Funktion, Beleg gemeinsamer Abstammung
- Kriterium der **Lage:** Gleiche Lage von Strukturen in einem Gesamtbauplan
- Kriterium der **Kontinuität** (Stetigkeitskriterium): Unterschiedlich ausgebildete Strukturen, die jedoch über eine Reihe von Zwischen- bzw. Übergangsformen miteinander verbunden sind
- Kriterium der **spezifischen Qualität:** In zahlreichen Einzelheiten des Aufbaus übereinstimmende, komplexe Organe

Analogie: Ähnlichkeit von Merkmalen trotz unterschiedlicher Entstehungsgeschichte, keine gemeinsame Abstammung
Konvergenz: Anpassung an gleiche Umweltbedingungen aufgrund gleichgerichteten Selektionsdrucks (analoge Merkmale)

Biogenetische Grundregel: Auftreten von Merkmalen der stammesgeschichtlichen Entwicklung in der Embryonalentwicklung

Rudimente: Rückbildungen ehemals voll funktionsfähiger Merkmale, z. B. Weisheitszähne

Atavismen: Wiederauftreten ehemals voll entwickelter, im Laufe der Evolution reduzierter oder abgebauter Merkmale, z. B. Halsfisteln

Die molekulare Strukturverwandtschaft:

Grundprinzip: Übereinstimmung biochemischer Moleküle als Hinweis auf den Verwandtschaftsgrad verschiedener Lebewesen

Immunologische und molekularbiologische Methoden:
- **Serologie:** Ausfällungsgrad (Präzipitation) von Serumproteinen einer Art mit Antikörpern gegen Bluteiweiße einer zu vergleichenden Art
- **Vergleich der AS-Sequenz** verschiedener Proteine: Hinweis auf Grad der Übereinstimmung der DNA-Basensequenz
- **Direkter Vergleich des Erbmaterials:** Hybridisierungsgrad von DNA-Einzelsträngen unterschiedlicher Herkunft bzw. Schmelztemperatur der hybridisierten DNA

Übungsreferat 20: Das Schnabeltier – ein „Mischwesen"

Der Evolutionsbiologe Prof. U. KUTSCHERA äußerte sich in der TV-Sendung „nano" zur Existenz des Schnabeltiers wie folgt:

> „(...) Dieses seltsame Mischwesen hat im Erdmittelalter, als es Dinosaurier gab, schon existiert und sich in einer winzigen ökologischen Nische nur in Australien und Neuseeland in bestimmten Bächen erhalten. Es ist im Prinzip ein Relikt aus der Dinosaurierzeit. (...)"

Schnabeltier
(*Ornithorhynchus anatinus*)
(*Russavia, http://commons.wikime dia.org/wiki/File: Feeding_Platypus_ (6811147158).jpg, CC BY 2.0*)

KUTSCHERA bezeichnet das Schnabeltier als „Mischwesen", da es wie die anderen Kloakentiere Eier legt und seine geschlüpften Jungen säugt. Zudem besitzt es ein wärmedämmendes Fell, wodurch es in der Lage ist, seine Körpertemperatur relativ konstant bei 32 °C zu halten.

Vor einigen Jahren wurde das gesamte Genom des Schnabeltiers sequenziert. Dabei zeigte sich, dass ein Großteil des genetischen Materials mit dem anderer Säugetiere übereinstimmt. Unter den für die Schnabeltiere charakteristischen Genen fanden Forscher eine überraschend hohe Anzahl an Genen, die für Geruchsrezeptoren codieren. Diese haben sich im Laufe der Zeit herausgebildet und dienen vermutlich der Erkennung wasserlöslicher Duftspuren, die das Schnabeltier zu seiner Beute führen.

1 Erklären Sie, was Prof. KUTSCHERA mit dem Begriff „Mischwesen" meint.

2 Erläutern Sie anhand der DARWINschen Evolutionstheorie, wie sich der ausgeprägte Geruchssinn bei Schnabeltieren entwickelt haben könnte.

3 Beschreiben Sie, wie mithilfe eines biochemischen Verfahrens nachgewiesen werden kann, dass Schnabeltiere tatsächlich den Säugetieren und nicht anderen Wirbeltierklassen zuzuordnen sind.

Die Fähigkeit, aktiv zu fliegen, ist im Tierreich in unterschiedlichen Tiergruppen realisiert. Während Flügel in der Klasse der Vögel ein bestimmendes Merkmal darstellen, sind diese in der Klasse der Säugetiere weitgehend auf die Fledertiere beschränkt, zu denen die Fledermäuse und Flughunde zählen. Bei Vögeln sind die Flügel und die restliche Körperoberfläche weitgehend von Federn besetzt, die Körper und sogar Flughäute von Fledertieren weisen für Säugetiere typische Haare auf. Federn entwickeln sich

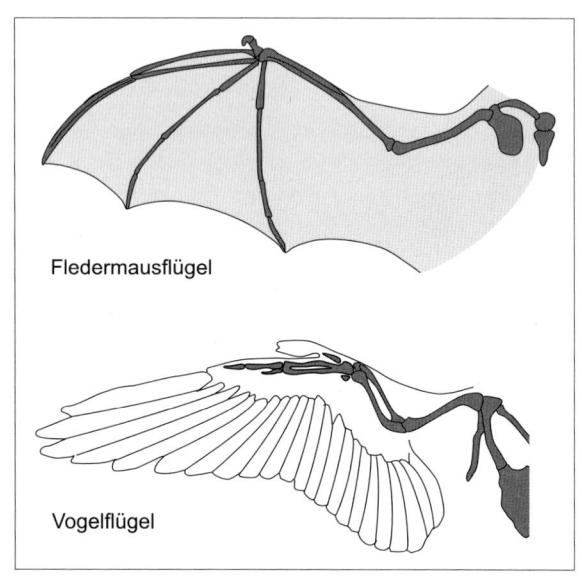

Fledermausflügel

Vogelflügel

Fledermaus und Vogel im Vergleich

aus einer Papille in der Dermis (Lederhaut), während es sich bei Haaren um unverzweigte Hornfäden handelt, deren Ursprung in der Epidermis (Oberhaut) liegt. Nicht nur den Federn bei den Vögeln, sondern auch den Haaren auf den Flügeln der Fledermäuse kann eine Funktion beim Fliegen (z. B. Kontrolle des Flugs) beigemessen werden. Wenngleich Federn und Haaren diese Rolle zukommt, so dienten und dienen sie auch als isolierende Körperbedeckung.

1 Leiten Sie unter Einbeziehung der relevanten Informationen aus Text und Abbildung und unter Berücksichtigung der dafür geeigneten Kriterien ab, in welchen Ähnlichkeitsverhältnissen die Flügelskelette und die Körperbedeckungen (Federn und Haare) von Vögeln und Fledertieren zueinander stehen.

2 Erklären Sie, wie es nach der Evolutionstheorie von DARWIN zur Entwicklung von Haaren und Federn kommen konnte.

Wale ähneln eher Fischen als Säugetieren, da sie einen stromlinienförmigen Körperbau und Flossen besitzen. Die Brustflossen werden als Flipper und die Schwanzflosse als Fluke bezeichnet. Allerdings weisen Wale Reste eines Beckens auf.

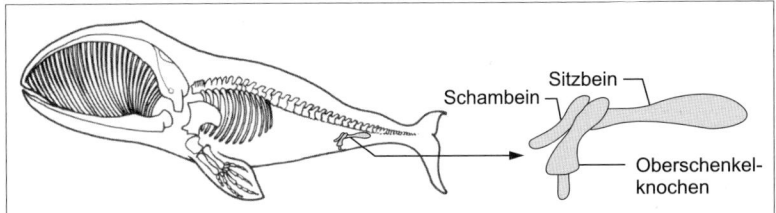

Abb. 1:
Reste des Beckengürtels beim Wal

Schambein — Sitzbein — Oberschenkelknochen

Dass es sich bei Walen um Säugetiere handelt, ist seit Langem unumstritten. Wer aber die genauen Vorfahren waren, ist bis heute nicht eindeutig geklärt. Neuere Stammbaumuntersuchungen, die sich auf DNA-Analysen stützen, gehen davon aus, dass Wale und Paarhufer wie Schweine, Rinder oder Rehe gemeinsame Vorfahren haben, die man vereinfacht als Ur-Paarhufer bezeichnen kann. Momentan werden zwei verschiedene Abstammungslinien diskutiert:

– Nach **Hypothese 1** sind die nächsten Verwandten der Wale die Flusspferde. Die wiederum nächsten Verwandten dieser beiden Tiergruppen sind Wiederkäuer wie Rinder. Die Schweineartigen spalteten sich bereits früher ab.

– **Hypothese 2** beruht auf neuen Skelettfunden: Eine Forschergruppe postulierte, dass die ausgestorbenen *Raoellidae* (Abb. 2) die nächsten Verwandten der Wale waren. Alle übrigen Paarhufer, inklusive der Flusspferde, spalteten sich schon früher ab.

Abb. 2: Skizze von *Indohyus*, einem Vertreter der ausgestorbenen *Raoellidae*
(*Nobu Tamura, http://commons. wikimedia.org/wiki/File:Indohyus_ BW.jpg, CC BY 3.0*)

1 Erklären und deuten Sie die Beckenüberreste bei Walen.

2 Erläutern Sie das Zustandekommen der ähnlichen Körperform bei Fischen und Walen.

3 Fertigen Sie zu den beiden Hypothesen die entsprechenden Stammbäume an und erläutern Sie diese.

1 Erklären Sie an selbst gewählten Beispielen unter Nennung der jeweiligen Kriterien den Begriff „Homologie".

2 Erläutern Sie am Beispiel der beiden Vorderextremitäten in Abb. 1 die Begriffe „Homologie" und „Analogie". Gehen Sie dabei auch auf die Entstehung der Flossen aus evolutionsbiologischer Sicht ein.

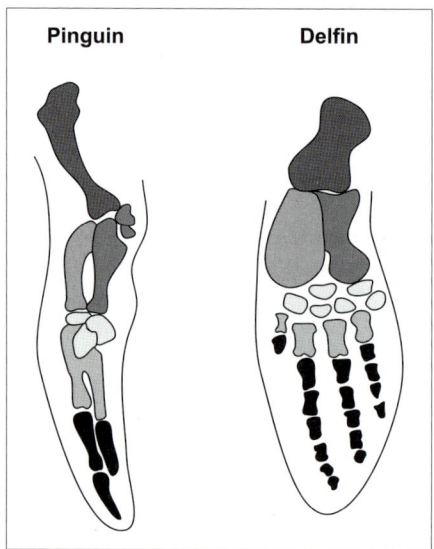

Abb. 1: Vorderextremitäten von Pinguin und Delfin *(verändert nach: Janina P. u. Nicole K., März 2001, www.webmic.de/homologien.htm)*

3 Erläutern Sie, wie LAMARCK die Entstehung der Pinguinflossen erklärt hätte und warum man von seiner Theorie heute Abstand nimmt.

4 Die Größe des Rüssels und der Stoßzähne sind die auffälligsten Merkmale der Elefanten. Die Stoßzähne und der kurze Hals hindern die Tiere daran, mit ihrem Maul dicht an den Boden zu gelangen, um Gräser zu weiden bzw. um Wasser trinken. Der lange Rüssel ist daher für die Nahrungsaufnahme von entscheidender Bedeutung.
Erklären Sie die Entstehung des langen Rüssels aus der Sicht der DARWINschen Theorie.

5 Fossilien wären hilfreich, um die Abstammung der Elefanten aufzuklären. Allerdings hat man bisher nur wenige dieser Fossilien gefunden.
Beschreiben Sie, wie Fossilien entstehen, und nennen Sie mögliche Gründe dafür, dass die Funde von Elefantenfossilien nicht sehr zahlreich sind.

6 Geben Sie an, um welches Tier es sich in Abb. 2 handelt und welche Bedeutung diesem Fossil zukommt. Begründen Sie Ihre Aussage anhand von je drei typischen Merkmalen.

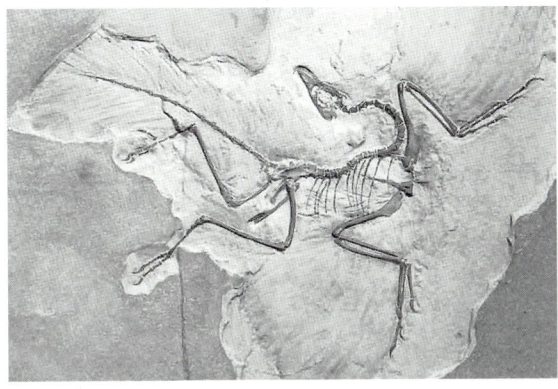

Abb. 2: Fossil
(Museum für Natukunde zu Berlin)

7 Erklären Sie, welche Informationen man aus der Embryonalentwicklung von Lebewesen hinsichtlich deren Abstammung erhalten kann.

8 Erläutern Sie die Begriffe „rudimentäres Organ" und „Atavismus" jeweils an einem Beispiel beim Menschen.

9 Beschreiben Sie kurz ein biochemisches Verfahren, mit dem gezeigt werden kann, dass Fledermäuse keine Vögel sind.

Lösungen

Erwartungshorizont – Übungsreferat 20

1 Versäumen Sie nicht, die Definition konkret auf das vorgegebene Beispiel anzu-wenden, da die Frage sonst nur unzureichend beantwortet ist.

Erläuterung der Bedeutung von „Mischwesen":

- „Mischwesen" steht für **Brückentier**, hier zwischen Reptilien und Säugetieren.
- Definition von Brückentier: Brückentiere sind Bindeglieder zwischen verschiedenen Tiergruppen. Sie weisen Merkmale von stammesgeschichtlich älteren und jüngeren verwandten Gruppen auf.
- Eigenschaften, die Schnabeltiere mit Reptilien teilen: Sie besitzen eine Kloake und legen Eier.
- Eigenschaften, die Schnabeltiere mit Säugetieren teilen: Sie säugen ihre Jungen, besitzen eine konstante Körpertemperatur und ein Fell.

2 Fragen nach der Evolutionstheorie von DARWIN lassen sich in der Regel nach dem gleichen Schema lösen (fett gedruckte Begriffe). Notieren Sie sich diese Begriffe auf Ihrem Merkzettel. Dadurch bekommen Sie automatisch eine Gliederung für die Beantwortung der Frage. Suchen Sie im Anschluss nach Textbezügen, die Sie den Begriffen zuordnen können.

Entwicklung des ausgeprägten Geruchssinns nach DARWIN:

- **Konkurrenz** aufgrund von **Überproduktion** an Nachkommen und Begrenztheit der Ressourcen; die **Individuenzahl** der Art bleibt **konstant**.
- **Variabilität**: Einzelne Individuen besitzen besseren Geruchssinn. Als Voraussetzung gilt: Die Eigenschaft des besseren Geruchssinns muss **erblich** sein.
- Individuen mit besserem Geruchssinn überleben mit höherer Wahrscheinlichkeit (z. B. Jagderfolg) (**„survival oft the fittest"**), Tiere mit schlechterem Geruchssinn sterben mit höherer Wahrscheinlichkeit (**„struggle for life"**).
- **Fortpflanzungswahrscheinlichkeit** für Individuen mit besserem Geruchssinn steigt.
- Ungleiche Überlebens- und Fortpflanzungschancen führen über viele Generationen zu einem Wandel in der Population; die Anhäufung des vorteilhaften Merkmals „besserer Geruchssinn" in der Population ist Ergebnis der **natürlichen Selektion**.

3 *Bei dieser Aufgabe können Sie beispielsweise die Tafel oder eine Folie einsetzen, um die Anschaulichkeit für Ihre Prüfer zu steigern. Zudem erleichtert es für Sie die Gliederung. Wenn Sie Abkürzungen für die einzelnen Tiere verwenden (z. B. Tier A für Schnabeltier), so behalten Sie und Ihre Prüfer leichter den Überblick, wenn Sie diese Abkürzungen an die Tafel schreiben.*

Zuordnung der Schnabeltiere zu den Säugetieren:
– Biochemisches Verfahren: **Serum-Präzipitintest**

Selbstredend können Sie auch ein anderes biochemisches Verfahren erläutern.

– Als **Versuchstiere** werden das Schnabeltier, ein weiteres Säugetier (z. B. Maus), ein Vogel (z. B. Taube) und ein Reptil (z. B. Zauneidechse) benötigt, sowie zusätzlich ein Tier, in das das Schnabeltierserum injiziert wird (z. B. Kaninchen).
– **Herstellung des Anti-Schnabeltier-Serums:** Nach Blutentnahme beim Schnabeltier wird (durch Zentrifugation) Schnabeltierserum gewonnen, das in ein Kaninchen injiziert wird. Das Kaninchen bildet Antikörper gegen das Schnabeltierserum; aus dem Blut des Kaninchens wird anschließend das Anti-Schnabeltier-Serum hergestellt.
– **Ablauf des Präzipitintests:** Beim Vermischen des Anti-Schnabeltier-Serums mit Schnabeltierserum kommt es zur Ausflockung, die als Vergleichswert von 100 % dient; wird das Serum mit den Seren von Maus, Taube und Zauneidechse vermischt, zeigt sich die stärkste Ausflockung mit dem Mausserum, da die Verwandtschaft mit den Säugetieren am größten ist.

Blutentnahme Tier A
⇩
Gewinnung von Serum A
⇩
Injektion von Serum A in Tier C
⇩
Bildung von Antikörpern in Tier C gegen Serum A
⇩
Blutentnahme Tier C und Gewinnung von Serum C
⇩
Serum C + Serum A: 100 % Ausflockung
⇩
Serum C + Seren von Maus / Taube / Eidechse
⇩
größte Ausflockung beim Mausserum

Schnabeltier = Tier A
Kaninchen = Tier C

Fallen Sie nicht „mit der Tür ins Haus", sondern leiten Sie Ihren Vortrag ein, indem Sie z. B. auf die Bedeutung und Möglichkeiten von Ähnlichkeitsvergleichen eingehen und anschließend kurz die Homologiekriterien definieren.

Ähnlichkeitsbetrachtungen:

– Bei Ähnlichkeiten von Körperbau, Körperfunktionen und auch Verhaltensweisen wird grundsätzlich zwischen **Analogien** und **Homologien** unterschieden.
– Ähnlichkeiten, die auf Anpassungsvorgängen an ähnliche oder gleiche Umweltbedingungen bzw. Lebensweisen beruhen, bezeichnet man als **Analogien**. Sie dienen nicht als Hinweis für stammesgeschichtliche Verwandtschaft.
– Ähnlichkeiten, die auf einen gemeinsamen Ursprung zurückgehen, bezeichnet man als **Homologien**.
– Um die Homologie von Organen festzustellen, können drei **Homologiekriterien** herangezogen werden. Dabei muss mindestens ein Kriterium zutreffen.
  • Kriterium der **Lage**: Organe sind homolog, wenn sie gemäß ihrer Anordnung in einem vergleichbaren Gefügesystem einem gemeinsamen Bauplan zugeordnet werden können.
  • Kriterium der **spezifischen Qualität**: Organe sind homolog, wenn sie in zahlreichen Einzelheiten ihres Aufbaus übereinstimmen.
  • Kriterium der **Kontinuität**: Organe sind homolog, wenn ihre Entwicklung durch Zwischen- bzw. Übergangsformen nachvollzogen werden kann.

Die Kriterien müssen, soweit dies durch die Angaben möglich ist, auf die beiden (Organ-)Strukturen bezogen werden. Häufig gerät man durch die begrenzten Informationen bei einzelnen Kriterien in einen Graubereich. Dabei ist es von erheblich größerer Bedeutung, die Kriterien schlüssig anzuwenden und klar zu argumentieren, als letztendlich zur fachlich korrekten Entscheidung bezüglich einer Homologie oder Analogie zu gelangen.

Flügelskelett:

– Lage: Die Knochen sind in vergleichbarer und für Wirbeltiervorderextremitäten typischer Weise im Schulterbereich angeordnet.
– Spezifische Qualität: Die Flügelskelette bestehen aus vergleichbaren Knochen aus Knochensubstanz.
– Kontinuität: Der Aufbau und die Veränderung bzw. Reduktion von Ober- und Unterarmknochen sowie typischer Hand- und Fingerskelette lässt sich innerhalb der Gruppe der Wirbeltiere in vielen Varianten zeigen.

Hier können auch Brückentiere bzw. Mosaikformen erwähnt werden.

Die Flügelskelette sind als **homolog** zu betrachten.

Haare und Federn:
– Lage: Haare entspringen der Epidermis, Federn der Dermis.

- Spezifische Qualität: Haare sind im Gegensatz zu Federn unverzweigt.

Hauptbestandteil sowohl von Federn als auch von Haaren ist allerdings Keratin.

- Kontinuität: Da die beiden Strukturen aus zwei unterschiedlichen Gewebsschichten gebildet werden, kann nicht von Übergangsformen ausgegangen werden.

Haare und Federn sind als **analog** anzusehen.

2 *Die Erklärung der (unabhängigen) Entstehung von Federn und Haaren soll nach der Theorie DARWINs erfolgen. Bei dieser Aufgabe empfiehlt es sich, die wesentlichen Punkte der Evolutionstheorie nach DARWIN anhand der richtigen Schlagwörter abzuarbeiten und diese an den entscheidenden Stellen auf das Beispiel zu beziehen.*

Erklärung nach der Evolutionstheorie DARWINs:
- Jeder Organismus produziert mehr Nachkommen als notwendig, es kommt zur **Überproduktion.**
- Die natürlichen Ressourcen sind begrenzt. Es entsteht **Konkurrenz.**
- Individuen einer Art und die Nachkommen untereinander sind niemals völlig gleich, da **Mutation** und **Rekombination** *(inter- sowie intrachromosomale Rekombination bei der Keimzellbildung und zufällige Kombination von Keimzellen bei der Befruchtung)* im Rahmen der sexuellen Fortpflanzung stattfinden. Innerhalb der Population besteht also **Variabilität**, und es entstehen Individuen mit Haaren und Federn bzw. deren einfachen Vorläuferstrukturen.
- Beruht der Vorteil auf einer **vererbbaren** Eigenschaft der Individuen, können die Überlebenden diese Gene und die damit verbundenen Eigenschaften im Rahmen der sexuellen Fortpflanzung erfolgreich an ihre Nachkommen weitergeben.
- Diejenigen Individuen, die am besten mit den Umweltbedingungen und der Konkurrenzsituation zurechtkommen, überleben und pflanzen sich fort. Tiere mit Fell und Gefieder haben einen Vorteil, z. B. durch die isolierende Wirkung, die es ihnen erlaubt, unabhängiger von Außentemperaturen zu agieren. Es kommt zur **natürlichen Auslese** oder **Selektion**, da sich die am besten angepassten Individuen durchsetzen („survival of the fittest").

Ergänzend ist es möglich, die verschiedenen Selektionswirkungen (transformierend, stabilisierend, spaltend) zu erwähnen.

Gleichgerichtete, aber voneinander unabhängige Entwicklungen, wie hier die Entstehung von Haaren und Federn, bezeichnet man als **konvergent.**

1 *Geben Sie zunächst an, worum es sich bei den Beckenresten handelt. Im Anschluss bietet sich eine Begriffsdefinition an, die dann am Beispiel erklärt und gedeutet werden muss.*

Erklärung und Deutung der Beckenüberreste:
- Beckenreste sind **Rudimente**
- **Definition:** Rudimentäre Organe sind Rückbildungen ehemals voll funktionsfähiger Organe, die ihre ursprüngliche Funktion nicht mehr bzw. kaum noch erfüllen.
- **Erklärung:** Beim Übergang vom Land ins Wasser wurden Hintergliedmaßen funktionslos. Eine Rückbildung solcher Strukturen ist sinnvoll, da sie mit einer Minderung des Material- und Energieverbrauchs einhergeht.
- **Deutung:** Da Rudimente wie der Beckengürtel der Wale Rückbildungen von funktionsfähigen Organen sind, sind sie Belege für die Evolution.

2 *Kenntnisse zur Evolutionsgeschichte der Wirbeltiere helfen häufig bei der Beurteilung von Analogien, Homologien und konvergenter Entwicklung. Besitzen die betrachteten Gruppen keinen direkten gemeinsamen Vorfahren, der ähnliche Merkmale im Körperbau besitzt, kann es sich nur um eine konvergente Entwicklung handeln.*

Entstehung ähnlicher Körperformen bei Fischen und Walen:
- Befund: Die Körperformen von Fischen und Walen sind stromlinienförmig.
- Fische und Wale haben keine direkten gemeinsamen Vorfahren, die Körperformen müssen sich also unabhängig voneinander entwickelt haben.
- Die Ähnlichkeiten in der Körperform sind durch **konvergente Entwicklung** aufgrund ähnlicher Lebensbedingungen entstanden (Anpassung an den Lebensraum Wasser).

3 *Achten Sie bei Ihrer Skizze zu Hypothese 2 darauf, anzugeben, dass die Raoellidae ausgestorben sind. Sie sollten auf der Zeitachse demnach nicht auf der gleichen Höhe wie rezente Gruppen stehen.*

Hypothese 1:
- Die nächsten Verwandten der Wale sind die Flusspferde, sodass Flusspferde und Wale einen gemeinsamen Vorfahren besitzen (Vorfahre A).
- Vorfahre A hat wiederum einen gemeinsamen Vorfahren mit den Wiederkäuern (Vorfahre B).
- Vorfahre B hat einen gemeinsamen Vorfahren mit den Schweineartigen (Vorfahre C).

Hypothese 2:
- Die nächsten Verwandten sind die ausgestorbenen Raoellidae. Sie besitzen einen gemeinsamen Vorfahren mit den Walen (Vorfahre D).
- Vorfahre D hat einen gemeinsamen Vorfahren (E) mit Paarhufern und Flusspferden.

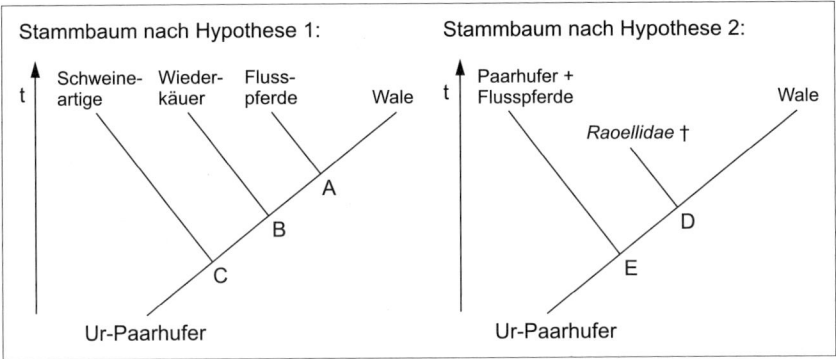

Erwartungshorizont – Zusatzfragen

1 Organe sind **homolog**, wenn sie auf einen gemeinsamen Grundbauplan zurückzuführen sind. Homologien deuten auf gemeinsame Ahnenformen hin, die sich aber aufgrund unterschiedlicher Umweltbedingungen divergent entwickelt haben.
Zur Bestimmung dienen das **Kriterium der Lage** (z. B. Vordergliedmaßen der Wirbeltiere oder Insektenbeine), das **Kriterium der spezifischen Qualität** (z. B. Hautschuppe des Hais und Zahn des Menschen) oder das **Kriterium der Stetigkeit** (= Kontinuität, z. B. Blutkreislauf bei Fischen und Säugern, Schwimmblase der Knochenfische und Lunge der Landwirbeltiere, Beinskelett bei Pferden und deren Vorfahren, primäres Kiefergelenk des Hais und Gehörknöchelchen der Säuger).

2 Ein anatomischer Vergleich der Flossen zeigt den gleichen Grundbauplan der **Vorderextremität**. Die Flossen sind **homologe** Organe. Delfin und Pinguin stammen also von einem gemeinsamen, vierfüßigen Vorfahren ab.
Die **äußeren Oberflächen** der Flossen werden jedoch aus Federn bzw. aus Haut gebildet und entwickelten sich aufgrund ähnlicher Lebensbedingungen unabhängig voneinander. Diese äußeren Oberflächen sind also **analoge** Strukturen, deren Entstehung durch **konvergente** Entwicklung zu erklären ist.

3 LAMARCK deutete Evolution als **aktive Anpassung**. Nach seiner Theorie lässt sich die Entwicklung der Flossen durch besonderen Gebrauch der Vorderextremitäten erklären. Dies setzt jedoch eine Weitervererbung erworbener phänotypischer Eigenschaften voraus, was aus heutiger Sicht falsch ist.

4 **Entstehung des Rüssels nach DARWIN:**
  - Die Elefanten einer Art hatten unterschiedlich lange Rüssel (**Variabilität**).
  - Diese Unterschiede waren (zumindest großteils) genetisch bedingt, wurden also **vererbt**.
  - Die Elefanten produzierten einen Überschuss an Nachkommen (**Überproduktion**).
  - Diejenigen Elefanten, die aufgrund ihrer erblichen Eigenschaften an die Umweltbedingungen am besten angepasst waren, hatten einen Fortpflanzungsvorteil und überlebten („survival of the fittest"), d. h., Elefanten mit einem längeren Rüssel konnten sich leichter ernähren und an lebensnotwendiges Wasser gelangen. Elefanten mit kürzerem Rüssel starben im Kampf um das Dasein aus (**Selektion**).
  - Die Selektionsfaktoren wirken damals wie heute in derselben Art und Weise (**Aktualitätsprinzip**).

5 Ein Fossil kann entstehen, wenn ein abgestorbener Organismus von Sand oder Schlamm bedeckt und sehr langsam unter anaeroben Bedingungen zersetzt wird. Der Organismus hinterlässt im Sediment einen Abdruck und kann sich zu Stein verfestigen.
Möglicherweise waren im natürlichen Lebensraum der Elefanten die Voraussetzungen für eine Fossilisation nicht gegeben, falls beispielsweise kein sauerstofffreies Medium vorhanden war oder das Einbettungsmedium nicht schnell genug erhärtet ist. Auch eine chemische Zerstörung des Organismus durch das Einbettungsmedium wäre denkbar sowie eine Verwitterung nach der Fossilisation.

6 Es handelt sich um **Archaeopteryx**, ein Brückentier zwischen Reptil und Vogel. Unter Brückentieren versteht man Übergangs- oder Zwischenformen, die verschiedene Merkmale unterschiedlicher Gruppen vereinen. Sie dienen daher als Beleg für eine Evolution.
Reptilienmerkmale: Kiefer mit Zähnen, drei freie Finger mit Krallen, lange Schwanzwirbelsäule, Brustbein ohne Brustbeinkamm, Rippen ohne Versteifungsfortsätze.
Vogelmerkmale: Federn, Vogelschädel (Form und schnabelförmiger Kiefer), flügelähnliches Armskelett, eine nach hinten gerichtete Zehe.

7 Die **biogenetische Grundregel** besagt, dass die individuelle Keimesentwicklung eine schnelle und unvollständige Wiederholung der Stammesentwicklung ist. Diese Regel ist zwar nicht mehr allgemeingültig, aufgrund der Beobachtung der Embryonalentwicklung können jedoch Homologien bei einzelnen Merkmalen gefunden und dadurch eventuelle Abstammungsfragen geklärt werden.

8 **Rudimentäre Organe** sind Rückbildungen ehemals voll funktionsfähiger Organe, die heute zumeist nur noch eine geringe Funktion besitzen oder gar funktionslos sind, wie beispielsweise Steißbein, Weisheitszähne, Wurmfortsatz, Körperbehaarung.

Unter einem **Atavismus** versteht man das Wiederauftreten von Merkmalen, die bei Vorfahren voll entwickelt waren, aber im Verlauf der Evolution reduziert oder ganz abgebaut wurden. Beispiele dafür sind starke Körperbehaarung, Steißbeinverlängerung, überzählige Brustwarzen oder Kiemenspalten als Halsfisteln.

9 **Mögliche Verfahren:**
   - Sequenzanalyse von **Polypeptiden:** Jede Abweichung im Bau vergleichbarer, stark konservierter Proteine, wie etwa Cytochrom c, deutet darauf hin, dass die betreffenden Arten weniger nah miteinander verwandt sind.
   - Vergleich der **Nukleotidsequenz** der DNA: Je mehr Abweichungen durch DNA-Hybridisierung oder durch DNA-Sequenzierung festgestellt werden, desto geringer ist der Verwandtschaftsgrad der verglichenen Organismen.
   - **Serum-Präzipitintest:** Je niedriger der Ausfällungsgrad, desto weniger gleichen die Aminosäuresequenzen der Proteine einander und desto niedriger ist der Verwandtschaftsgrad zwischen den untersuchten Gruppen (Vögel und Säugetiere).

Stoffübersicht

☺ ☹ ☹

Synthetische Theorie der Evolution:

Erweiterung der Selektionstheorie DARWINs, Manifestation der Evolution auf Populationsebene durch Änderung der Genfrequenzen, Zusammenwirken verschiedener Evolutionsfaktoren

Evolutionsfaktoren:

Mutation: Spontane, nicht zielgerichtete und erbliche Veränderungen eines Merkmals, dadurch Veränderung des Genpools einer Population
– Nachteilige Mutationen: Schlechtere Angepasstheit, häufigster Fall
– Vorteilhafte Mutationen: Überlebensvorteil, Anreicherung im Genpool der Population
– Neutrale Mutationen: Ohne Vor- oder Nachteil, bei sich ändernden Umweltbedingungen u. U. vorteilhaft **(Präadaptation)**

Rekombination: Neukombination des genetischen Materials durch geschlechtliche Fortpflanzung (bzw. Gentransfer); dadurch genetische Variation im Genpool, aber keine Veränderung des Genpools

Selektion: Gerichtete Auslese von Individuen aus einer polymorphen (vielgestaltigen) Population (Phänotypen) durch Selektionsfaktoren; dadurch Vermehrung oder Verringerung bestimmter Allele (Allelfrequenz) im Genpool der Population
– **Stabilisierende** Selektion: Verringerung der Variationsbreite eines Merkmals zugunsten der Durchschnittsformen
– **Richtende** oder **transformierende** Selektion: Bessere Angepasstheit bei vom Durchschnitt abweichender Veränderung der Merkmalsausprägung
– **Spaltende** oder **disruptive** Selektion: Vorteile für Individuen mit extremen Merkmalsvarianten innerhalb der Population

Selektionsfaktoren: Abiotische und biotische Einflüsse, die zu einer natürlichen Auslese führen
– **Abiotische Faktoren:** z. B. Temperatur, Niederschläge oder Wind
– **Artgenossen:** Intraspezifische Konkurrenz um Nahrung, Reviere oder Geschlechtspartner (geschlechtliche Zuchtwahl)

- **Artfremde Individuen:** Parasiten, Krankheitserreger oder Fressfeinde; Folgen z. B. Tarnung, **Mimese** (Gestalt-, Farbanpassung an Teile der Umwelt), **Mimikry** (Nachahmung wehrhafter Tiere)

Gendrift (Sewall-Wright-Effekt): Zufällige und schnelle Änderung der Allelhäufigkeit (Anreicherung oder Verminderung seltener Allele) im Genpool einer kleinen Population
- **Gründerpopulationen:** Besiedelung neuer Lebensräume durch wenige Gründerindividuen mit beschränktem Genpool
- **Katastrophen:** Äußere Einflüsse, die zu starker Dezimierung einer Population führen
- **Flaschenhalseffekt:** Abnahme / Verlust der genetischen Variation (Allelkombinationen) bei stark dezimierten Populationen, stark zufallsabhängige Zusammensetzung des Genpools

Artbildung (Speziation): Reproduktive Abgrenzung zwischen Teilpopulationen und Aufbau von Barrieren gegen den Genaustausch
- **Allopatrische** Artbildung: Artbildung infolge räumlich getrennten Vorkommens von Populationen
- **Sympatrische** Artbildung: Entstehung von Fortpflanzungsbarrieren innerhalb eines gemeinsamen Verbreitungsgebiets

Isolation:
- **Geografische** Isolation (**Separation**): Räumliche Trennung einer ehemals zusammenhängenden Population durch äußere Einflüsse
- **Ökologische** Isolation: Besetzen unterschiedlicher ökologischer Nischen von Teilpopulationen einer Population (und u. U. **adaptive Radiation**)
- **Reproduktive** Isolation: Verhinderung einer Vermehrung zwischen Individuen durch verschiedene **Isolationsmechanismen:**
  - **Metagame** Isolationsmechanismen (**genetische Isolation**): Befruchtung, aber keine Entwicklung oder sterile Nachkommen
  - **Progame** Isolationsmechanismen: Verhinderung der Paarung bzw. Befruchtung durch zeitliche, ethologische oder mechanische Isolation

Der Kerguelen-Archipel ist eine stürmische Inselgruppe im Südindischen Ozean, knapp 4 000 km von Australien, 3 700 km von Südafrika und 1 900 km von der Antarktis entfernt. Mit Ausnahme einer Forschungsstation auf einer Insel sind die Kerguelen unbewohnt. Auf der Inselgruppe wurden einige stummelflügelige, flugunfähige Fliegenarten entdeckt (Abbildung). Ähnliche flugunfähige Formen sind als seltene Mutanten normalflügeliger Fliegenarten bekannt.

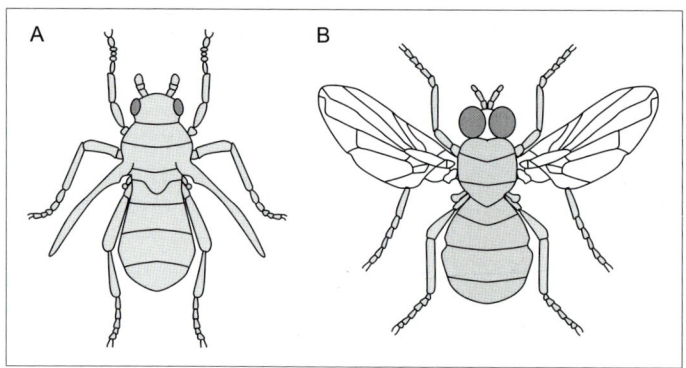

Kerguelen-Fliege (A) und weltweit verbreiteter Fliegentyp (B) im Vergleich

1 Beschreiben Sie die Entstehung der stummelflügeligen Fliegenarten anhand der erweiterten Evolutionstheorie.

2 Erläutern Sie die Veränderung des Genpools der Fliegenpopulation durch die dort herrschenden Umwelteinflüsse.

3 Diskutieren Sie, ob die Hypothese einer Gründerpopulation für das Vorkommen der stummelflügeligen Fliegenarten auf den Kerguelen-Inseln sinnvoll ist.

Bei der Gattung *Ensatina* handelt es sich um Salamander, die an der Westküste von Nordamerika beheimatet sind. Ihr Hauptverbreitungsgebiet liegt in den Gebirgen um das Central Valley. Dieses Tal mit überwiegend trockenem Klima ist von kalifornischen Küstengebirgen umringt.

Rund um das Central Valley leben verschiedene *Ensatina-eschscholtzii*-Unterarten (Abb. 1). Zwischen den räumlich nahe liegenden *Ensatina-eschscholtzii*-Unterarten treten Mischformen auf, die sich durch fließende Farbübergänge auszeichnen. Lediglich die benachbarten Unterarten *Ensatina eschscholtzii eschscholtzii* und *Ensatina eschscholtzii klauberi* sind nicht in der Lage, Hybride zu zeugen.

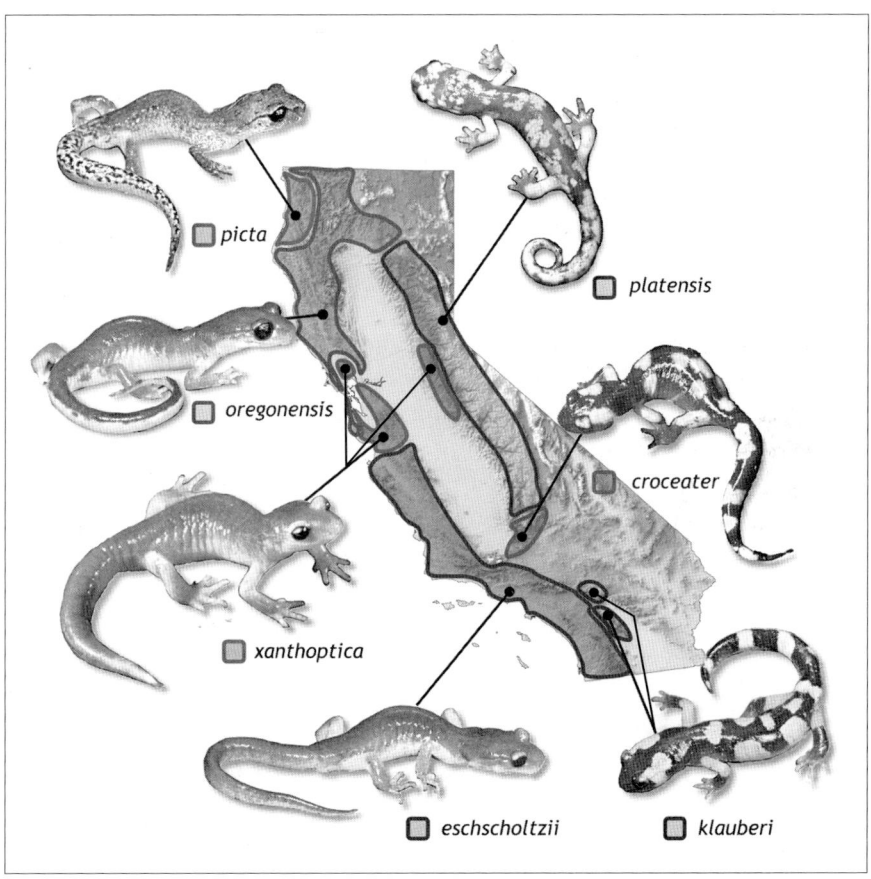

Abb. 1: Die *Ensatina-eschscholtzii*-Populationen um das Central Valley
(Perreira, R.; Monahan, W.; Wake, D. (2011) "Predictors for reproductive isolation in a ring species complex following genetic and ecological divergence" BMC Evolutionary Biology 11(194), Fig. 1, CC BY-SA 2.0)

Ursprünglich wanderten die Salamander von Norden in das Gebiet des Central Valley ein. Ein Teil der Population wanderte auf der Küstenseite, der andere Teil auf der kontinentalen Seite des Tals ein (Abb. 2).

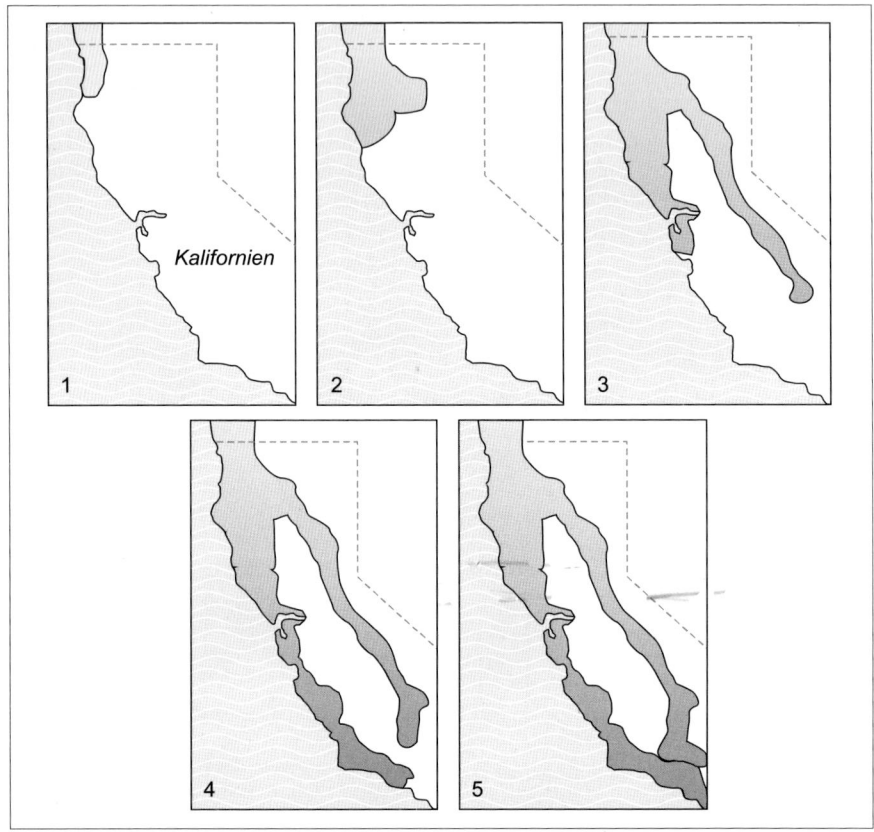

Abb. 2: Schematisch vereinfachte Darstellung der Ausbreitung von *Ensatina* in Kalifornien

Erklären Sie aus evolutionsbiologischer Sicht, weshalb zwischen allen benachbarten Unterarten Mischformen auftreten können, nicht jedoch bei *E. e. eschscholtzii* und *E. e. klauberi*. Gehen Sie dabei auf die Entstehung der Unterarten ein und berücksichtigen Sie die Informationen aus den Abbildungen.

1 Nennen Sie drei Evolutionsfaktoren und erläutern Sie diese kurz hinsichtlich ihrer Bedeutung für die Evolution.

2 In der folgenden Abbildung sind die Körpergrößen verschiedener Pinguinarten dargestellt.

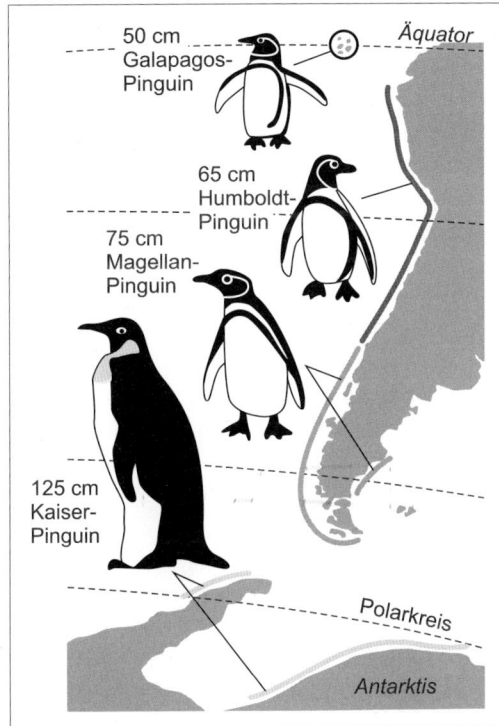

Abb. 1: Verbreitung und Körpergröße verschiedener Pinguinarten

a) Geben Sie an, welcher Selektionsfaktor auf die Pinguine wirkt, und erläutern Sie dessen Wirkungsweise.

b) Nennen Sie zwei weitere abiotische Selektionsfaktoren und erläutern Sie deren Wirkungsweisen auf Lebewesen.

3 Einen biotischen Selektionsfaktor für Organismen stellen Fressfeinde dar. Nennen und erläutern Sie drei typische Anpassungen, durch die potenzielle Beutetiere ihren Fressfeinden entgehen können.

4 *Längere Textpassagen werden Ihnen in Prüfungen häufig auf Folie zur Verfügung gestellt. In diesem Fall können Sie die Inhalte mit Verweis auf die jeweiligen Textstellen anschaulich interpretieren.*

Das Verbreitungsgebiet des Purpurastrilds, einer Prachtfinkenart, ist vor allem Zentral- und Westafrika. Die einzelnen Populationen unterscheiden sich erheblich in ihrer Schnabelgröße. Individuen mit großen Schnäbeln ernähren sich überwiegend von hartschaligen großen Samen, während sich die kleinschnäbeligen Tiere von weichen Samen ernähren. Tiere mit mittelgroßen Schnäbeln kommen nicht vor. Untersuchungen haben gezeigt, dass es sich bei den Populationen mit den unterschiedlichen Schnabelgrößen nicht um Unterarten handelt.

Abb. 2: Verschiedene Schnabelformen beim Purpurastrild

a) Erklären Sie aus evolutionsbiologischer Sicht die Verteilung der Schnabelgrößen.

b) Nennen Sie zwei weitere Selektionsformen und fertigen Sie beschriftete Skizzen zu deren Wirkung auf einen Genpool an. Verwenden Sie als betrachtetes Merkmal die Körpergröße eines beliebigen Tiers.

5 Das Verbreitungsgebiet der Seitenfleckleguane sind vor allem der Südwesten der USA und der Nordwesten Mexikos. Einige Populationen leben auch auf Inseln im kalifornischen Golf. Die Anzahl der grün gefärbten Individuen auf den Inseln ist im Gegensatz zu den überwiegend grau gefärbten Individuen am Festland besonders hoch. Hier kommen zwar auch einige grün gefärbte Exemplare vor, diesen bietet die Färbung jedoch keine Tarnung auf Felsen. Erklären Sie aus evolutionsbiologischer Sicht diese Beobachtung.

6 Der Grand Canyon wird auf den gegenüberliegenden Rändern von zwei verschiedenen Erdhörnchenarten bewohnt. Untersuchungen ergaben, dass die beiden Arten nah miteinander verwandt sind und vermutlich gemeinsame Vorfahren besaßen. Erläutern Sie die Entstehung der beiden Arten aus evolutionsbiologischer Sicht.

7 Auf den Galapagosinseln sind 13 verschiedene Finkenarten beheimatet. Erläutern Sie, wie es aus evolutionsbiologischer Sicht zu dieser Artenvielfalt bei den Finken gekommen ist.

Erwartungshorizont – Übungsreferat 23

Bei der Beantwortung der Fragen ist auf die Verwendung von Fachbegriffen zu achten, die auf das konkrete Beispiel angewendet werden sollen.

1 **Entstehung der Fliegen anhand der erweiterten Evolutionstheorie:**
   – Die erweiterte (synthetische) Evolutionstheorie verbindet DARWINs Theorie insbesondere mit populationsgenetischen Erkenntnissen.
   Im **Genpool** der Kerguelen-Fliege überwiegen im Vergleich zu anderen Fliegenpopulationen die Allele, die kurze Flügel ausbilden. Folgende **fünf Evolutionsfaktoren** können zu einer Verschiebung der Allelhäufigkeit führen: Mutation, Rekombination, Selektion, Isolation und Gendrift.
   – Für die genetische Variabilität innerhalb einer Population sind die zufällige und ungerichtete Mutation und Rekombination verantwortlich. Das Auftreten von Stummelflügeln wurde wahrscheinlich durch eine (Punkt-)**Mutation** des Allels bewirkt, das die Ausbildung der Flügelgröße steuert.

   Hier kann eine monogene Vererbung der Flügelgröße angenommen werden.

   – Durch **Rekombination** werden bei der sexuellen Fortpflanzung neue Allelkombinationen gebildet. Dies geschieht durch die zufällige Verteilung der väterlichen und mütterlichen homologen Chromosomen bei der 1. Reifeteilung, durch **Crossing-over** und das zufällige Zusammentreffen väterlicher und mütterlicher Keimzellen bei der Befruchtung.
   – An dieser genetischen Variabilität setzt die **Selektion** an. Individuen mit einem bestimmten Genotyp, also mit bestimmten Allelen bzw. Allelkombinationen (hier: stummelflügelige Fliegen), haben unter bestimmten Umweltbedingungen (hier: Wind) einen Selektionsvorteil, d. h., sie kommen häufiger zur Fortpflanzung. Somit werden die Allelhäufigkeiten des Genpools hin zu stummelflügeligen Varianten verschoben. Man unterscheidet die richtende, stabilisierende und spaltende Selektion.
   – Durch die Insellage kommt es nicht zur Vermischung des Genpools der Kerguelen-Fliege mit anderen Fliegen auf dem Festland mit normaler Flügellänge **(geografische Isolation)**.

   *Die Möglichkeit der **Gendrift** durch einige stummelflügelige Gründerindividuen (Gründereffekt) können Sie in Aufgabe 3 diskutieren.*

2 Als mögliche Selektionsformen kommen die richtende (transformierende) Selektion, die stabilisierende oder die spaltende (disruptive) Selektion infrage, die sich durch die Richtung des herrschenden Selektionsdrucks unterscheiden. Dieser ist abhängig von den Umwelteinflüssen, den biotischen und abiotischen Selektionsfaktoren. Aufgrund der Insellage und des stürmischen Klimas **(abiotischer Selektionsfaktor)** haben die flugunfähigen Varianten einen Selektionsvorteil, da sie

seltener weggeweht werden. Der **Selektionsdruck** wirkt also von der rechten Seite auf die Gaußsche Verteilung der unterschiedlichen Flügelgrößen und verschiebt die Kurve hin zur geringeren Flügelgröße **(richtende Selektion)**:

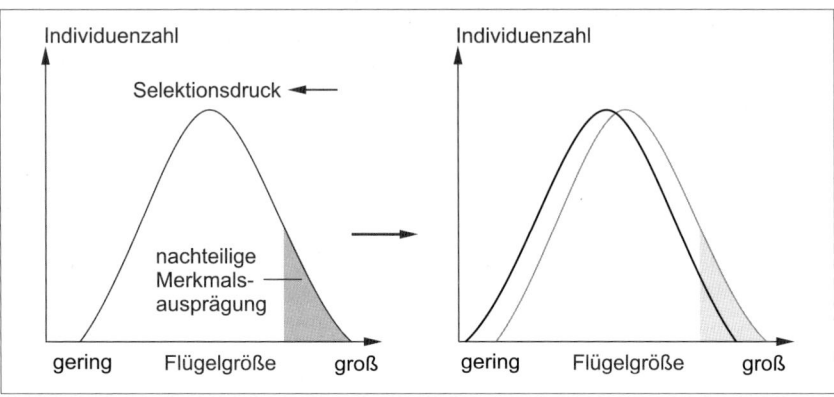

3 Von einer Gründerpopulation spricht man, wenn nur wenige Individuen einer Art einen neuen Lebensraum besiedeln. Die zufällige Auswahl dieser Fliegen bestimmt den **Genpool** der neuen Inselpopulation. Es könnten theoretisch einige kurzflügelige Individuen einer Fliegenart aus Südafrika oder Australien auf die Inseln geweht oder z. B. von einem Forschungsschiff eingeschleppt worden sein. Die Möglichkeit des Verwehtwerdens ist allerdings aufgrund der großen Entfernung zum Festland sehr unwahrscheinlich. Außerdem bieten kurz- bzw. stummelflügelige Individuen weniger Angriffsfläche für den Wind, was ein Verwehen dieser Tiere ebenfalls nahezu ausschließt.

Falls stummelflügelige Individuen als Gründerpopulation vom Festland auf die Inseln gelangt sind, fanden sie aufgrund ihrer Merkmale, die unter den dort herrschenden klimatischen Verhältnissen von Vorteil waren, günstige Bedingungen vor (geringe Konkurrenz, großes Nahrungsangebot) und konnten sich auf den Inseln etablieren.

Beim diskutierten **Gründereffekt** spricht man wie beim Flaschenhalseffekt, bei dem die Population durch Katastrophen stark und ebenfalls zufällig dezimiert wird, von **Gendrift**. Der Genpool wird ungerichtet, also zufällig verändert. Dies führt zu einer verringerten genetischen Vielfalt.

Laut Aufgabenstellung müssen Sie erklären, weshalb E. e. eschscholtzii und E. e. klauberi keine Hybriden zeugen können. Um dies zu erläutern, müssen Sie zunächst beschreiben, wie es zu den Unterarten gekommen ist. Gliedern Sie dementsprechend Ihr Referat. Eine mögliche Gliederung, in der zunächst die Artbildung auf dieses Beispiel angewendet und im Anschluss auf die Hybridenfrage eingegangen wird, ist im Folgenden dargestellt.

Entstehung der Unterarten:
- *Ensatina*-Population aus dem Norden wandert in das Gebiet des Central Valleys ein.
- Die Population spaltet sich auf: Ein Teil wandert entlang der Küstenseite des Gebirges, der andere Teil auf der kontinentalen Seite. Es kommt zur **Separation** des Genpools durch geografische **Isolation**, der **genetische Fluss** zwischen den Populationen ist unterbrochen.
- In den einzelnen Populationen kommt es z. B. durch Mutationen zur Veränderung der **genetischen Variabilität**; da der Genfluss unterbrochen ist, findet keine Durchmischung statt.
- Auf den beiden Wanderrouten herrschen unterschiedliche Umweltbedingungen, sodass auf die Populationen verschiedene Selektionsdrücke wirken.
- Entwickeln sich die Genpools der Populationen weit genug auseinander, so entstehen zunächst unterschiedliche Unterarten und im Laufe der Zeit bilden sich neue Arten.
- Es handelt sich um eine **allopatrische Artbildung.**

Um die Anschaulichkeit zu erhöhen, könnten Sie diesen Teil des Referats mittels einer Skizze oder eines Tafelbildes erläutern (siehe folgende Seite).

Bildung von Hybriden:
- Nach Abb. 2 ist die Population vom Norden her eingewandert, die Unterarten im Süden sind also zeitlich und räumlich am längsten voneinander getrennt.
- E. e. eschscholtzii und E. e. klauberi können keine Hybriden mehr zeugen, da ihre Genpools am längsten voneinander separiert sind.
- Die geografische Isolation führte zu einer **reproduktiven Isolation**.

Bei E. e. eschscholtzii und E. e. klauberi handelt es sich um Unterarten. Das heißt, dass sie zumindest unter künstlichen Bedingungen noch in der Lage sind, fruchtbare Nachkommen zu zeugen.

- Bei den anderen räumlich benachbarten *Ensatina*-Unterarten waren die Genpools noch nicht so lange voneinander getrennt, dass sich eine reproduktive Isolation ausbilden konnte.

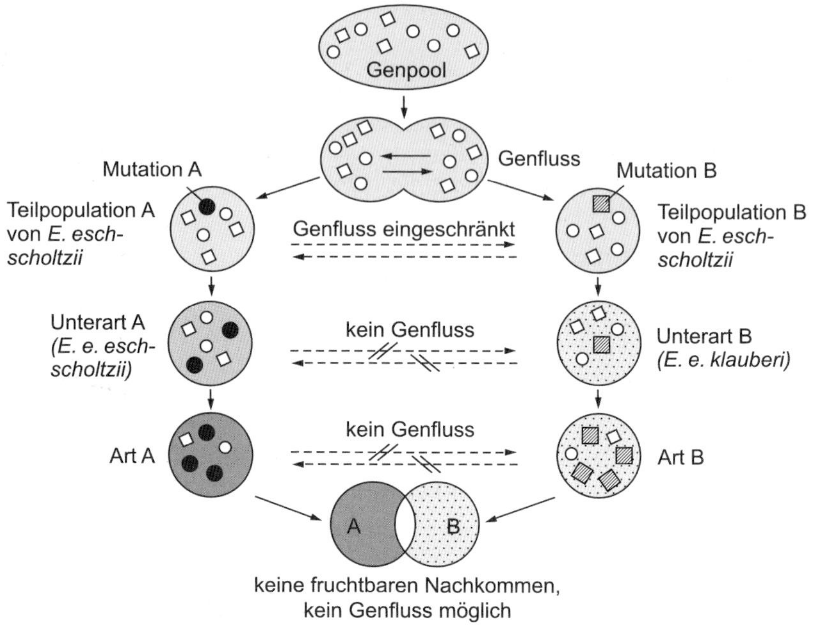

Im oberen Bereich der Seite befindet sich eine schematische Darstellung der Artbildung:

Genpool

Mutation A ← Genfluss → Mutation B

Teilpopulation A von *E. eschscholtzii* — Genfluss eingeschränkt — Teilpopulation B von *E. eschscholtzii*

Unterart A (*E. e. eschscholtzii*) — kein Genfluss — Unterart B (*E. e. klauberi*)

Art A — kein Genfluss — Art B

A | B

keine fruchtbaren Nachkommen, kein Genfluss möglich

Erwartungshorizont – Zusatzfragen

1 *Es reicht aus, wenn Sie drei Faktoren nennen. Die wesentlichen Faktoren sind im Folgenden erläutert.*

Evolutionsfaktoren:

- **Mutationen** der DNA sind zufällig und ungerichtet. Sie erweitern den Genpool, sind aber meist schädlich für den Organismus. In seltenen Fällen stellen sie einen Vorteil für den Organismus dar.
- Bei Organismen, die sich sexuell fortpflanzen, findet die **Rekombination** während der Keimzellenbildung statt. Die zufällige Verteilung der väterlichen und mütterlichen Chromosomen auf die Keimzellen, Crossing-over-Ereignisse und ein zufälliges Zusammentreffen der Keimzellen bei der Befruchtung ermöglichen die Bildung neuer Genotypen aus dem bestehenden Genpool.
- Bei der **genetischen Drift** wird der Genpool durch ein zufälliges Ereignis verändert. Typische Ereignisse sind der Flaschenhals- oder der Gründereffekt.
- **Selektion** meint die Auslese von Individuen einer vielgestaltigen Population durch biotische oder abiotische Faktoren. Demnach haben Individuen mit bestimmten Genotypen einen höheren Fortpflanzungserfolg als andere.

– Durch die **Isolation** wird der Genfluss innerhalb einer Population unterbrochen. Hierdurch entstehen Teilpopulationen, die sich unabhängig voneinander entwickeln. Teilweise wirken auf sie unterschiedliche biotische und abiotische Faktoren.

– **Migrationen** (Genfluss) führen ebenfalls zu einer Veränderung des Genpools. Sowohl durch Auswanderung einer Teilpopulation als auch durch Einwanderung weiterer Populationen kann sich die Allelfrequenz im Genpool einer Stammpopulation verändern.

2 a) Es wirkt der Selektionsfaktor **Temperatur**. Je größer bzw. schwerer ein Lebewesen ist, desto geringer ist seine Körperoberfläche im Verhältnis zum Körpervolumen. Da die Wärmeabstrahlung über die Oberfläche erfolgt, ist die Wärmeabgabe bei größeren, schwereren Tieren im Verhältnis geringer. Bei gleichwarmen Tieren ist deshalb zu beobachten, dass verwandte Spezies in kalten Regionen häufig größer sind als in warmen Gebieten.

b) **Selektionsfaktor Feuchtigkeit:** In trockenen Gebieten überleben vor allem Pflanzenarten, die mit der Wasserknappheit umgehen können. Häufig besitzen ihre Blätter eine dicke Cuticula als Verdunstungsschutz, oder es haben sich wasserspeichernde Gewebe entwickelt. Tiere, die in Wüsten leben, haben ebenfalls Anpassungen entwickelt, um mit der ständigen Wasserknappheit zurechtzukommen. Dromedare können beispielsweise sehr schnell und viel Wasser trinken, um ihre Reserven wieder aufzufüllen.
Selektionsfaktor Wind: Bei einigen inselbewohnenden Insektenarten haben sich aufgrund des starken Windes die Flügel zurückgebildet. Insekten mit Stummelflügeln haben höhere Überlebens- und Fortpflanzungschancen als geflügelte, da letztere häufiger aufs offene Meer abdriften.

3 **Typische Anpassungen:**
– **Tarnung:** Beutetiere sind in Körperform und Farbe an die Umgebung angepasst und entgehen so der Entdeckung durch Räuber. Von einer **passiven Tarnung** spricht man, wenn Körperfarbe und -form genetisch festgelegt sind (z. B. Stabheuschrecke). Von **aktiver Tarnung** spricht man, wenn ein Tier seine Umwelt wahrnimmt und seine Körperform bzw. seine Färbung jeweils an die Umgebung anpasst (z. B. *Octopus*).
– **Warntracht:** Tiere besitzen eine auffällige Körperfärbung (z. B. Wespe). Dadurch wird Fressfeinden signalisiert, dass die vermeintliche Beute wehrhaft oder ungenießbar ist. Spätestens nachdem ein Fressfeind schlechte Erfahrungen mit einem wehrhaften Tier gemacht hat, lässt er bei weiteren Begegnungen davon ab.
– **Mimikry:** Tiere besitzen eine Körperfärbung, die einer Warntracht ähnelt (z. B. Schwebfliege). Diese Tiere täuschen eine Wehrhaftigkeit nur vor.

4 a) Auf die Population des Purpurastrilds wirkte die **aufspaltende (disruptive) Selektion.** Bei dieser Selektionsform werden die Extreme einer Merkmalsausprä-

gung begünstigt, während die Durchschnittsform benachteiligt ist. Vögel mit großen bzw. kleinen Schnäbeln sind auf bestimmte Samen spezialisiert. Individuen mit durchschnittlich großen Schnäbeln sind benachteiligt, da sie auf keine der beiden Samenarten spezialisiert sind. Mit der Zeit bilden sich durch die disruptive Selektion zwei Gipfel bei der Verteilung des Merkmals Schnabelgröße.

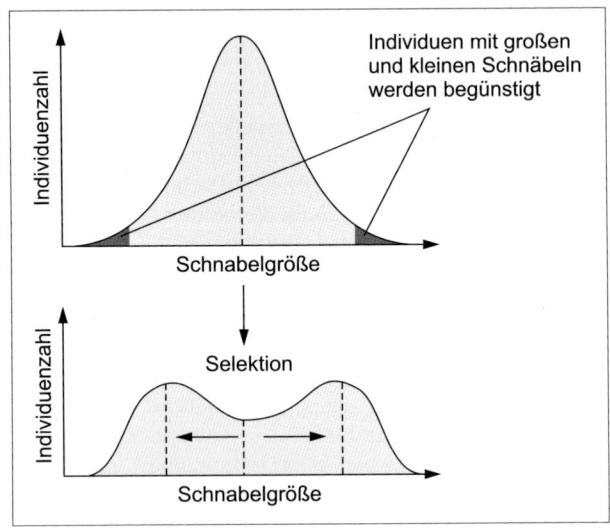

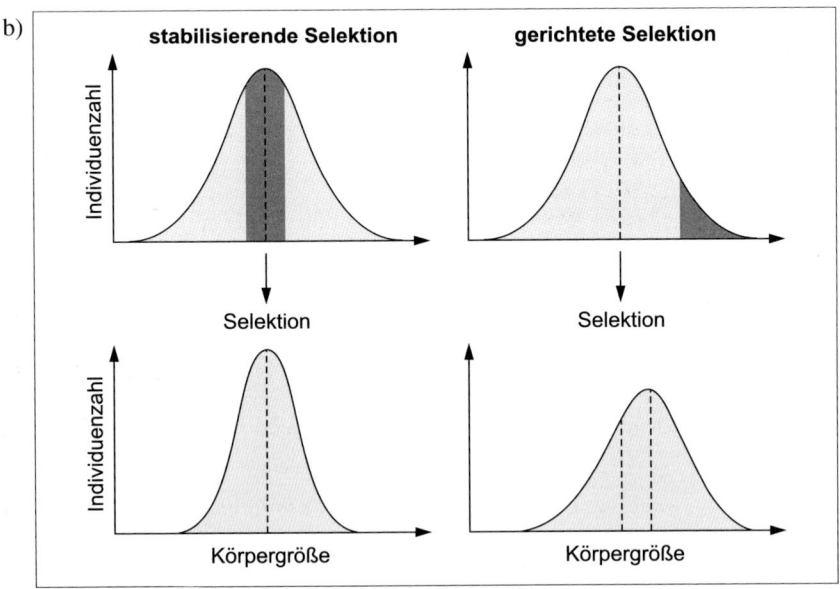

5 Auf dem Festland kommen überwiegend graue Leguane vor, vereinzelt treten aber auch grün gefärbte Tiere auf. Eine mögliche Erklärung für die andere Merkmalsverteilung bei Insel-Leguanen ist die **Gendrift**. Eine **Gründerpopulation**, in der zufällig mehr grün gefärbte Individuen vorkamen, besiedelte die Insel. Der für diese Art untypische Genpool führte zu einer veränderten Häufigkeitsverteilung der Körperfärbung bei den Insel-Leguanen. Dass diese Verteilung bis heute stabil ist, liegt vermutlich daran, dass ein bestimmter Fressfeind auf der Insel fehlt. Dieser biotische Faktor wirkte daher nicht selektierend auf Individuen mit Tarnfärbung.

6 Für die ursprüngliche Erdhörnchenpopulation stellte der Colorado River, der eine tiefe Schlucht in die Landschaft gegraben hat, ein unüberwindliches Hindernis dar. Die Population wurde in zwei Teilpopulationen gespalten. Es kam zu einer **Separation** durch **geografische Isolation**, und der **genetische Fluss** zwischen den Teilpopulationen wurde unterbrochen. In den einzelnen Populationen kam es z. B. durch Mutationen zu einer Veränderung der Genpools. Da kein Genaustausch stattfinden konnte, entwickelten sich unterschiedliche Allelfrequenzen innerhalb der Teilpopulationen. Entwickeln sich die Genpools der Populationen weit genug auseinander, so entstehen zunächst unterschiedliche **Unterarten,** und im Laufe der Zeit bilden sich **Arten**. Bei diesem Beispiel handelt es sich um eine **allopatrische Artbildung.**

7 Die auf den Galapagosinseln lebenden verschiedenen Finkenarten sind das Ergebnis einer **adaptiven Radiation**. Ursprünglich wurden einige Finken vom südamerikanischen Festland auf die Inseln abgetrieben. Da die Inseln weit vom Festland entfernt liegen, handelte es sich dabei um eine **geografische Isolation**. Die relativ unbesiedelten Inseln boten den Gründerindividuen unterschiedliche Lebensmöglichkeiten. Die unspezialisierten Individuen vermehrten sich rasch. Mit zunehmender Individuenzahl stieg die **innerartliche Konkurrenz**, und es entstand ein Selektionsdruck. Da sich unter den Nachkommen die genetische Variabilität durch **Mutation** und **Rekombination** erhöhte, wurden nach und nach freie ökologische Nischen erschlossen. Zudem wurden Teilpopulationen auf den einzelnen, teilweise weit auseinander liegenden Inseln erneut geografisch isoliert. Dort wirkten dann z. T. unterschiedliche Selektionsfaktoren auf die einzelnen Populationen ein und führten zu einer Veränderung der Allelfrequenz innerhalb deren Genpools. Trafen die separierten Populationen erneut auf einer Insel aufeinander, kam es zu einer weiteren Erhöhung der Konkurrenz und zu einer verstärkten Einnischung. Die ökologische Einnischung führte schließlich zur **reproduktiven Isolation** der Teilpopulationen. Dadurch entstanden zunächst neue Unterarten und schließlich neue Arten.

Stoffübersicht

☺ ☹ ☹

Anfänge des Lebens:

Vor ca. 15 Mrd. Jahren: Beginn der **physikalischen Evolution** mit dem Urknall und der Entstehung von Elementarteilchen, Atomen und zumeist anorganischen Molekülen

Vor ca. 4,5 Mrd. Jahren: Beginn der **chemischen Evolution**
– Bildung des Planeten Erde mit einer Uratmosphäre aus Wasserstoff, Methan, Ammoniak, Schwefelwasserstoff und Wasser
– Entstehung einfacher organischer Moleküle aus anorganischen Molekülen (Simulationsversuch von STANLEY MILLER)
– Kondensationsreaktionen einfacher organischer Moleküle zu komplexen organischen Makromolekülen in der Ursuppe
– Ausbildung zellähnlicher Strukturen durch Bildung von Lipiddoppelschichten
– Entstehung sich selbst reproduzierender Makromoleküle (z. B. RNA-Moleküle)

Vor ca. 3,5 Mrd. Jahren: Beginn der **biologischen Evolution**
– Vermutlich heterotrophe Ernährung hypothetischer anaerober **Protobionten** durch Gärung von in der Ursuppe vorhandenen energiereichen organischen Molekülen
– Weiterentwicklung zur anaeroben **Prokaryotenzelle** ohne Zellkern und ohne Mitochondrien
– Vor ca. 2,5 Mrd. Jahren: Nutzung von Sonnenlicht zur Fotosynthese durch **Cyanobakterien** (Autotrophie) und Freisetzung von Sauerstoff; Entwicklung einer sauerstoffhaltigen Atmosphäre und Entwicklung kleinerer aerober Prokaryoten
– Vor ca. 2 Mrd. Jahren: Entwicklung von der Prozyte zur **Euzyte** nach der **Endosymbiontentheorie** durch die Aufnahme kleinerer endosymbiontischer Prokaryoten in eine anaerobe Prozyte

Evolutionsschübe nach Massenaussterben:

Massenaussterben: Relativ kurze Phasen im Verlauf der Erdgeschichte, in denen überproportional viele Arten vernichtet wurden

Hinweise auf Massenaussterben durch fossile Funde bzw. deren Fehlen in den geologisch jüngeren Gesteinsschichten, z. B.:
- Vor ca. **360 Mio.** Jahren: Aussterben von vermutlich 50 % aller marinen Arten; Entwicklung der Amphibien zu dominierender Landwirbeltierklasse
- Vor ca. **65 Mio.** Jahren: Aussterben einer Vielzahl terrestrischer und mariner Arten; Voraussetzung für adaptive Radiation der Säugetiere

Koevolution:

Definition: Wechselseitige Angepasstheit von Arten aufgrund starken gegenseitigen Selektionsdrucks über einen langen Zeitraum hinweg (Ausbildung von **Koadaptationen**)

Auftreten koevolutiver Beziehungen z. B. bei:
- **Parasitismus:** Zusammenleben zweier artfremder Individuen zum einseitigen Nutzen des Parasits und Schaden des Wirts, Koadaptationen z. B. Entwicklung von Resistenzen (Parasit) und Verbesserung der Immunabwehr (Wirt)
- **Symbiose:** Lebensgemeinschaft zum Nutzen beider beteiligter Arten, Koadaptationen z. B. lange Saugrüssel (Bestäuber) und farbige Blütenblätter (Blütenpflanze)
- **Räuber-Beute-Beziehung:** Koadaptationen z. B. gute Tarnung (Beute) und ausgeprägte Sinnesorgane (Räuber)

Die Riesenseerose *Victoria amazonica* bietet einmal im Jahr ein außergewöhnliches Schauspiel. Sie blüht für nur zwei Nächte. Am ersten Abend öffnet sie ihre schneeweißen Blüten und verströmt einen fruchtigen Geruch. Zudem erhöht sie die Temperatur in ihrer Fruchtkammer um bis zu 10 °C gegenüber der Außentemperatur. Dämmerungsaktive Käfer der Art *Cyclocephala hardyi* werden vom Duft

Blätter und Blüte der Riesenseerose *Victoria amazonica*
(Zinneke, http://commons.wikimedia.org/wiki/File:Victoria_amazonica_-_Rio_de_Janeiro,_botanical_garden.JPG, CC BY-SA 3.0)

und der Wärme angezogen. Sie krabbeln nahezu „betrunken" vom Duft über die Narben in die warme Fruchtkammer und bestäuben dabei die Blüten.
Im Inneren der Fruchtkammer befinden sich sogenannte Futterkörper als Belohnung. Auch die Wärme ist attraktiv für die großen Käfer, da sie dadurch viel Energie einsparen können.
Morgens schließen sich die Blüten, indem sich u. a. die Staubblätter nach innen legen. Die Staubblätter entlassen dabei Pollen so, dass die Käfer eingestäubt werden. Wenn sich die Blüte am zweiten Abend erneut öffnet, ist sie rosa gefärbt und verströmt keinen Duft mehr. Die Käfer verlassen die Pflanze regelrecht „abgeschreckt" von der Blütenfarbe und fliegen die nächste weiß blühende Seerose an.

1 Erläutern Sie den Begriff Koevolution und wenden Sie ihn auf das beschriebene Beispiel an.

2 Nennen und erklären Sie die Anpassungen der Victoria-Seerose. Beziehen Sie bei Ihrer Erklärung auch die mögliche Entstehungsweise des Bestäubungsmechanismus aus evolutionsbiologischer Sicht mit ein.

1 Beschreiben Sie Ziel, Durchführung und Ergebnis des MILLER-Experiments aus dem Jahr 1953.

2 Beschreiben Sie die mögliche Entstehung von eukaryotischen Zellen anhand der Endosymbionten-Hypothese.

3 Die Endosymbionten-Hypothese ist eine anerkannte Erklärung für die Entstehung eukaryotischer Zellen. Untermauern Sie diese Hypothese mit wissenschaftlichen Erkenntnissen.

4 Bringen Sie die Ernährungsformen Fotosynthese, Gärung und Zellatmung in die Reihenfolge, in der sie sich vermutlich im Laufe der Evolution entwickelt haben, und begründen Sie Ihre Überlegungen.

5 Tiere, Pflanzen und Pilze haben sich aus eukaryotischen Einzellern entwickelt. Begründen Sie, warum Vielzeller einen Selektionsvorteil haben.

6 Beschreiben Sie die Entstehung der vielen Säugetierordnungen bzw. -arten innerhalb eines evolutiv gesehen kurzen Zeitraums von ca. 70 Millionen Jahren.

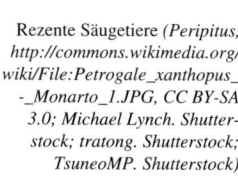

Rezente Säugetiere *(Peripitus, http://commons.wikimedia.org/ wiki/File:Petrogale_xanthopus_ -_Monarto_1.JPG, CC BY-SA 3.0; Michael Lynch. Shutterstock; tratong. Shutterstock; TsuneoMP. Shutterstock)*

7 Beschreiben Sie den Begriff Koadaptation anhand eines Beispiels.

8 Stellen Sie zwei unterschiedliche Arten der Koevolution einander gegenüber.

Lösungen

Erwartungshorizont – Übungsreferat 25

Bei dem Themengebiet Evolutionsprozesse benötigen Sie immer Grundkenntnisse aus den Bereichen Evolutionsforschung (z. B. Evolutionstheorie nach DARWIN) und Mechanismen der Evolution (z. B. adaptive Radiation nach einem Massenaussterben). Bereiten Sie sich deshalb auf diesen Schwerpunkt niemals isoliert vor.

1 Da in der Fragestellung ein Fachbegriff genannt wird, ist es von Vorteil, diesen als Einstieg in Ihr Referat zu definieren. Gehen Sie erst im Anschluss auf das genannte Beispiel ein.

Definition: Koevolution bezeichnet einen wechselseitigen Anpassungsprozess zwischen zwei Arten über einen längeren Zeitraum hinweg. Die Arten üben hierbei einen starken Selektionsdruck aufeinander aus.

Koevolution zwischen Seerose und Käfer:
– Es liegt eine Symbiose zwischen der Seerose *Victoria amazonica* und dem Käfer *Cyclocephala hardyi* vor.
– Selektionsdruck auf die Seerose: Anlocken vieler Käfer zum Zweck der Bestäubung ohne Verschwendung zu vieler Ressourcen
– Selektionsdruck auf den Käfer: dahingehende Anpassung des Verhaltens, dass der Käfer vom Duft angelockt wird bzw. zur passenden Zeit aktiv ist
– Entwickelter Mechanismus: Die Seerose blüht nur für kurze Zeit, die Käfer werden angelockt und in der Fruchtkammer eingesperrt. Dadurch ist die Pollenübertragung auf die Käfer sichergestellt. Es handelt sich um eine effektive Methode zur Bestäubung, ohne zu viele Ressourcen zu verschwenden.

2 Fertigen Sie am besten auf Ihrem Stichpunktzettel eine Tabelle an, aus der die Anpassungen und die jeweiligen Funktionen hervorgehen. Somit ist Ihr Vortrag automatisch strukturiert.

Anpassung	Funktion
Verströmen des süßlichen Dufts	Anlocken der Käfer
Weiße Blütenfarbe	Anlocken der Käfer
Erhöhte Temperatur in der Fruchtkammer	Anlocken und Belohnen der Käfer
Futterkörper	Belohnen der Käfer
Verschließen der Blüte	Übertragung der Pollen auf die Käfer
Rosa Farbe	Abschrecken der Käfer

Mögliche Entstehungsweise aus evolutionsbiologischer Sicht:
- **Einige Individuen** der Seerosen besaßen leicht zugängliche Futterkörper.
- Käfer nutzten diese Nahrungsquelle und vermittelten die Bestäubung anderer Blüten.
- Pflanzen mit zugänglichen Futterkörpern konnten ihre **Reproduktionsrate** erhöhen.
- Der Anteil der Pflanzen mit Futterkörpern, aber auch die **Konkurrenz** um Bestäuber nahmen zu.
- Der **Selektionsdruck** auf die Seerose, die Sicherstellung der Bestäubung, führte zur Entwicklung des Bestäubungsmechanismus mit zeitlich eingeschränkter Verfügbarkeit der Ressourcen.
- Der **Selektionsdruck** auf die Käfer bestand in der Ausbildung einer passenden Verhaltensweise, z. B. Aktivität in der Dämmerung.

Wenn Sie das Gefühl haben, dass noch Zeit zur Verfügung steht, können Sie Querverweise zum Themengebiet Evolutionsforschung einbringen. Beispielsweise wäre es möglich, die Entwicklung des Bestäubungsmechanismus aus Sicht der Evolutionstheorie von DARWIN zu erläutern.

Erwartungshorizont – Zusatzfragen

Das Themengebiet Evolutionsprozesse erfordert immer auch Grundkenntnisse aus den Bereichen Evolutionsforschung und Mechanismen der Evolution. Bereiten Sie sich deshalb auf diesen Schwerpunkt niemals isoliert vor.

1 MILLER wollte experimentell zeigen, dass unter den vor 3,5 Milliarden Jahren auf der Erde herrschenden extremen Bedingungen mithilfe von Energiezufuhr aus Blitzen **organische** aus anorganischen Stoffen entstehen konnten.
In einem Kolben, der Wasserdampf, Methan, Wasserstoff, Ammoniak sowie CO enthielt und damit der **Uratmosphäre** entsprechen sollte, legte MILLER zwischen zwei Elektroden eine hohe Spannung an. Dies führte zu Lichtblitzen, die **Blitzeinschläge** simulieren und damit die Energiequelle darstellen sollten, aus der energiereichere organische Verbindungen hergestellt werden können. Der Ansatz wurde dabei erhitzt. Durch einen Kühler wurde das Wasser mit den entstandenen Verbindungen kondensiert und in einem Auffangrohr, dem „Urozean", gesammelt (und zum Teil wieder in den Reaktionskolben zurückgeführt). Nach einigen Tagen entstanden mehr als 20 organische Verbindungen wie Aminosäuren, die Grundbausteine der Proteine, oder Milch- und Essigsäure. Sie reicherten sich im „Ozean" an.

2 Nach der Endosymbiontentheorie entstanden etwa vor 1,8 Milliarden Jahren eukaryotische Zellen (Euzyte) aus Prokaryoten. Größere Prokaryoten umschlossen dabei durch Endozytose kleinere Prokaryoten und beförderten sie als membranumschlossene Teilchen ins Zellinnere. Sie wurden dort aber nicht abgebaut, son-

dern blieben funktionsfähig. Beide gingen eine Art von **Symbiose** (Endosymbiose) ein, in der die äußere Zelle Schutz bot und die aufgenommenen Zellen Stoffwechselprodukte lieferten. **Mitochondrien** könnten so aus aeroben Bakterien entstanden sein, die Zellatmung betreiben, **Chloroplasten** aus Cyanobakterien mit der Fähigkeit zur Fotosynthese.

Auch die Entstehung des Zellkerns kann durch die Endosymbiose erklärt werden.

3 Bei der Endosymbiontenhypothese geht man davon aus, dass größere prokaryotische Zellen kleinere Prokaryoten, die zur Fotosynthese bzw. Zellatmung fähig waren, durch Endozytose aufgenommen haben. Diese entwickelten sich dann zu Chloroplasten bzw. Mitochondrien. Folgende Erkenntnisse liefern Hinweise:
   – Die **innere Membran** der Organelle ähnelt in ihrem Aufbau der prokaryotischen Membran (vgl. Endozytose).
   – Die ringförmige **DNA** und die **Ribosomen** von Mitochondrien und Chloroplasten sind in Größe und Aufbau mit den entsprechenden Molekülen aus einer Protozyte vergleichbar (70S- statt 80S-Ribosomen).
   – Mitochondrien und Chloroplasten teilen sich eigenständig und entstehen nur aus ihresgleichen.
   – Einige einfache rezente Organismen (z. B. Pantoffeltierchen) endozytieren fotosynthetisch aktive Grünalgen und leben mit ihnen in Symbiose.

4 Zunächst gewannen heterotrophe Organismen ihre Energie aus dem Abbau organischer Stoffe durch **Gärung**, da in der Uratmosphäre noch kein Sauerstoff vorhanden war. Die organischen Stoffe in der „Ursuppe" gingen zur Neige, und **autotrophe** Organismen hatten einen Evolutionsvorteil, da sie durch **Fotosynthese** energiereiche, organische Stoffe mithilfe von Lichtenergie selbst herstellen konnten. Dadurch wurde eine große Menge an organischen Stoffen produziert und Sauerstoff freigesetzt. Erst mithilfe des Sauerstoffs konnten die organischen Stoffe durch **Zellatmung** vollständig abgebaut werden und deutlich mehr Energie liefern als durch die Gärung. Dieser evolutionäre Vorteil war nur durch die vorhandenen Zellorganellen (hier: Mitochondrien) möglich.

5 Durch die Entstehung vielzelliger Organismen kam es zur **Arbeitsteilung** der Zellen und somit zum Verlust der Totipotenz. Die spezialisierten Zellen können bestimmte Aufgaben effektiver ausführen, z. B. Verdauung, Formgebung, Fortpflanzung. Außerdem nehmen Vielzeller an **Größe** zu, was sie unempfindlicher gegenüber Umwelteinflüssen und wehrhafter gegenüber Feinden macht.

6 Vor etwa 65 Millionen Jahren führte wahrscheinlich ein Asteroideneinschlag zum **Massenaussterben** vieler Arten, von dem insbesondere die Saurierarten betroffen waren. Die **Asteroidentheorie** geht davon aus, dass infolge des Einschlags eines Asteroiden im heutigen Golf von Mexiko Staub und Gase weltweit verteilt wurden. Dadurch nahm die Sonneneinstrahlung auf die Erde ab, und eine Temperatur-

senkung und der Rückgang von Fotosyntheseprozessen war die Folge. Viele Pflanzen und Tiere verloren ihre Nahrungsgrundlage und starben aus. Aufgrund der entstandenen Freiräume konnten sich die wenig spezialisierten Vorläufer der heutigen Säugetiere durch Ausbildung spezifischer Anpassungen in viele spezialisierte Arten auffächern, indem sie neue **ökologische Nischen** besetzten bzw. ausbildeten **(adaptive Radiation)**. Als Triebkräfte dieser Entwicklung wirkten u. a. die genetische Variabilität und die Selektion. Die Besetzung neuer ökologischer Nischen verringerte die intra- und interspezifische Konkurrenz.

7 Koadaptation ist die wechselseitige Anpassung zweier Arten unter Ausbildung spezieller Merkmale im Laufe einer **Koevolution**, beispielsweise in der **Symbiose** zwischen Blütenpflanze und Bestäuber. Die Blütenpflanze lockt Bestäuber durch spezielle Farben, Muster, Düfte und Nektar an. So besitzen schmetterlingsbestäubte Pflanzen oftmals rote Blütenblätter, die von Schmetterlingen gut gesehen werden. Damit bei der Aufnahme des Nektars Pollen am Schmetterlingskörper hängen bleibt bzw. mitgebrachter Pollen auf die Narbe gelangt, befindet sich der Nektar oft am Grund einer langen Blütenröhre. Bestäuber besitzen im Gegenzug speziell auf die jeweilige Blütenpflanze angepasste Mundwerkzeuge oder Pollenbehälter: Schmetterlinge entwickelten z. B. im Laufe der Evolution lange einrollbare Saugrüssel. Diese Koadaptationen bieten beiden Partnern Vorteile, den Pflanzen die Bestäubungssicherheit, den Bestäubern die Vermeidung von Nahrungskonkurrenz.

8 Koevolution ist die **wechselseitige Anpassung** zweier Arten über einen langen Zeitraum hinweg; sie kann Symbiosen, Wirt-Parasit- oder **Räuber-Beute-Beziehungen** zugrunde liegen.
   – In Flechten leben beispielsweise Algen, die durch Fotosynthese Kohlenhydrate produzieren, und Pilze, die den Algen Wasser und Nährsalze liefern, in **Symbiose**; beide Partner profitieren von der Beziehung.
   – Beim Parasitismus zieht der **Parasit** Vorteile aus der Beziehung, der **Wirt** wird hingegen geschädigt. Beispielsweise besitzen Läuse Klammerbeine, mit deren Hilfe sie sich an den Haaren ihres Wirtes festhalten können, um nicht abgeschüttelt zu werden und Blut saugen zu können.

Stoffübersicht

$\smile$ $\odot$ $\frown$

Verwandtschaft zwischen Mensch und Menschenaffen:

Nächste Verwandte des Menschen: Menschenaffen Schimpanse, Orang-Utan und Gorilla

Ähnlichkeiten im Körperbau:
- Vergleichbarer Grundbauplan des Skeletts
- Gutes räumliches Sehen durch nach vorne gerichtete Augen
- Steißbein, gut ausgebildetes Schulterblatt
- Finger und Zehen mit flachen, kurzen Nägeln
- Geringe Gesichtsbehaarung
- Zahnformel, Zahnwechsel, hintere Backenzähne mit fünf Höckern

Weitere Verwandtschaftshinweise:
- **Zytologische** Befunde: Große Ähnlichkeit der Chromosomen
- **Serologische** Befunde: Gemeinsame Blutgruppen, hohe Ähnlichkeit der Bluteiweiße
- **Parasitologische** Befunde: Gemeinsame Parasiten
- **Ethologische** Befunde: Übereinstimmungen in den Verhaltensweisen, z. B. Mimik

Unterschiede im Körperbau:
- Körperhaltung, Körperproportionen (Schwerpunkt)
- Form der Wirbelsäule und des Beckens
- Hände und Füße: Drei- (Mensch) bzw. Zwei-Punkt-Stand, Präzisionsgriff beim Menschen
- Schädel: Innenraumgröße, Lage des Hinterhauptslochs, beim Menschenaffen **Prognathie** und Überaugenwülste
- Gebiss und Kiefer: Kieferform, Diastema (Affenlücke)

Selektionsvorteile des aufrechten Gangs (Bipedie):

Vergrößerung des Blickfeldes

Energetisch günstigere Fortbewegungsweise

Geringere, der direkten Sonneneinstrahlung ausgesetzte Oberfläche

Ausbildung einer Greifhand und freie Hände für neue Aufgaben (z. B. Werkzeug- und Waffenherstellung)

Hominisation: Evolutiver Ablauf der Menschwerdung

Out-of-Africa-Hypothese („Eva"-Hypothese): Lokalisierung des Ursprungs aller Menschen in Afrika (Grundlage Mitochondrienanalyse)

Entwicklungsstufen auf dem Weg zum modernen *Homo sapiens*:
- *Dryopithecinen*: Stammgruppe an der Gabelung von Menschenaffen und Hominiden vor ca. 20 bis 12 Mio. Jahren
- *Australopithecinen* (Vormenschen): Erster Hominidenzweig vor ca. 3,7 Mio. Jahren
- *Homo* (Frühmensch): Beginn der Entwicklung zum *Homo sapiens* vor etwa 2,2 Mio. Jahren *(H. rudolfensis, H. erectus)*

Kulturelle und soziale Evolution: Entwicklung von Wertvorstellungen, Gesellschaftsstrukturen und Kulturgütern, basierend auf der Informationsweitergabe durch Sprache und Schrift

Die Aussage, der Mensch stamme vom Affen ab, sorgte historisch für Missverständnisse und Empörung zugleich. Heute gilt es als wissenschaftlich gesichert, dass die großen Menschenaffen unsere nächsten lebenden Verwandten sind. Ein wesentliches Kennzeichen der Entwicklungslinie des modernen Menschen *(Homo sapiens)* stellt die Evolution des aufrechten Ganges, der sogenannten Bipedie dar. Diese Entwicklung erforderte Veränderungen in fast allen Bereichen des Skeletts inklusive des Schädels. Viele Wissenschaftler sind heute der Meinung, dass der aufrechte Gang auch Grundlage für die soziale und kulturelle Evolution des Menschen ist.

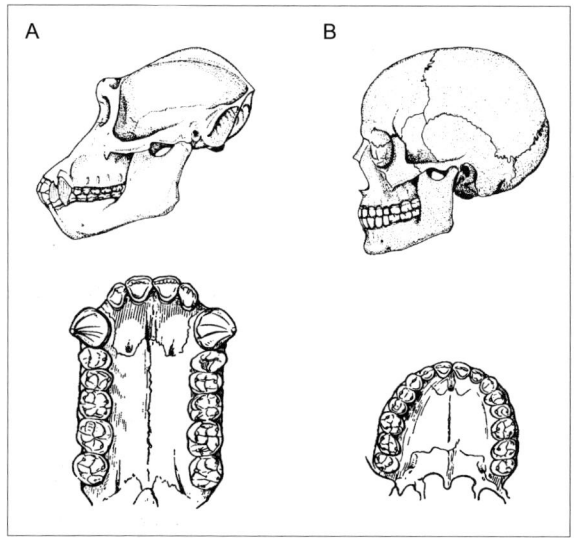

A   B

Schädel- und Kiefervergleich von
Schimpanse (A) und modernem
Menschen (B)

1 Beschreiben und begründen Sie anhand der Abbildung wesentliche Unterschiede bezüglich der Schädel und Kiefer des modernen Menschen und der großen Menschenaffen.

2 Nennen Sie weitere Skelettveränderungen, die mit der Entwicklung der Bipedie des modernen Menschen einhergingen, sowie deren Funktionen und erläutern Sie unter Einbeziehung einer geeigneten Auswahl an Vor- und Frühmenschenspezies, welche Rolle diese bei der sozialen und kulturellen Evolution gespielt haben dürften.

1 Ordnen Sie den modernen Menschen in die Systematik der Säugetiere ein und nennen Sie seine nächsten Verwandten.

2 Geben Sie eine Möglichkeit an, anhand einer Gewebeprobe Menschen von Menschenaffen sicher zu unterscheiden.

3 Ein DNA-DNA-Hybridisierungsversuch liefert folgende Ergebnisse:

DNA-Hybride	Mensch/ Mensch	Mensch/ Schim- panse	Mensch/ Gorilla	Mensch/ Orang- Utan	Mensch/ Gibbon	Mensch/ Meer- katze
Schmelztem- peraturen [°C]	88,2	86,4	85,8	84,6	83,0	80,5

a) Erklären Sie die Vorgehensweise eines DNA-DNA-Hybridisierungsversuchs und interpretieren Sie das gezeigte Ergebnis.

b) Nennen Sie weitere molekularbiologische Möglichkeiten, die eine Verwandtschaftsuntersuchung zulassen.

4 Trotz des vergleichsweise kurzen Entwicklungszeitraums sind noch viele Fragen zur Humanevolution Gegenstand wissenschaftlicher Forschung.
Stellen Sie jeweils zwei Hypothesen zu folgenden zentralen Themen kurz vor:

a) Auslöser der Entwicklung des aufrechten Ganges

b) Geografische Entstehung und Ausbreitung des modernen Menschen

5 In den Medien kursieren zahlreiche Abbildungen zum Ablauf der Humanevolution, die nebenstehender Darstellung ähneln. Nehmen Sie dazu aus fachlicher Sicht kritisch Stellung.

Populäre Darstellung zur Humanevolution (*M. Garde, http://commons. wikimedia.org/wiki/File:Human_evolution_scheme.svg, CC BY-SA 3.0*)

6 Die Sprachfähigkeit gilt als ein wesentlicher Pfeiler der kulturellen Entwicklung. Geben Sie an, welche Eigenschaften dem modernen Menschen im Gegensatz zu Menschenaffen den Sprachgebrauch ermöglichten.

7 Nennen Sie drei wesentliche Entwicklungstrends in der Humanevolution und geben Sie jeweils entsprechende Meilensteine der Entwicklung unter Einbeziehung geeigneter Vertreter an.

8 Beschreiben Sie kurz Voraussetzungen für die kulturelle und soziale Evolution und ihre Geschwindigkeit. Legen Sie beispielhaft ihre Bedeutung dar.

Erwartungshorizont – Übungsreferat 26

Die unterrichtliche Behandlung dieses Lehrplanbereichs kann mit unterschiedlicher Schwerpunktsetzung erfolgen. Sowohl bei der Auswahl der Skelettmerkmale als auch der Vertreter der Vor- und Frühmenschen besteht daher im Rahmen des Kurzreferats kein Anspruch auf wissenschaftliche Vollständigkeit. Darüber hinaus sind einige Bereiche noch Gegenstand aktueller wissenschaftlicher Forschung und Diskussion. Von grundlegender Bedeutung ist jedoch eine schlüssige Darstellung der wesentlichen Zusammenhänge und eine geeignete Auswahl an Beispielen.

1 Beziehen Sie die zur Verfügung gestellte Abbildung in Ihr Referat ein. Der Einsatz eines Zeigestabs o. Ä. wirkt dabei professionell.

Wesentliche Unterschiede zwischen Menschenaffe und Mensch:

- Der Gehirnschädel des Schimpansen ist deutlich kleiner als der des Menschen. Er weist außerdem eine fliehende Stirn auf, während die des menschlichen Schädels hoch und gerundet ist. Diese Merkmale stehen mit dem geringeren Gehirnvolumen von Schimpansen gegenüber dem Menschen (ca. 400 ml gegenüber 1 500 ml) in Zusammenhang.
- Der Gesichtsschädel ist beim Menschen deutlich verkleinert, beim Schimpansen schnauzenartig. Die Lage des Gesichtsschädels unterhalb des Gehirnschädels ist bei einer aufrechten Körperhaltung günstig für die Position des Kopfschwerpunkts.
- Das Hinterhauptsloch ist beim Schimpansen im hinteren Schädelbereich, beim Menschen zentral an der Schädelunterseite lokalisiert. Die Positionsveränderung ist durch die aufrechte Körperhaltung bedingt.
- Überaugenwülste und Scheitelkamm dienen beim Schimpansen als Ansatzpunkte der kräftigen Kaumuskulatur. Überaugenwülste sind beim Menschen nur sehr schwach ausgebildet und der Scheitelkamm fehlt vollständig. Diese Merkmale stehen vermutlich in Zusammenhang mit dem veränderten Nahrungsspektrum.
- Das Gebiss des Schimpansen weist prominente Eckzähne auf und ist U-förmig. Das menschliche Gebiss ist hingegen parabelförmig. Durch die Reduktion der Eckzähne und die Parabelform können die Zahnreihen platzsparender untergebracht werden. Die Verlagerung des Gesichtsschädels unter den Gehirnschädel lässt diese Anordnung notwendig erscheinen.
- Das Kinn des Menschen ist tendenziell vorspringend, das des Schimpansen fliehend. Die vorspringende Knochenstruktur hilft, die beiden Unterkieferäste zu stabilisieren. Diese Funktion wird beim Schimpansen von der sogenannten Affenplatte erfüllt.

Die meisten Wissenschaftler gehen davon aus, dass sich die Entwicklungslinien der großen Menschenaffen und des Menschen im Miozän von einem gemeinsamen Vorfahren aus trennten.

2 Weitere Skelettmerkmale im Zusammenhang mit der Bipedie:

- Doppel-S-förmige Wirbelsäule: Dämpfung und Federung der Last von Kopf und Oberkörper
- Füße mit Fußgewölbe und ohne opponierbare große Zehe: Entstehung des Lauffußes mit drei Auflagepunkten (Drei-Punkt-Stand)
- Hand mit opponierbarem und vergrößertem Daumen: Ermöglichung des Präzisionsgriffs, der auch die Anfertigung und Nutzung von Werkzeugen begünstigt
- Breiteres, schüsselförmiges Becken: Stabilisierung der Last der Eingeweide
- Parallele bis x-förmige Beinstellung: Optimierung der Schrittrichtung und Lastverteilung

Zur Entwicklung der Bipedie existieren u. a. zwei verbreitete und umstrittene Hypothesen. Nach der Savannenhypothese entstand der aufrechte Gang als Folge einer Klimaveränderung mit Verdrängung von Wäldern durch offenere Savannenlandschaften. Die Wasseraffenhypothese geht davon aus, dass sich Vormenschen bevorzugt an Ufern von Flüssen, Seen und Meeren aufhielten. Um diese betreten zu können, dürfte eine aufrechte Körperhaltung von Vorteil gewesen sein.

Rolle für die soziale und kulturelle Evolution:

- Die soziale und kulturelle Evolution beschreibt die Entwicklung von Gesellschaftsstrukturen sowie materieller und nicht materieller Kulturgüter.
- Erste zwingende Skelettfunde, die auf den aufrechten Gang hinweisen, liegen bei der Vormenschengruppe der Australopithecinen vor. Die prominenteste Art *Australopithecus afarensis* (z. B. „Lucy") zeigt bereits typische Anpassungen im Bereich des Schädel-, Rumpf und Extremitätenskeletts.
- Durch den aufrechten Gang wird ein spezialisierter Handgebrauch (Präzisionsgriff) möglich. Beispielsweise nutzen *Homo rudolfensis* und *Homo habilis* bereits einfache Steinabschlagwerkzeuge. Damit einher geht die Zunahme des Gehirnvolumens, erste Sprachzentren entwickeln sich.
- Spezialisiertere Werkzeuge wie Faustkeile werden *Homo erectus* zugeordnet. Durch differenzierteres Sprachvermögen und einer damit verbundenen verbesserten Zusammenarbeit, z. B. im Rahmen der Jagd, kann nährstoffreichere Nahrung erschlossen werden. Die Nutzung des Feuers begünstigt dies zusätzlich. Eine gesteigerte Eiweißzufuhr dürfte die Weiterentwicklung und Vergrößerung des Gehirns unterstützt haben.
- Insgesamt darf von einem **multifaktoriellen System** mit positiver Rückkopplung auf die Größe und Leistungsfähigkeit des Gehirns ausgegangen werden. Sprachvermögen in Verbindung mit zunehmender technischer und sozialer Intelligenz erlauben es *Homo sapiens* und bedingt auch *Homo neanderthalensis,* von einfacher Werkzeugnutzung bis hin zu Kunst und Hochtechnologie innerhalb komplexer und kooperativer Gesellschaftsstrukturen zu gelangen.

Grundsätzlich steht es Ihnen hier offen, weitere evolutionäre Vorteile und Errungenschaften der soziokulturellen Entwicklung anzusprechen, soweit dies das individuelle Zeitmanagement des Kurzreferats zulässt. Auch Anmerkungen zum Verhältnis von Homo sapiens und Homo neanderthalensis sind stets reizvoll.

1 **Systematische Einordnung:**
Ordnung: Primaten (Primates)
Familie: Menschenaffen (Hominidae)
Gattung: *Homo*
Art: *Homo sapiens*

Die nächsten Verwandten des Menschen sind die großen Menschenaffen. Dazu gehören Orang-Utans *(Borneo- und Sumatra-Orang-Utans)*, Gorillas *(Westliche und Östliche Flachlandgorillas, Berg- und Cross-River-Gorillas)* und Schimpansen *(Gemeine Schimpansen und Bonobos)*. Verwandtschaftlich stehen uns die Schimpansen am nächsten.

2 Zur Unterscheidung könnte ein **Karyogramm** angefertigt werden. Während Menschen in ihren Zellkernen 46 Chromosomen besitzen (2n = 46), findet man bei Menschenaffen 48 Chromosmen (2n = 48).

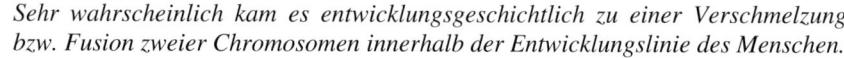

Sehr wahrscheinlich kam es entwicklungsgeschichtlich zu einer Verschmelzung bzw. Fusion zweier Chromosomen innerhalb der Entwicklungslinie des Menschen.

3 a) **Vorgehensweise:** Es werden zunächst doppelsträngige DNA-Fragmente des gleichen Genorts der zu vergleichenden Organismen isoliert und vervielfältigt. Die gemeinsame Erhitzung führt zur Auftrennung in Einzelstränge („Schmelzen"). Beim darauffolgenden Abkühlen paaren sich komplementäre Einzelstränge, wobei sich auch Doppelstränge aus den DNA-Einzelsträngen der beiden verschiedenen Arten bilden (DNA-Hybride). Die Temperatur, die zur erneuten Trennung der DNA-Hybride in Einzelstränge nötig ist, ist die maßgebliche Schmelztemperatur. Dabei gilt folgender Zusammenhang: Je mehr Übereinstimmungen es innerhalb der DNA-Sequenzen gibt, desto mehr Wasserstoffbrückenbindungen können sich zwischen den komplementären Basen der Einzelstränge ausbilden. Mit zunehmender Anzahl an Wasserstoffbrückenbindungen steigt auch die Temperatur, die zur Trennung in Einzelstränge notwendig ist.

Interpretation: Hohe Schmelztemperaturen können wegen der hohen Komplementarität der DNA-Hybride als Hinweis für nahe Verwandtschaft aufgefasst werden. Nach den Tabellenergebnissen sind daher Menschen mit den großen Menschenaffen und dabei mit den Schimpansen am engsten verwandt. Ein geringerer Verwandtschaftsgrad besteht zum Gibbon, einem sogenannten kleinen Menschenaffen, zu den Meerkatzen besteht unter den angegebenen Affenarten die geringste verwandtschaftliche Nähe.

b) **Weitere Möglichkeiten:**
 – Serum-Präzipitintest
 – Vergleich des Blutgruppensystems

- Aminosäuresequenzvergleiche
- direkte DNA-Sequenzvergleiche

4 a) **Savannenhypothese:** Eine Klimaveränderung vor 7–8 Mio. Jahren führte zu einer veränderten Vegetation mit offenen Landschaften und Grasflächen. Die Entwicklung des aufrechten Ganges soll in dieser Umgebung verschiedene Vorteile geboten haben. Dazu zählen ein verbesserter Überblick, eine verbesserte Thermoregulation und die freie Einsatzmöglichkeit der Hände, die z. B. das Tragen von Kindern und die Beschaffung von Nahrung begünstigten.

Wasseraffenhypothese: Nach dieser Hypothese hielten sich Vorfahren des modernen Menschen an den Ufern von Flüssen, Seen und Meeren auf. Um diese, z. B. zur Nahrungsbeschaffung, zu betreten, war nach dieser Theorie eine aufrechte Körperhaltung günstig.

Beide Theorien sind wissenschaftlich sehr umstritten.

b) **Out-of-Africa-Hypothese:** *Homo sapiens* entwickelte sich in Afrika. Individuen dieser Art verließen Afrika und verdrängten in Europa und Asien bereits früher ausgewanderte Angehörige der *Homo erectus*-Gruppe.

Multiregionales Modell: Die Entwicklung des *Homo sapiens* erfolgte in Europa, Asien und Afrika unabhängig aus Angehörigen der *Homo erectus*-Gruppe. Erst später erfolgte eine Durchmischung.

Das Multiregionale Modell gilt aufgrund von Skelett- und DNA-Untersuchungen als weniger wahrscheinlich.

5 Die Abbildung stellt anschaulich die Entwicklung der Hominiden in vereinfachter Weise dar. Die Entwicklung des aufrechten Ganges, ausgehend von einem quadrupeden Primaten, die Zunahme der Körpergröße sowie die Etablierung der Werkzeugnutzung sind mit einfachen Mitteln nachvollziehbar dargestellt.

Kritikpunkte:
- Die (Human)-Evolution war kein linearer Prozess. Vielmehr kann eine Entwicklung mit vielen Nebenästen angenommen werden, von denen sich eine Vielzahl als evolutionäre Sackgassen erwiesen haben.
- Vielfach wird zu Beginn der Linie ein rezenter Menschenaffe dargestellt. Der Mensch stammt jedoch mit Sicherheit nicht von einem rezenten Menschenaffen ab. Mensch und Menschenaffe hatten nach gängiger Lehrmeinung einen gemeinsamen quadrupeden Vorfahren, veränderten sich aber unabhängig voneinander bis hin zu den heute lebenden Arten.
- Als vorletztes Glied wird häufig ein Neandertaler dargestellt. Neandertaler und moderner Mensch entwickelten sich jedoch unabhängig voneinander und lebten mehrere Tausend Jahre nebeneinander in Europa. Nach Ansicht der meisten Wissenschaftler verdrängte der moderne Mensch den Neandertaler.

6 **Eigenschaften:**
  - Der abgesenkte Kehlkopf des Menschen vergrößert den Resonanzraum und verbessert die Zungenbeweglichkeit.
  - Ein ausgedehnteres Rückenmark verbessert die Innervierung des Brustbereichs und damit die Kontrolle der Ausatemluft.
  - Menschen verfügen über ein deutlich größeres Gehirn mit entsprechenden Sprachzentren.

  Bei Menschen wird außerdem das sogenannte FOXP2-Gen u. a. als maßgeblich für die Fähigkeit zur klaren Artikulation diskutiert.

7 **Beispiele für Entwicklungstrends:**
  - Entwicklung der **Bipedie:** Bereits *Australopithecus afarensis* war vor über 3 Mio. Jahren zum aufrechten Gang befähigt.
  - Zunahme des **Gehirnvolumens:** *Homo habilis:* 500–650 ml, *Homo erectus:* 800–1 200 ml, *Homo sapiens:* ca. 1 500 ml
  - Entwicklung und Verbesserung des **Werkzeuggebrauchs:**
    Homo habilis: Geröll- bzw. Steinabschlagwerkzeuge („pebble tools")
    Homo erectus: Faustkeile
    Homo neanderthalensis: Keilmesser und Speere
    Homo sapiens: von Steinwerkzeugen bis zum Computer
  - Entwicklung von **Sprache:** Vermutlich gab es bei verschiedenen Frühmenschen sehr einfachen Sprachgebrauch, *H. neanderthalensis* erfüllte wahrscheinlich die anatomischen Voraussetzungen für Sprache. Eine vollwertige Sprache entwickelte sich aber vermutlich erst vor ca. 50 000 Jahren bei *H. sapiens.*

8 Als biologische Voraussetzungen für die kulturelle Evolution können ein gut entwickeltes Gehirn, differenzierte Wortsprache und gut entwickelte sowie zum Werkzeuggebrauch geeignete Hände angeführt werden. Die Geschwindigkeit dieser Evolution ist sehr hoch, da Informationen direkt von Generation zu Generation weitergegeben werden können, während die biologische Evolution u. a. auf Mutations- und Selektionsereignisse angewiesen ist. Die lange Entwicklungsdauer der Menschenkinder erlaubt eine lange und günstige Lernphase. Die soziale und kulturelle Evolution kann als Selektionsvorteil angesehen werden.

Beispiele für die Bedeutung der sozialen und kulturellen Evolution:
  - Verbesserte Nahrungsversorgung durch Abstimmung der Arbeitsverteilung und Jagd, Werkzeuggebrauch, Ackerbau und Nutztierhaltung
  - Informationsaustausch durch Wortsprache, Schrift, Buchdruck und Telekommunikation
  - Verbesserte Hygiene und Gesundheit durch technische Weiterentwicklung und medizinische Versorgung
  - Sesshaftigkeit und komplexe kooperative Sozialstrukturen durch technische Fertigkeiten und Kommunikation
  - Unabhängigkeit und Schutz vor Umwelteinflüssen wie Regen, Kälte und Hitze durch Häuser und Kleidung

Stoffübersicht

☺ ☻ ☹

Bestandteile eines Neurons und deren Funktionen:

Zellkörper (Soma): Zellplasmareicher Teil des Neurons, Sitz des Zellkerns und anderer Organellen

Dendrit: Zellfortsatz des Zellkörpers, Aufnahme und Weiterleitung ankommender Signale

Axonhügel: Soma-angrenzend, Ort der Aktionspotenzialentstehung

Nervenfaser: Axon mit **Hüllzellen**, Aktionspotenzialfortleitung
- **Markhaltige** Nervenfasern mit speziellen Hüllzellen (Gliazellen/ **Schwannschen Zellen**), Bildung der von **Ranvierschen Schnür- ringen** unterbrochenen **Myelinscheide**
- Marklose Nervenfasern ohne Myelinscheide (nur einschichtige Umhüllung durch Gliazellen)

Synaptisches Endknöpfchen: Ort der Signalübertragung auf Ziel- zellen (Muskel: motorische Endplatte)

Ruhepotenzial:

Definition: Elektrische Spannung zwischen intra- und extrazellulärem Raum am unerregten Neuron (ca. -70 mV)

Ursachen für die Entstehung:
- Ungleichverteilung von Ionenarten zu beiden Seiten der Membran (Na^+-, K^+-, Cl^--Ionen und organische Anionen)
- **Selektive Permeabilität** für K^+-Ionen, geringe Permeabilität für Na^+- und Cl^--Ionen, Undurchlässigkeit für organische Anionen
- Einstellung eines **elektrochemischen Gleichgewichts**

Aufrechterhaltung: Ausgleich von Leckströmen durch die **Na^+-/K^+- Pumpe** (aktiver Transport von Na^+- und K^+-Ionen entgegen ihren Konzentrationsgradienten)

Definition: Charakteristische Änderung des Membranpotenzials (Depolarisation) von Nervenzellen, Alles-oder-nichts-Ereignis

Ablauf eines Aktionspotenzials:
- **Depolarisation:** Bei Überschreitung des Schwellenwerts (ca. −50 mV) Öffnung spannungsabhängiger Na^+-Ionenkanäle, Na^+-Ioneneinstrom, **positive Rückkopplung,** Potenzialumkehr (ca. +30 mV)
- **Repolarisation:** Schließen von Na^+-Ionenkanälen bei nun geöffneten spannungsabhängigen K^+-Ionenkanälen und Rückkehr des Membranpotenzials zu negativen Werten
- **Hyperpolarisation:** Kurzzeitig negativeres Potenzial als Ruhepotenzial durch langsames Schließen der K^+-Ionenkanäle möglich
- **Wiederherstellung des Ruhepotenzials** durch Ionenausgleichsströme innerhalb des Axons
- **Refraktärzeit:** Unerregbarkeit der Membranstelle ca. 1−2 ms nach Ablauf eines Aktionspotenzials (unidirektionale Erregungsleitung)

Kontinuierliche Erregungsleitung (marklose Fasern): Auslösen eines neuen Aktionspotenzials an unmittelbar benachbarter Membranstelle durch lokale Ionenströme

Saltatorische Erregungsleitung (markhaltige Fasern): Auslösen eines neuen Aktionspotenzials nur an Schnürringen (schnellere Übertragung sowie Material- und Energieeinsparung)

Erregende Synapse:
- Infolge eines APs Öffnung spannungsabhängiger Ca^{2+}-Ionenkanäle und Verschmelzung der Vesikel mit präsynaptischer Membran
- Freisetzung des erregenden Transmitters, z. B. Acetylcholin
- Bindung von Acetylcholin an Rezeptoren der postsynaptischen Membran und Öffnung ligandengesteuerter Na^+-Ionenkanäle
- Na^+-Ioneneinstrom in die postsynaptische Zelle, Depolarisation der postsynaptischen Zelle (**EPSP**)
- Spaltung von Acetylcholin durch Acetylcholinesterase und Aufnahme von Cholin und Essigsäure in präsynaptische Zelle
- Bildung von Acetylcholin und Speicherung in Vesikeln

Hemmende Synapse:
- Infolge eines APs Öffnung spannungsabhängiger Ca^{2+}-Ionenkanäle und Verschmelzung der Vesikel mit präsynaptischer Membran
- Freisetzung des hemmenden Transmitters (z. B. GABA)
- Bindung von GABA an postsynaptische Rezeptoren und Öffnung ligandengesteuerter Cl^--Ionenkanäle
- Cl^--Ioneneinstrom in die postsynaptische Zelle, Hyperpolarisation der postsynaptischen Zelle **(IPSP)**

- Rückführung von GABA in das synaptische Endknöpfchen über Transporter, neue Speicherung in Vesikeln

Wirkung von Nervengiften:

Acetylcholin-Antagonisten (z. B. Curare): (Kompetitive) Hemmung (Blockade) von Acetylcholin-Rezeptoren, keine Erregungsübertragung

Acetylcholin-Agonisten (z. B. Nikotin): Anlagerung an Acetylcholin-Rezeptoren und Öffnung der ligandengesteuerten Natriumionenkanäle, Dauerdepolarisation von Muskelzellen

Transmitterhemmer (z. B. Botolinumtoxin): Verhinderung der Freisetzung von Acetylcholin in den synaptischen Spalt, keine Erregungsübertragung

Cholinesterasehemmer (z. B. Insektizid E 605): Irreversible Hemmung der Acetylcholinesterase, Dauerdepolarisation von Muskelzellen

Blockade spannungsabhängiger Na^+-Ionenkanäle (z. B. Tetrodotoxin): Verhinderung der Entstehung bzw. Fortleitung von Aktionspotenzialen

1859 isolierte der Chemiker ALFRED NIE-
MANN Kokain aus Blättern des Cocastrauchs
und stellte seine lokalanästhetische Wirkung
fest. Lokalanästhetika sind Stoffe, die zur
örtlichen Betäubung eingesetzt werden und
auf periphere Nerven wirken.
Fünf Jahre später wurde die erste schmerz-
freie Augenoperation mit Kokain als Betäu-
bungsmittel durchgeführt.
Heutzutage werden Lokalanästhetika in der
Regel künstlich hergestellt. Ihre chemische
Struktur und ihre Wirkungsweise sind sehr
ähnlich. Sie werden im betroffenen Gewebe
selbst oder in der Leber abgebaut.

Blüten und Blätter des Cocastrauchs (*H. Zell,
http://commons.wikimedia.org/wiki/File:Erythro
xylum_coca_002.JPG, CC BY-SA 3.0*)

1 Beschreiben Sie anhand einer Skizze den Bau und die Funktion eines peripheren
Wirbeltier-Neurons.

2 Erläutern Sie – basierend auf Ihren Kenntnissen vom Ablauf eines Aktionspotenzials – einen möglichen Mechanismus, wie durch den Einsatz von (Lokal-)Anäs-
thetika das Auftreten von Schmerzen verhindert werden kann.

Kegelschnecken der Gattung *Conus* sind räuberisch lebende Meeresschnecken, die überwiegend in den tropischen Gewässern des Indischen und Pazifischen Ozeans beheimatet sind. Sie jagen, indem sie ihre Beute mit einem Giftpfeil beschießen. Gerade die *Conus*-Arten, die sich auf Fische als Beute spezialisiert haben, besitzen hochwirksame

Die auch für den Menschen gefährliche Kegelschnecke *Conus textile* *(Richard Ling, http://commons.wikimedia.org/wiki/File:Textile_cone.JPG, CC BY-SA 3.0)*

Toxine. Da Fische deutlich schneller als die Schnecken schwimmen, müssen die Giftstoffe rasch wirken. Jedes Jahr verunglücken auch einige Taucher und Strandspaziergänger, da sie nach den reizvollen Gehäusen greifen.
Die Toxine der Kegelschnecken werden als Conotoxine bezeichnet. Jede Schneckenart injiziert ihren Opfern einen Cocktail aus verschiedenen Giften. In der folgenden Tabelle sind die Wirkungsorte einiger Conotoxine aufgelistet.

Conotoxin	Wirkungsort
α	Blockade der Acetylcholin-Rezeptoren von Neuronen und Muskelzellen
κ	Blockade der spannungsabhängigen Kaliumionenkanäle an den Ranvierschen Schnürringen
ω	Blockade der spannungsabhängigen Calciumionenkanäle am synaptischen Endknöpfchen

Ausgewählte Conotoxine und ihre Wirkung

1 Beschreiben Sie den Aufbau einer chemischen Synapse und erläutern Sie diesbezüglich die Prozesse der Erregungsübertragung.

2 Erläutern Sie jeweils die Wirkungsweise der einzelnen Conotoxine.

1 Fertigen Sie eine beschriftete Skizze einer typischen Wirbeltier-Nervenzelle an und beschreiben Sie die speziellen Aufgaben ihrer wesentlichen Bauteile.

2 Sticht man mit einer Mikroelektrode in die Nervenzelle eines Tintenfischs, kann man an dem unerregten Axon eine Spannung messen.

  a) Benennen Sie diese Spannung und geben Sie den ungefähren Zahlenwert an.

  b) Erläutern Sie, wie diese Spannung zustande kommt bzw. aufrechterhalten wird.

  c) Erklären Sie, was passiert, wenn man die Außenkonzentration an K^+-Ionen erhöht.

3 Erläutern Sie anhand eines Diagrammes den Ablauf eines Aktionspotenzials.

4 An einem frei präparierten Tintenfischaxon lässt sich über längere Zeit das gleiche Ruhepotenzial messen. Erläutern Sie, warum das Ruhepotenzial bei Abwesenheit von Sauerstoff unter ansonsten gleichen Bedingungen positiver wird.

5 Stellen Sie den Bau einer hemmenden chemischen Synapse mithilfe einer beschrifteten Skizze dar.

6 Erklären Sie die Funktion einer chemischen erregenden Synapse.

7 Synapsen leiten Informationen nicht nur weiter, sondern dienen auch der Informationsverarbeitung. Erläutern Sie diesbezüglich kurz weitere Funktionen von Synapsen.

8 Kugelfische enthalten Tetrodotoxin. Erklären Sie, warum der Verzehr eines Kugelfisches tödlich enden kann.

Kugelfisch
(© Can Stock Photo Inc. / *ke77kz*)

Erwartungshorizont – Übungsreferat 27

1 Bau eines Wirbeltier-Neurons:

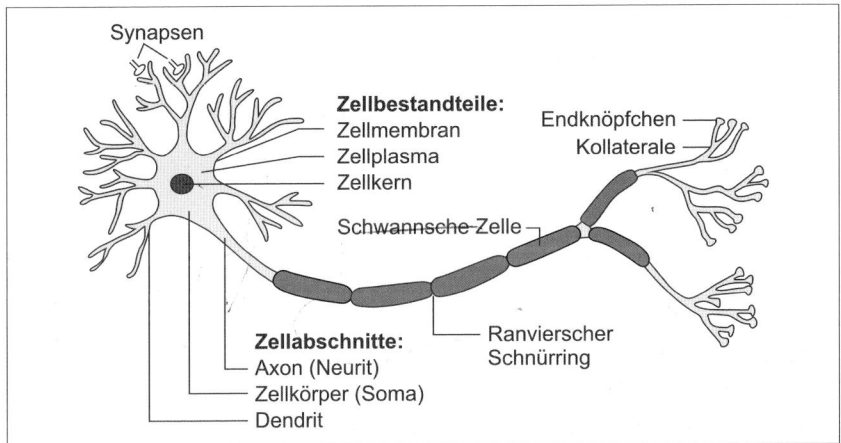

Synapsen

Zellbestandteile:
Zellmembran
Zellplasma
Zellkern

Endknöpfchen
Kollaterale

Schwannsche Zelle

Zellabschnitte:
Axon (Neurit)
Zellkörper (Soma)
Dendrit

Ranvierscher
Schnürring

Die Aufgabe des Neurons ist die Aufnahme, Verarbeitung und Weiterleitung von elektrischer Erregung. Dies wird durch folgende Bestandteile erreicht:

– **Dendriten** (kurze, verästelte Fortsätze): Aufnahme und Weiterleitung der über Synapsen eingehenden Spannungsänderungen zum Soma.
– **Soma** (Zellkörper mit typischen Zellorganellen einer tierischen Zelle wie Zellkern, Mitochondrien, Ribosomen, endoplasmatisches Reticulum, Golgi-Apparat, aber ohne Zentriole): Verarbeitung der ankommenden Informationen an der Zellmembran des Somas.

Hier können Sie in aller Kürze auch auf Aufgaben der Zellorganellen eingehen.

– **Axon** (langer Fortsatz): Auslösen eines Aktionspotenzials am Axonhügel, Weiterleitung der Erregung über das Axon und die Kollateralen zu den Endknöpfchen.
– **Endknöpfchen:** Chemische Übertragung der Erregung zu benachbarten Nerven- oder Muskelzellen über Synapsen.
– **Gliazellen** (Schwannsche Zellen, Myelin-, Markscheide) nur bei Wirbeltieren: Schutz-, Stütz-, Ernährungs- und Isolationsfunktion; die Markscheide ist durch Ranviersche Schnürringe unterbrochen, an denen die Erregung saltatorisch und dadurch 10- bis 100-mal schneller weitergeleitet wird.

2 Zunächst ist es sinnvoll, ein normales Aktionspotenzial anhand einer Skizze zu beschreiben. Auf der Basis dieser Ausführungen können Sie dann auf einen möglichen Ansatzpunkt der Anästhetika eingehen.

Entstehung und Weiterleitung eines Aktionspotenzials:
Die eingehenden Erregungen einer Nervenzelle (postsynaptischen Potenziale) werden abgeschwächt zum Axonhügel geleitet und lösen dort bei Erreichen eines Schwellenwertes über ca. -45 mV ein Aktionspotenzial aus. Dessen Amplitude und Dauer ist immer gleich (Alles-oder-nichts-Prinzip).

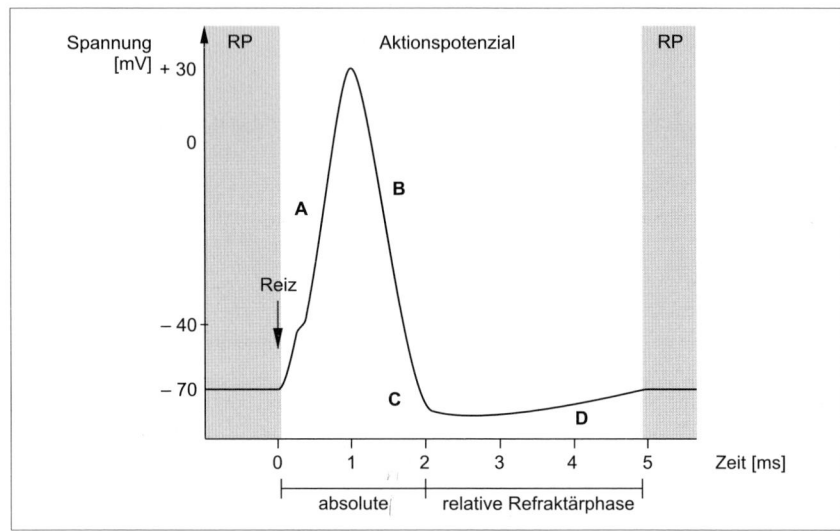

Nach der Ionentheorie untergliedert sich ein Aktionspotenzial in vier Phasen:

A Depolarisation: Ein überschwelliger Reiz führt zu einer Depolarisation der Membran. Spannungsabhängige Na^+-Kanäle öffnen sich und führen aufgrund des Ladungs- und Konzentrationsgefälles (innen/außen) zu einem Einstrom der Na^+-Ionen ins Axoninnere. Durch weitere Depolarisation (positive Rückkopplung) kommt es zu einem raschen Na^+-Einstrom und so zu einer Potenzialumkehr von ca. $+30$ mV.

B Repolarisation: Nach etwa 1 ms werden die Na^+-Kanäle wieder zeitabhängig geschlossen und der Na^+-Einstrom gestoppt. K^+-Kanäle werden spannungsabhängig geöffnet, und K^+-Ionen strömen wegen des Ladungs- und Konzentrationsgefälles aus.

C Hyperpolarisation: Die K^+-Permeabilität sinkt langsam, sodass das Potenzial kurzzeitig unter den Wert des Ruhepotenzials von -70 mV fällt.

D Rückkehr zum Ruhepotenzial (RP): Um die ursprüngliche Ionenverteilung wiederherzustellen, transportiert u. a. die Natrium-Kalium-Pumpe unter Energieverbrauch Na^+-Ionen nach außen und K^+-Ionen ins Zellinnere.

In der Refraktärphase, also während und kurz nach dem Aktionspotenzial, ist die Nervenzelle nicht erregbar.

Ein genaueres Eingehen auf absolute und relative Refraktärphase ist für die Beantwortung der Frage nicht notwendig.

Möglicher Mechanismus der Lokalanästhetika:

Lokalanästhetika blockieren die Na^+-Kanäle, verhindern so den Na^+-Einstrom und die Depolarisation. Der Reiz (Schmerz) wird nicht weitergeleitet, sodass die Signale nicht ins Gehirn gelangen und kein Schmerz empfunden wird.

Die Wirkung der Lokalanästhetika lässt nach einer gewissen Zeit nach, wenn diese im betroffenen Gewebe oder in der Leber abgebaut wurden und die Na^+-Kanäle wieder frei sind.

In der Tat wurde dieser Mechanismus zur Wirkung von Kokain im peripheren Nervensystem nachgewiesen. Die Na^+-Kanäle werden vom Zellinneren aus blockiert.

Als weiterer Wirkmechanismus käme z. B. auch die Blockade der Natrium-Kalium-Pumpe infrage. Dadurch wäre die Aufrechterhaltung des Ruhepotenzials und u. U. die Phase D, die Rückkehr zum Ruhepotenzial gestört. Die Weiterleitung von Signalen wäre somit nicht mehr möglich.

Erwartungshorizont – Übungsreferat 28

1 *Die Aufgabenstellung enthält zwei Operatoren. Gliedern Sie Ihren Vortrag möglichst, indem Sie erst den Aufbau beschreiben und dann die Signalweiterleitung erläutern. Idealerweise skizzieren Sie zur Veranschaulichung den Aufbau einer Synapse an die Tafel oder auf eine Folie. Während der restlichen Teilaufgaben können Sie sich immer wieder auf die Skizze beziehen, wodurch ihr Vortrag anschaulicher wird. Achten Sie dabei auf die kausalen Zusammenhänge und überspringen Sie keine Schritte.*

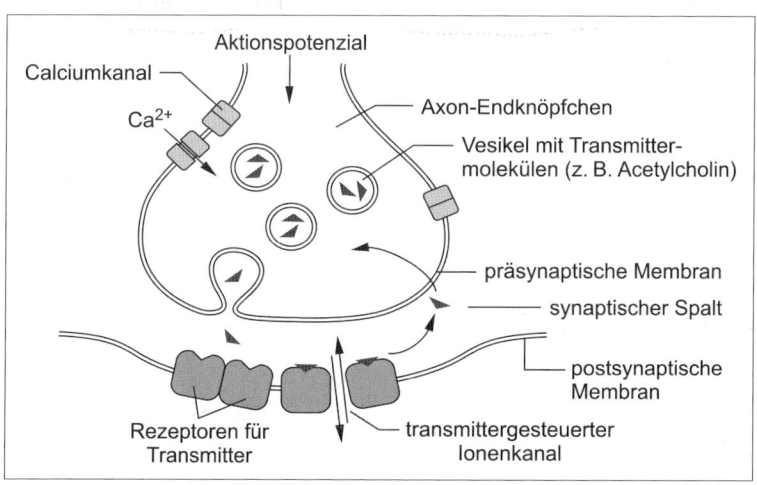

Aufbau einer Synapse:
– Das Axon endet in mehreren synaptischen Endknöpfchen, in denen Vesikel mit Transmittermolekülen enthalten sind.
– In der Membran des Endknöpfchens befinden sich spannungsabhängige Calciumionenkanäle.
– Der synaptische Spalt befindet sich zwischen der präsynaptischen Membran des Endknöpfchens und der postsynaptischen Membran der Zielzelle (z. B. Neuron oder Muskelzelle).
– Auf der postsynaptischen Membran befinden sich Rezeptoren, an die transmittergesteuerte Ionenkanäle gekoppelt sind.

Erregungsübertragung:
– Aktionspotenzial kommt an synaptischen Endknöpfchen an.
– Spannungsabhängige Calciumionenkanäle öffnen sich und Calciumionen strömen ein.
– Vesikel mit Transmittermolekülen wandern zur präsynaptischen Membran, verschmelzen mit der Membran und setzen die Transmitter in den synaptischen Spalt frei.
– Transmitter diffundieren durch synaptischen Spalt und binden an Rezeptoren der postsynaptischen Membran.
– Transmittergesteuerte Ionenkanäle öffnen sich.
– Ein postsynaptisches Potenzial entsteht (je nach Art der Synapse hemmend oder erregend).
– Transmitter werden in das Endknöpfchen zurücktransportiert. Einige Transmitter werden dazu in ihre Bestandteile zerlegt.

2 Nutzen Sie das Tafelbild aus Aufgabe 1 zur Erklärung der Wirkungsweise der Gifte. Es wirkt souverän, wenn Sie die Buchstaben des griechischen Alphabets aussprechen können (hier: alpha, kappa und omega).

Wirkung von Conotoxin α:
– Conotoxin α bindet nach Schlüssel-Schloss-Prinzip an Acetylcholin-Rezeptoren (Acetylcholin-Antagonist), sodass sie für Acetylcholin blockiert sind.
– Transmittergesteuerte Ionenkanäle bleiben geschlossen.
– Keine Natriumionen strömen in die postsynaptische Zelle ein.
– Kein postsynaptisches Potenzial entsteht.
– Es kommt zur Lähmung (eventuell zum Tod, z. B. durch Atemlähmung).

Wirkung von Conotoxin κ:

Diese Prüfungsaufgabe behandelt die Synapse. Conotoxin κ wirkt hauptsächlich an den Ranvierschen Schnürringen. Sie könnten daher die Besprechung dieses Toxins auch ans Ende Ihres Referats stellen, um dies deutlicher herauszustellen.

– Conotoxin κ blockiert spannungsabhängige Kaliumionenkanäle am Axon.
– Nach einer Depolarisation können keine Kaliumionen nach außen diffundieren, da die spannungsaktivierten Kaliumionenkanäle blockiert sind.

- Es findet keine Repolarisation statt, sodass es zur Dauerdepolarisation kommt.
- Die Muskulatur verkrampft.

Es wäre auch möglich, dass sich durch die geschlossenen Kaliumionenkanäle das Ruhepotenzial verändert, falls (auch) spannungsunabhängige Kanäle betroffen sind. Durch Leckströme der Natriumionen verändert sich dann das Potenzial im Inneren des Neurons ins Positive. Steigt das Potenzial über den Schwellenwert, kommt es auch hier zur Depolarisation und vermutlich auf Dauer zu einem Zusammenbruch des Ruhepotenzials.

Wirkung von Conotoxin ω:
- Conotoxin ω blockiert die spannungsabhängigen Calciumionenkanäle.
- Calciumionen können bei eintreffendem elektrischem Impuls nicht einströmen.
- Vesikel wandern nicht zur präsynaptischen Membran.
- Acetylcholin gelangt nicht in den synaptischen Spalt und bindet nicht an Rezeptoren, das erregende postsynaptische Potenzial bleibt aus. Es kommt zur Lähmung und eventuell zum Tod durch z. B. Atemlähmung.

Erwartungshorizont – Zusatzfragen

1 *Ein Beispiel für eine beschriftete Skizze finden Sie auf S. 169.*

Zellbestandteile und deren Funktion:
- **Soma:** Der Zellkörper enthält neben dem Zellkern, der die DNA birgt und alle Lebensvorgänge steuert, auch alle anderen Zellorganellen wie ER oder Ribosomen.
- **Dendriten:** Die verzweigten Zellfortsätze empfangen Signale von anderen Neuronen oder Sinneszellen.
- **Axonhügel:** Hier werden nach Überschreiten eines Schwellenwertes Aktionspotenziale ausgelöst.
- **Axon:** Der bis zu 1 m lange Neurit leitet elektrische Impulse (= Aktionspotenziale) vom Zellkörper zum Endknöpfchen weiter.
- **Synapse:** Hier erfolgt die Übertragung der „Informationen" auf andere Nervenzellen oder Zielzellen wie z. B. Muskel- oder Drüsenzellen.
- **Schwannsche Zelle:** Diese Gliazellen bilden Myelin, das als Myelinscheide Axone isoliert. Dadurch wird die Erregungsleitung beschleunigt.
- **Ranvierscher Schnürring:** An diesem nicht-isolierten Bereich zwischen den Schwannschen Zellen können Aktionspotenziale ausgelöst werden.

2 a) Das **Ruhepotenzial** weist einen Wert von ca. -70 mV (-60 bis -100 mV) auf, wobei die Innenseite gegenüber der Außenseite negativ geladen ist.

b) Das Ruhepotenzial beruht auf der selektiven Permeabilität der Zellmembran für verschiedene Ionenarten sowie einer Ungleichverteilung dieser Ionen. Laut der **Ionentheorie** sind die Ionen folgendermaßen verteilt:
  – Auf der Innenseite der Membran liegen viele Kaliumionen (K$^+$) und organische Anionen (A$^-$ bzw. Org$^-$) vor.
  – Auf der Außenseite der Membran befinden sich viele Natrium- (Na$^+$) und Chloridionen (Cl$^-$).
  Die Membran ist **selektiv permeabel**, mit der höchsten Durchlässigkeit für K$^+$-Ionen. Im Ruhezustand diffundieren K$^+$-Ionen durch spezifische Ionenkanäle entlang des **Konzentrationsgefälles** nach außen. Für die großen organischen Anionen ist die Membran hingegen undurchlässig, sodass ein **Ladungsgefälle** entsteht. Die elektrische Polarisation der Membran bremst den weiteren K$^+$-Ausstrom, in geringem Maße strömen auch Na$^+$-Ionen ein. Es stellt sich ein elektrochemisches **Gleichgewicht** ein. Die **Natrium-Kalium-Pumpe** pumpt unter Verbrauch von ATP drei Na$^+$-Ionen aus und zwei K$^+$-Ionen in das Neuron, wodurch u. a. der Konzentrationsgradient aufrechterhalten wird.

c) Sind auf der Membranaußenseite mehr K$^+$-Ionen vorhanden, fließen aufgrund des **geringeren Konzentrationsgefälles** weniger K$^+$-Ionen aus dem Neuron, und das Ruhepotenzial sinkt auf einen positiveren Wert als ca. −70 mV.

3

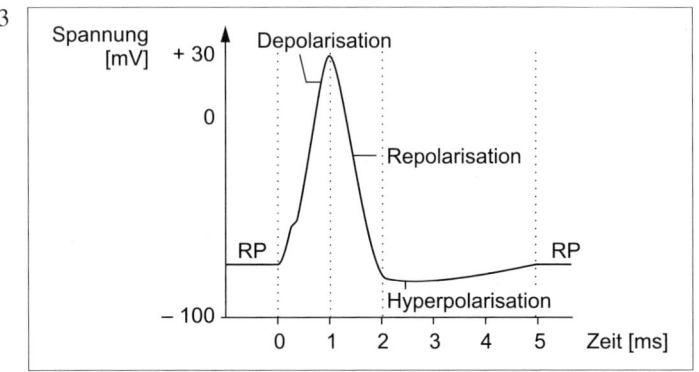

  – **Ruhezustand:** Zur Entstehung siehe Aufgabe 2 b), S. 180
  – **Depolarisationsphase:** Infolge eines Reizes öffnen sich spannungsgesteuerte Na$^+$-Kanäle und Na$^+$-Ionen strömen ein. Der rasche Einstrom bewirkt eine Potenzialumkehr des Membranpotenzials bis ca. +20 mV.
  – **Repolarisation:** Zeitlich versetzt öffnen sich ebenfalls spannungsgesteuerte K$^+$-Kanäle, es folgt ein K$^+$-Ausstrom. Gleichzeitig schließen die Na$^+$-Kanäle.
  – **Hyperpolarisation:** Da sich die spannungsgesteuerten K$^+$-Kanäle langsamer schließen als die spannungsgesteuerten Na$^+$-Kanäle, dauert der K$^+$-Ausstrom an. Die Membranspannung wird daher kurzfristig negativer als der Wert des Ruhepotenzials.

4 Bei Abwesenheit von Sauerstoff kann **kein ATP** gebildet werden, da die Übertragung von Protonen auf O^{2-}-Ionen in der Endoxidation der Atmungskette nicht erfolgen kann. Infolgedessen funktioniert die **Natrium-Kalium-Pumpe** nicht mehr, und Na^+-Ionen werden deshalb nicht mehr nach außen gepumpt. Das Ruhepotenzial nimmt ab und stellt sich bei einem positiveren Wert als –70 mV ein.

5
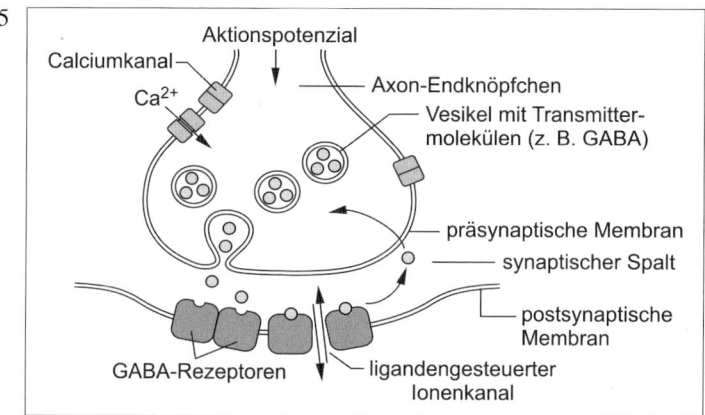

6 Funktion einer chemischen erregenden Synapse:
   – Ein **Aktionspotenzial** erreicht das synaptische Endköpfchen.
   – Der elektrische Impuls bewirkt, dass sich spannungsabhängige **Calciumionen-kanäle** öffnen. Da im Zellinneren die Ca^{2+}-Ionenkonzentration geringer ist als im extrazellulären Bereich, strömen Ca^{2+}-Ionen entlang des Konzentrationsgefälles ein.
   – Die Ca^{2+}-Ionen bewirken, dass **synaptische Vesikel** mit der präsynaptischen Membran verschmelzen und die darin enthaltenen **Transmittermoleküle** (z. B. Acetylcholin) in den synaptischen Spalt freigesetzt werden. Diese diffundieren durch den Spalt.
   – Die Acetylcholinmoleküle binden an Acetylcholin-**Rezeptoren** der postsynaptischen Membran. Diese Rezeptoren stehen mit ligandengesteuerten Na^+-**Ionenkanälen** in Verbindung, die sich bei der Bindung des Transmitters an den Rezeptor öffnen.
   – Na^+-**Ionen** strömen in die postsynaptische Zelle ein. Dadurch kommt es zu einer lokalen **Depolarisation** der postsynaptischen Zelle, man spricht von einem **EPSP**, einem erregenden postsynaptischen Potenzial.
   – Bei Überschreitung des Schwellenwertes wird an der postsynaptischen Membran ein **Aktionspotenzial** ausgelöst. Der Transmitter löst sich vom Rezeptor und wird daraufhin vom Enzym Acetylcholinesterase gespalten. Die Spaltprodukte diffundieren durch den synaptischen Spalt und werden wieder ins Endknöpfchen aufgenommen.

7 **Weitere Funktionen chemischer Synapsen:**
 – **Signalumwandler:** Die Aktionspotenzial-Frequenz wird in eine Transmitter-
   menge umgewandelt, die zu einem PSP (postsynaptischen Potenzial) führt.
 – **Ventilfunktion:** Signale werden nur von der präsynaptischen zur postsynaptischen Zelle weitergeleitet.
 – **Filterfunktion:** Einzelne Aktionspotenziale und extrem niedrige Aktionspo-
   tenzialfrequenzen erlöschen, d. h. sie führen nicht zur Transmitterfreisetzung
   bzw. bewirken nur eine unmerkliche Depolarisation des postsynaptischen Po-
   tenzials.

8 Tetrodotoxin blockiert in Nervenzellen **spannungsabhängige Na^+-Ionenkanäle**,
  sodass keine Aktionspotenziale mehr ausgelöst werden können. Dies führt zu
  Lähmungserscheinungen, z. B. auch der Atemmuskulatur; bei entsprechend hoher
  Giftdosis besteht daher Lebensgefahr.

Stoffübersicht

☺ ☺ ☹

Grundlagen:

Definition Verhalten: Alle beobachtbaren, sowohl agierenden als auch reagierenden Verhaltensäußerungen von Tier und Mensch

Arten von Verhaltensursachen:
- **Proximate** (Wirk-)Ursachen: Einem bestimmten Verhalten zugrunde liegende (z. B. physiologische) Mechanismen
- **Ultimate** (Zweck-)Ursachen: Nutzen oder evolutionsbiologischer Vorteil eines bestimmten Verhaltens

Unbedingte Reflexe:

Definition: Genetisch festgelegte **Reiz-Reaktions-Beziehung**, bei der auf einen bestimmten Reiz hin ohne Kontrolle durch das Gehirn immer dieselbe Reaktion erfolgt (z. B. Kniesehnenreflex)

Reflexbogen: Verbindung(sschema) von Rezeptor zu Effektor über afferente und efferente Neuronen (Verschaltung im Rückenmark)

Allgemeine Merkmale:
- Schnell, jederzeit auslösbar und mehrfach wiederholbar
- Unbewusstes und gleichförmiges Ablaufen bei Wiederholungen
- Schutzfunktion (z. B. Lidschlussreflex)

Unterteilung:
- **Monosynaptisch:** Verschaltung über nur eine Synapse
- **Polysynaptisch:** Verschaltung über mehrere Synapsen
- **Eigenreflex:** Lage von Rezeptor und Effektor in einem Organ
- **Fremdreflex:** Lokalisierung von Rezeptor und Effektor in verschiedenen Organen

Instinkthandlungen:

Definition: Komplexe artspezifische Bewegungsabfolgen, die unter gleichen Bedingungen formstarr, aber mit variablem Appetenzverhalten ablaufen und durch erbbedingtes Programm koordiniert sind

Auslösemechanismus: Neurosensorisches Filter- und Verrechnungssystem, das auf relevante Reize (Schlüsselreize) reagiert

Schlüsselreiz: Reizmuster, auf das ein Auslösemechanismus spezifisch anspricht und das eine Instinkthandlung auslöst

Angeborener Auslösemechanismus (AAM): AM, dem ein erbkoordiniertes Verhalten zugrunde liegt

Phasen von Instinkthandlungen:
- **Ungerichtete Appetenz:** Voraussetzung ist **Motivation** (innere Bereitschaft), kein äußerer Reiz
- **Taxis (gerichtete Appetenz):** Voraussetzung ist äußerer Reiz, der motivierende und richtende Wirkung hat
- **Starre Endhandlung:** Voraussetzung ist äußerer Reiz mit auslösender Wirkung, im Anschluss Sinken der Handlungsbereitschaft

Prinzip der doppelten Quantifizierung: Gleichzeitiger Einfluss von Reiz- und Motivationsstärke auf die Handlungsintensität der Reaktion

Reaktions- bzw. **Handlungskette:** Aus einer festgelegten Abfolge einzelner Handlungen (jeweils neuer Schlüsselreiz) zusammengesetztes angeborenes Verhalten, das in Endhandlung mündet

Hinweise und experimentelle Nachweise für erbliches Verhalten:

Hinweise auf angeborene Verhaltensweisen:
- Vollständiges Beherrschen des Verhaltens von Beginn an
- Stereotyper Ablauf des Verhaltens
- Arttypisches Verhalten

Nachweismethoden:
- Beobachtungen unmittelbar nach der Geburt
- Zwillingsvergleiche oder kulturübergreifende Vergleiche
- **Isolationsversuche** (Kaspar-Hauser-Versuche)
- Attrappenversuche

Angeborene Verhaltensweisen beim Menschen und Anwendung:

Kindchenschema: Auslösen von Verhaltensweisen der Brutpflege und Sicherstellung der für das Kleinkind lebensnotwendigen Betreuung, Pflege und Schutz durch typisch kindliche Merkmale

Partnerschema: Beurteilung der Attraktivität des anderen Geschlechts anhand geschlechtstypischer Kennzeichen

Ethologie in der Produktvermarktung / den Medien: Erregung von Aufmerksamkeit und Erzeugung einer positiven Einstellung gegenüber den angebotenen Produkten

Übungsreferat 29: Beutefang und Paarung beim Mückenhaft

Lange Zeit hielt man den Mückenhaft in Deutschland für ausgestorben. Erst im Jahr 2003 entdeckte ein Göttinger Professor das Insekt wieder. Das letzte Exemplar wurde zuvor im Jahr 1870 gesichtet.

Der Mückenhaft ist ein räuberisch lebendes Insekt. In den Abendstunden findet er im Suchflug durch niedrige Vegetation wie Wiesen oder Sträucher seine Beute. Entdeckt er ein geeignetes Beutetier, fliegt er darauf zu und packt es bei Berührung mit seinen scharfen Fangklauen, die er in das Insekt schlägt. Anschließend hängt er sich mit seinem vorderen Beinpaar an einen dünnen Ast und saugt die Beute aus.

Zur Paarungszeit positionieren sich Männchen nach erfolgreicher Jagd so an Halmen oder dünnen Zweigen. Sie geben aus Hinterleibsdrüsen Pheromone ab, mit denen paarungswillige Weibchen angelockt werden. Wenn ein Weibchen, das der Duftspur gefolgt ist, ein Männchen mit einem Beutetier entdeckt, lässt es sich in dessen Nähe nieder. Das Männchen hangelt sich daraufhin zu dem Weibchen und bietet ihr sein Paarungsgeschenk an. Sobald das Weibchen das Geschenk annimmt und frisst, beginnt die Kopulation. Je größer das Beutetier ist, desto länger dauert die Kopulation und desto größer ist der Fortpflanzungserfolg.

Mückenhaft-Männchen und -Weibchen mit Paarungsgeschenk (http://ethologie. unige.ch/etho2.03/ par.date/2003_11_ 07.htm)

1 Benennen Sie unter Textbezug die beschriebenen Verhaltensweisen und interpretieren Sie zwei davon aus ethologischer Sicht.

2 Diskutieren Sie anhand einiger selbst gewählter Beispiele, wie Sie experimentell die im Text genannten Reize identifizieren und auf deren Wirksamkeit überprüfen können.

Anlässlich des fünfzigjährigen Jubiläums der bekannten Comic-Reihe „Asterix und Obelix", die am 29. Oktober 1959 in der französischen Originalausgabe erstmals unter dem Titel „Asterix der Gallier" veröffentlicht wurde, erschien im Oktober 2013 der 35. Band.

Figurenpärchen Asterix und Obelix *(www.asterix.com, © 2014 Les Éditions Albert René)*

Bei dieser Aufgabe wird Ihnen als Zusatzmaterial ein Geodreieck oder Lineal zur Verfügung gestellt.

1 Vergleichen Sie die beiden Figurenpärchen anhand ihrer Körperproportionen und weiteren anatomischen Merkmalen Ihrer Wahl. Deuten Sie die ermittelten Merkmalsunterschiede aus ethologischer Sicht und gehen Sie dabei auch auf die Rolle der Ethologie in den Medien und im Marketing ein.

2 Erläutern Sie die biologische Bedeutung des zugrunde liegenden AAMs und beschreiben Sie eine Möglichkeit, um dessen Wirksamkeit zu testen.

1   In der folgenden Abbildung ist eine einfache Verhaltensform dargestellt, die bei-
    spielsweise ausgelöst wird, wenn man sich an einem Rosenstachel sticht.

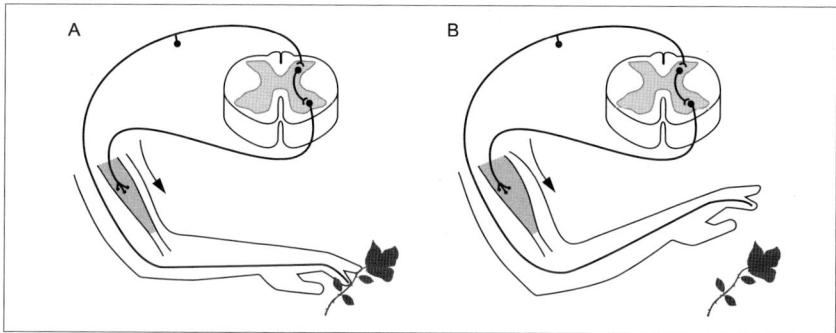

Abb. 1: Einfache Verhaltensform *(verändert nach: Klett Mediothek Biologie Menschenkunde)*

a) Charakterisieren Sie dieses Verhalten.

b) Fertigen Sie zur Schmerzreaktion ein Reiz-Reaktions-Schema an.

2   *Längere Textpassagen werden Ihnen in Prüfungen häufig auf Folie zur Verfügung
    gestellt, sodass Sie den Text vor sich haben, um die Verhaltensweisen analysieren
    zu können.*

> Zebraspringspinnen jagen häufig an sonnenbeschienenen Mauern.
> Sie lauern dort auf Beute. Bewegt sich ein Objekt passender Größe
> in einiger Entfernung, so nähert sich die Zebraspringspinne ihm
> langsam an. Ist die Beute noch ca. 5 cm entfernt, setzt die Spinne
> zum Sprung an. Vor dem Sprung heftet sie sich noch mit einem
> Faden an der Mauer an, um nicht abzustürzen. Dann springt sie ihre
> Beute an, injiziert mit ihren Kieferklauen ein Gift in das Beutetier und
> hält es mit den beiden vorderen Beinpaaren fest, bis die Giftwirkung
> eingesetzt hat. Mit dem Gift wird auch ein Enzymcocktail injiziert, der
> die Verdauung der Beute außerhalb des Spinnenkörpers ermöglicht.
> Die Zebraspringspinne kann so nach einiger Zeit das Beutetier
> aussaugen.

Benennen und interpretieren Sie unter Textbezug die beschriebenen Verhaltensweisen aus ethologischer Sicht.

3   Geben Sie die Unterschiede zwischen einem unbedingten Reflex und einer In-
    stinkthandlung an.

4 Erklären Sie, was man unter dem Prinzip der doppelten Quantifizierung versteht. Verdeutlichen Sie Ihre Aussage an einem Beispiel.

5 Fertigen Sie ein einfaches allgemeines Blockschema zu einer Instinkthandlung an.

6 In der folgenden Abbildung ist ein Versuch zum Jagdverhalten des Gelbrandkäfers dargestellt, der sich von Insektenlarven, Kaulquappen oder kleinen, durch Krankheit geschwächten Fischen ernährt.

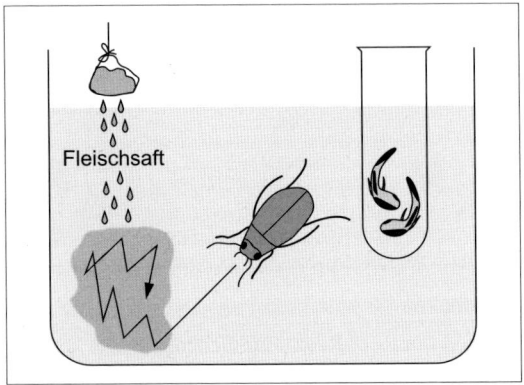

Abb. 2: Versuch zum Jagdverhalten des Gelbrandkäfers

a) Geben Sie an, um welche Art von Versuch es sich handelt, und erläutern Sie, was mit dieser Art von Experimenten untersucht werden soll.

b) Beschreiben Sie den Versuch und erklären Sie die Beobachtungen.

7 Beschreiben Sie ein Experiment, mit dem Sie herausfinden können, ob das Flugvermögen von Tauben angeboren oder erlernt ist.

8 Aus ethischen Gründen verbieten sich Verhaltensexperimente am Menschen. Geben Sie an, welche Möglichkeiten es gibt, erbbedingtes Verhalten am Menschen zu untersuchen, und erläutern Sie diese Methoden kurz.

Lösungen

Erwartungshorizont – Übungsreferat 29

Achten Sie bei der Beantwortung der Aufgaben darauf, dass es sich nicht nur um eine, sondern um drei verschiedene Verhaltensweisen handelt. Verwechseln Sie bei der Gliederung Ihres Vortrags diese Verhaltensweisen nicht miteinander.

1 Bei den beschriebenen Verhaltensweisen handelt es sich um Instinkthandlungen. Im Einzelnen sind das…
   - die Jagd des Mückenhafts,
   - das Paarungsverhalten des Männchens,
   - das Paarungsverhalten des Weibchens.

Um nicht unnötig viel Zeit für die erste Teilaufgabe aufzuwenden, bietet es sich an, die Phasen einer Instinkthandlung an die Tafel oder auf eine Folie zu schreiben und die jeweiligen Verhaltensweisen mit Textbezügen darzustellen. So gehen Sie auch sicher, dass Ihr Vortrag durchwegs gegliedert und strukturiert ist.

Phasen der Instinkthandlung	Jagd	Paarungsverhalten des Männchens	Paarungsverhalten des Weibchens
Innere Handlungsbereitschaft/ Motivation	Hunger/Tageszeit (Abenddämmerung)	Paarungszeit, ausgelöst z. B. durch Hormone	Hunger und Paarungszeit, ausgelöst z. B. durch Hormone
ungerichtete Appetenz	Suchflug durch niedrige Vegetation	typische Position (Hängen an Ästchen) und Pheromonabsonderung	kein Textbezug, da Pheromone auf alle paarungswilligen Weibchen wirken, kein spezielles Suchverhalten
Signalreiz	geeignetes Insekt	in der Nähe landendes Weibchen	Pheromon
gerichtete Appetenz	Anflug auf das Beutetier	Annäherung an Weibchen; Anbieten des Geschenks	Folgen der Duftspur bis in die Nähe des Männchens
Schlüsselreiz	Kontakt mit Beutetier	Fressen des Geschenks	Überreichen des Beutetiers
Endhandlung	Ergreifen und Töten des Beutetiers	Kopulation	Kopulation

2 Achten Sie darauf, Ihren Vortrag geschickt zu gliedern, indem Sie z. B. die Reize bei den beschriebenen Verhaltensweisen getrennt voneinander erläutern. Ein möglicher Einstieg ist die allgemeine Erklärung von Attrappenversuchen. Danach können Sie konkret auf die im Text genannten Beispiele eingehen.

In **Attrappenversuchen** werden den Tieren künstliche Reizmuster geboten, die den natürlichen mehr oder weniger stark ähneln. Durch die Variation des Musters kann eine reizauslösende Situation für ein bestimmtes Verhalten ermittelt werden.

Es wird nicht erwartet, dass Sie für alle Reize mögliche Attrappenversuche diskutieren. Suchen Sie sich einige passende Beispiele aus und diskutieren Sie diese ausführlich. Dies zeigt dem Prüfer, dass Sie Ihr Wissen anwenden können, und es bleibt kein negativer Eindruck, wenn Sie vor Ablauf der Zeit nicht alle Beispiele diskutiert haben. Im Folgenden wird exemplarisch auf einige Reize eingegangen.

Signalreiz beim Jagdverhalten:
- Aussage aus dem Text: „Entdeckt er ein geeignetes Beutetier …"
- Mögliche Attrappen:
  - Unterschiedlich große Attrappen werden getestet, um die Größe eines geeigneten Beutetieres zu ermitteln.
  - Frei schwebende bzw. auf Pflanzen sitzende Attrappen werden untersucht, um zu testen, ob der Mückenhaft fliegende oder sitzende Beute bevorzugt.
  - Längliche und kugelförmige Attrappen könnten aufgestellt werden, um zu prüfen, ob Tiere mit einer bestimmten Körperform vermehrt gejagt werden.
  - Zudem können weitere Faktoren wie die Anzahl der Beine oder die Färbung variiert werden, um die Ähnlichkeit zu den Beutetieren zu verändern.

Signalreiz beim Paarungsverhalten des Männchens:
- Aussage aus dem Text: „Das Männchen hangelt sich zu dem in der Nähe hängenden Weibchen."
- Mögliche Attrappen:
  - Die Attrappen können in Körperform, Färbung und Größe variiert werden, um herauszufinden, welches Muster noch als potenzielles Weibchen wahrgenommen wird.
  - Man könnte die Position der Attrappe von hängend auf sitzend verändern, um herauszufinden, ob die Haltung des Tieres eine wichtige Rolle spielt.

Schlüsselreiz beim Paarungsverhalten des Weibchens:
- Aussage aus dem Text: „Das Männchen bietet dem Weibchen das Paarungsgeschenk an."
- Mögliche Attrappen:
  - Variationen der Beutetierattrappe in Form, Farbe, Größe und Gewicht können untersucht werden, um das Reizmuster zu identifizieren.
  - Man könnte die Attrappe des Männchens abwandeln, um zu testen, ob das Geschenk allein ausreichend ist, ein Verhalten auszulösen.

Sie können hier sehr kreativ sein. Wenn Sie den Versuch gut beschreiben und sinnvoll erläutern, was Sie untersuchen möchten, gibt es kaum falsche Antworten.

1 *Achten Sie beim Referat auf eine saubere Trennung zwischen dem Vergleich, der Deutung und der Rolle. Benutzen Sie bei Ihrem Vergleich die zur Verfügung stehende Abbildung bzw. Folie und zeigen Sie daran die von Ihnen aufgezeigten Unterschiede bezüglich Körperproportionen und anatomischen Merkmalen.*

Vergleich der Figurenpärchen:

Merkmal	Paar 1	Paar 2
Körperproportionen: – Asterix – Obelix	kleinerer Kopf, längere Beine und kürzere Arme mit kleineren Händen längerer Oberkörper	größerer Kopf, kürzere Beine, längere Arme mit größeren Händen kürzerer Oberkörper und verkürzter Hals
Kopfform	eher kantig	rundlicher, eher pausbäckig
Darstellung Nase	vor allem bei Asterix klein	vor allem bei Asterix größer, runder
Darstellung Ohren	bei Asterix klein, bei Obelix unter den Haaren nicht zu erkennen	deutlich größer, bei Obelix bei etwa gleicher Haarlänge (aber anderer Frisur) zu erkennen und damit auch größer

Deutung der Merkmalsunterschiede:
Bei Paar 2 …
– wirken die rundlichen und pummeligeren Körperformen (z. B Nase) „niedlicher".
– entsteht bei konstanter Kopfbreite durch die Verringerung der Kopfhöhe der Eindruck von „Pausbacken".
– bewirkt die Verringerung der Rumpfhöhe bei konstanter Körperbreite „babyhafte" Körperproportionen.
Diese Merkmale verstärken bei Paar 2 das **Kindchenschema** im Vergleich zu Paar 1.

Weitere Unterschiede hinsichtlich Gesichtsausdruck oder Kleidung könnten hier unter dem Hinweis angeführt werden, dass das Kindchenschema dadurch zusätzlich verstärkt wird. Diese Aspekte sollten jedoch nicht im Vergleich angeführt werden, da die Aufgabenstellung ganz konkret nur nach Körperproportionen und anatomischen Merkmalen verlangt.

Rolle der Ethologie in Medien und Marketing:
Kenntnisse der Ethologie werden eingesetzt, um bei bestimmten Zielgruppen positive Gefühle auszulösen und damit eine **Steigerung des Warenkonsums** zu erreichen.

2 Ein angeborener Auslösemechanismus (AAM) löst ein **erbkoordiniertes Verhalten** aus. Er stellt z. B. sicher, dass ein junges Lebewesen die für ihn lebensnotwendige Zuwendung (Betreuung, Pflege und Schutz) erhält.

Testmöglichkeit:
Attrappenversuche: Als Attrappe bezeichnet man künstliche, einfache Nachbildungen von auslösenden Reizsituationen (Signalreiz, Schlüsselreiz), wobei einzelne Merkmale variiert werden können, um das reizauslösende Element so genau wie möglich zu bestimmen.

Weitere Möglichkeiten sind, je nach unterrichtlicher Besprechung, Beobachtungen unmittelbar nach der Geburt, Zwillingsvergleiche, kulturübergreifende Vergleiche oder Isolationsversuche (Kaspar-Hauser-Versuche).

Erwartungshorizont – Zusatzfragen

1 a) Bei der Verhaltensweise handelt es sich um einen **(Schutz-)Reflex.** Ein Reflex ist die einfachste Form von Verhalten. Er erfolgt auf einen bestimmten Reiz. Unter gleichen Bedingungen zeigt sich immer die gleiche Reaktion.
Bei dem dargestellten Reflex handelt es sich um einen **polysynaptischen Fremdreflex.** Man spricht von einem polysynaptischen Reflex, wenn sich zwischen dem afferenten und efferenten Neuron (mindestens) ein Interneuron befindet. Es handelt sich um einen Fremdreflex, da Rezeptor und Effektor in unterschiedlichen Organen liegen (Hand und Oberarmmuskel).

b) *Ein Reiz-Reaktions-Schema bei einem Reflex wird Reflexbogen genannt.*

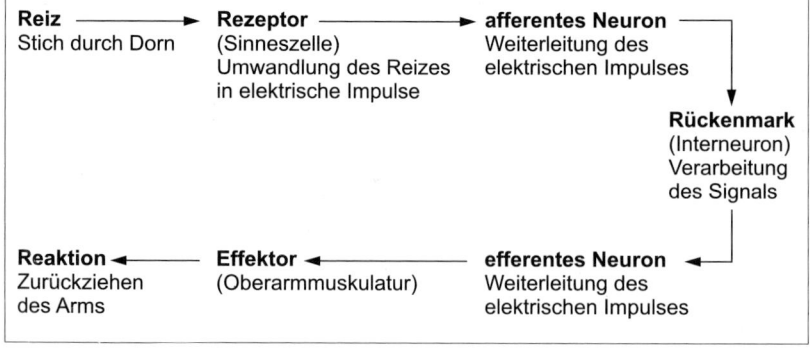

2 Beim Jagdverhalten der Zebraspringspinne handelt es sich um eine **Instinkthandlung**.

Phasen der Instinkthandlung	Erläuterung/Textbezug
Innere Handlungsbereit-schaft/Motivation	Hunger/Tageszeit (sonnenbeschienene Mauern)
ungerichtete Appetenz	Lauern auf Beute
Signalreiz	Objekt passender Größe in einiger Entfernung
gerichtete Appetenz	langsames Annähern an die Beute
Schlüsselreiz	Beute in ca. 5 cm Entfernung
Endhandlung	Anheften des Fadens, Sprung, Giftinjektion, Festhalten mit den beiden vorderen Beinpaaren

3 **Unterschiede zwischen unbedingtem Reflex und Instinkthandlung:**
  - Reflexe laufen schneller ab als Instinkthandlungen.
  - Die Instinkthandlung ist insgesamt komplexer als der Reflex und in mehrere Phasen gegliedert.
  - Der Reflex läuft, anders als die Instinkthandlung, ohne innere Handlungsbereit-schaft/Motivation ab.
  - Bei Wirbeltieren erfolgt die Erregungsleitung beim Reflex in der Regel nur ins Rückenmark und nicht ins Gehirn.
  - Die Reaktion beim Reflex ist immer gleich (bei Eigenreflexen keine Ermüdung bei häufiger Wiederholung).

4 Das Prinzip der doppelten Quantifizierung besagt, dass neben der **Qualität des Reizes** auch die **Stärke der inneren Handlungsbereitschaft** die **Intensität der Reaktion** beeinflusst. Demnach haben eine geringe Motivation und ein großer Reiz die gleiche Wirkung wie eine große Motivation und ein geringer Reiz. Eine hungrige Kröte wird auch ein Tier erbeuten, das nicht ideal ins Beuteschema passt. Eine satte Kröte wird ein vergleichbares Beutetier unbeachtet lassen, aber bei einem besonders appetitlichen Tier zuschnappen.

5

Handlungsbereitschaft

Reiz → AAM-Rezeptor → Koinzidenzelement = → Verhalten

AAM = angeborener   Verrechnung von Reizen
Auslösemechanismus und Handlungsbereitschaft

6 a) Es handelt sich um einen **Attrappenversuch.**
   Attrappenversuche dienen der Untersuchung von **Schlüssel- und Signalreizen.**
   Dabei werden Attrappen eingesetzt, die mehr oder weniger genaue Nachbildungen der Reizsituation darstellen und in einzelnen Elementen variiert werden. Schlüssel- und Signalreize können somit **identifiziert** bzw. deren **Wirk-**
   samkeit kann **überprüft** werden.

   b) Im illustrierten Experiment schwimmt ein Gelbrandkäfer in einer wassergefüll-
   ten Schale. In die eine Seite der Schale wird Fleischsaft getropft, auf der ande-
   ren Seite befinden sich – in einem Glasbehälter, der in das Bassin getaucht ist –
   Kaulquappen, die zum Beutespektrum des Käfers gehören.
   Der Gelbrandkäfer schwimmt zu dem Bereich der Schüssel, in dem sich der
   Fleischsaft befindet.
   Mit diesem Attrappenversuch wird nachgewiesen, dass die gerichtete Appetenz
   des Jagdverhaltens des Gelbrandkäfers durch den Fleischgeruch ausgelöst wird.
   Der optische Reiz scheint keine Rolle zu spielen. Der Signalreiz, der zur ge-
   richteten Appetenz führt, ist der Fleischgeruch.

   Ob der Schlüsselreiz ebenfalls durch den Geruch oder durch eine Berührung zu-
   stande kommt, kann mit diesem Experiment nicht eindeutig ermittelt werden. Häu-
   fig werden aber auch Signalreiz und Schlüsselreiz gleichgesetzt.

7 Um herauszufinden, ob ein Verhalten angeboren oder erlernt ist, wendet man ein
   Kaspar-Hauser-Experiment an.
   Bei einem solchen Experiment werden die Versuchstiere unter Erfahrungsentzug
   aufgezogen. Es muss sichergestellt sein, dass sie das Verhalten nicht unbeabsich-
   tigt lernen können. Die Tiere werden daher von Artgenossen isoliert, damit sie das
   Verhalten nicht durch Nachahmung erlernen können. Um einem spielerischen Erlernen des Verhaltens vorzubeugen, müssen die Tiere auch von Materialien isoliert werden, die in den später folgenden Experimenten eingesetzt werden.
   Um das Flugverhalten von Tauben in einem Kaspar-Hauser-Experiment zu untersuchen, brütet man die Eier idealerweise künstlich und getrennt voneinander aus,
   sodass ein Kontakt zu Artgenossen sicher ausgeschlossen werden kann. Sodann

müssen die Jungtiere isoliert voneinander aufwachsen. Um ein spielerisches Lernen zu verhindern, werden die Flügel am Körper fixiert.

In einer Kontrollgruppe zieht man Vögel unter natürlichen Bedingungen auf. Sobald die Tiere der Kontrollgruppe das Fliegen erlernt haben, löst man die Fixierung der Flügel bei den Kaspar-Hauser-Tieren. Wenn die Tiere ebenfalls fliegen können, ist das Flugverhalten angeboren.

Man wird feststellen, dass die Tiere ähnlich gut fliegen können wie ihre natürlich aufgewachsenen Artgenossen.

8 Beobachtung an Neugeborenen:

Betrachtet man das Verhalten eines Neugeborenen direkt nach der Geburt, so stellt man fest, dass die Saugbewegungen erbkoordiniert sind. Auch bei dem Greifreflex, den Neugeborene zeigen, handelt es sich um eine angeborene Verhaltensweise.

- **Attrappenversuche bei Säuglingen:**
  Säuglingen können abstrakte Muster und Bilder von Gesichtern dargeboten werden. Man stellt fest, dass die durchschnittliche Fixierungslänge bei Gesichtern höher ist, was auf ein angeborenes Erkennen rückschließen lässt.

- **Beobachtung an taubblind geborenen Kindern:**
  Taubblind geborene Kinder können die typische menschliche Mimik nicht durch Nachahmung erlernen. Diese Kinder zeigen trotzdem charakteristische Verhaltensweisen wie Lächeln, Stirnrunzeln oder Gesten des Zorns, wie mit dem Fuß aufstampfen.

- **Kulturübergreifende Verhaltensweisen:**
  Viele Verhaltensweisen ähneln sich in verschiedenen Kulturkreisen bzw. stimmen bis ins Detail überein. Ein Lächeln wird weltweit als ein solches erkannt. Auch die Mimik und Gestik bei Freude oder Zorn sind weltweit fast identisch. So reißen viele Menschen aller Kulturkreise beim Jubeln die Arme hoch oder stampfen bei zornigem Verhalten auf.

- **Erkenntnisse aus der Ethologie von Tieren:**
  Diese Erkenntnisse lassen bedingt Rückschlüsse auf menschliches Verhalten zu. Einige Verhaltensweisen, vor allem zwischen Menschen und Menschenaffen, ermöglichen Rückschlüsse auf angeborenes Verhalten. So dient das Entblößen der Eckzähne bei allen Menschenaffen als Drohgebärde.
  Generell muss man aber sehr vorsichtig sein, wenn man Erkenntnisse aus dem Verhalten von Tieren auf den Menschen übertragen will.

Stoffübersicht

☺ ☹ ☹

Prägung:

Definition: Einmaliger, irreversibler, extrem rascher und unbeeinflussbarer Lernvorgang, meist auf artspezifische Merkmale bezogen

Wichtige Begriffe:
- **Sensible Phase:** Kurzer und (meist) früher, genetisch fixierter Zeitraum, in dem eine Prägung erfolgen kann
- **Irreversibilität:** Lebenslanger Fortbestand des durch Prägung Erlernten (Umprägung in der sensiblen Phase möglich)

Arten der Objektprägung:
- **Nachfolgeprägung:** Erlernen der Erkennungsmerkmale des brutpflegenden Elters (angeborene Verhaltensweise: Nachfolgen)
Biologische Bedeutung: Lebensnotwendiger Eltern-Kind-Kontakt
- **Sexuelle Prägung:** Erlernen des Artbilds des Partners
Biologische Bedeutung: Erfolgreiche Paarung; Kreuzungsbarriere zwischen nahe verwandten Arten

Motorische Prägung: Erlernen überlebensnotwendiger Bewegungsmuster (z. B. Tötungsbiss)

Eltern-Kind-Bindung (prägungsähnlicher Vorgang beim Menschen): Soziale und emotionale Beziehung zwischen einem Elternteil und dem eigenen Kind zur Sicherung des Überlebens des Säuglings
Hospitalismus: Negative psychische und körperliche Folgen einer Bindungsstörung, u. a. durch mangelnde Zuwendung im Kindesalter

Lernen:

Definition: Fähigkeit von Mensch und Tier, seine individuellen Verhaltensweisen aufgrund von Erfahrungen zu ändern

EAAM: Durch Erfahrung ergänzter angeborener AM

Lernprozesse:
- **Obligatorisches** Lernen: Erlernen von Verhaltenselementen, die für das Überleben zwingend notwendig sind
- **Fakultatives** Lernen: Erlernen von Verhaltenselementen, die den Erfahrungsbereich erweitern, aber nicht existenziell notwendig sind

Definition: Erlernen von Reiz-Reaktions-Mustern unter der Voraussetzung der engen räumlichen und zeitlichen Darbietung (**Kontiguität**) von ursprünglich neutralem und unbedingtem Reiz

Grundtypen:
- **Klassische Konditionierung** (reizbedingte K.): Lernvorgang, bei dem ein zunächst neutraler Reiz gleichzeitig mit einem unbedingten Reiz auftritt, so zu einem bedingten Reiz (Schlüsselreiz) für eine angeborene Verhaltensweise und damit zu einem EAM (erworbener AM) wird
- **Operante Konditionierung** (verhaltensbedingte K., instrumentelle K.): Lernvorgang, bei dem ein bestimmtes **Verhalten** (meist Bewegungsweise) durch einen nachfolgenden Reiz verstärkt bzw. bestraft wird

Gemeinsamkeiten klassischer und operanter Konditionierung:
- Längerer Lernprozess als bei Prägung
- Abhängigkeit des Lernprozesses von positiver und/oder negativer Verstärkung
- Speicherung des Lernverhaltens im Gedächtnis, also Bildung neuer neuronaler Verbindungen beim Lernprozess
- **Extinktion** („Auslöschung") bei mehrfacher alleiniger Präsentation des konditionierten Reizes möglich

Reizgeneralisierung: Auslösen einer auf klassische Weise konditionierten Verhaltensweise durch ähnliche Reize

Verschiedene Ziegenarten zeigen ein interessantes Sozialverhalten. Dabei leben v. a. die Weibchen mit ihrem Nachwuchs oftmals in Gruppen zusammen, während die Männchen den größten Teil des Jahres über als Einzelgänger leben oder Junggesellengruppen bilden. Bei den Gruppen der Weibchen geht häufig der unmittelbare Kontakt von Muttertier und Nachwuchs zeitweise verloren. In der Regel dulden aber Ziegenmütter nur den eigenen Nachwuchs an ihrem Euter. Durch Experimente

Ziege mit Jungtieren
(Jason Pratt, http://commons.wikimedia.org/wiki/File:Grenadine_Goat_and_Kids.jpg, CC BY 2.0)

konnte gezeigt werden, dass Ziegenmütter allerdings beliebige Jungtiere säugen, wenn sie innerhalb der ersten Stunde nach einem Geburtsereignis für ca. fünf Minuten Kontakt mit den Jungtieren erhalten. Bei diesem Kontakt beleckt die Mutter das Jungtier intensiv. Kommt innerhalb dieses kurzen Zeitraums nach einer Geburt kein Kontakt zu Jungtieren zustande, z. B. indem das gerade geborene Jungtier entfernt wird, lässt die Ziegenmutter später keine Jungtiere an ihr Euter.

1 Ordnen Sie die Art der beschriebenen Verhaltensmodifikation ein und erläutern Sie diese. Gehen Sie auch auf die bestehende Verflechtung von genetisch bedingten und erlernten Verhaltensweisen ein.

2 Begründen Sie, warum das natürliche Säugeverhalten des Muttertiers weder vollständig erlernt noch vollständig ererbt ist, und zeigen Sie Möglichkeiten, wie man dies ggf. experimentell überprüfen könnte.

Der Münchner Tierpark Hellabrunn eröffnete im Dezember 2007 eine neue Außenanlage für Elefanten, da das ehemalige Gehege die speziellen Bedürfnisse der Tiere nur unzureichend erfüllt hatte. Dabei ersetzte man u. a. den bisherigen Trockengraben durch Seile und sogenanntes Elektrogras – an Pflanzen angebrachte elektrisch geladene Stangen. Bei Berührung des Elektrograses erhalten die Elefanten einen ungefährlichen Stromschlag, der sie verängstigt und zurückweichen lässt.

Elefanten in der Außenanlage des Tierparks Hellabrunn
(© *Petra Schramek*)

1 Nach wenigen Tagen konnten die Elefanten in der Außenanlage gehalten werden, ohne dass sie das Elektrogras berührten.
Benennen Sie die auftretenden Lernarten aus der Sicht der klassischen und der operanten Konditionierung. Schildern Sie für beide Varianten unter Zuordnung von Fachbegriffen, wie das Lernen hier erfolgt.

2 Nach einem Monat vertritt ein Tierpfleger die Ansicht, dass es unnötig sei, die Stangen weiterhin elektrisch zu laden.
Erläutern Sie aus Sicht der operanten Konditionierung, warum in diesem Fall bald mit einem Ausbruchsversuch der Elefanten zu rechnen ist.

Zusatzfragen: Erweiterung einfacher Verhaltensweisen durch Lerneinflüsse

1 Erläutern Sie die Merkmale der Prägung anhand eines selbst gewählten Beispiels.

2 Viele Kinder beginnen im Alter von etwa 6 Monaten zu „fremdeln". Diskutieren Sie, inwieweit hier von einer Prägung gesprochen werden kann.

3 Werden männliche Prachtfinken von einer anderen Art aufgezogen, balzen sie später bevorzugt Weibchen der „Pflegeart" an. Werden ihnen jedoch nur Artgenossen präsentiert, balzen sie auch diese Weibchen an und können mit ihnen Nachkommen zeugen. Erklären Sie dieses Verhalten unter Verwendung ethologischer Fachbegriffe.

4 Untersuchungen ergaben, dass Menschen, die den 2. Weltkrieg miterlebten, auch noch Jahre später Angst vor einem bestimmten lauter werdenden Sirenenton (Fliegeralarm) hatten. Dieser Ton war während des Krieges kurz vor dem Fallen einer Bombe zu hören. Menschen, die den Krieg nicht miterlebten, zeigen keine Angstzustände beim Ertönen des Fliegeralarms. Erklären Sie diese Beobachtung unter ethologischen Gesichtspunkten.

5 Beschreiben Sie eine mögliche Vorgehensweise, um einem Hund unerwünscht lautes Bellen abzugewöhnen, und erklären Sie die ethologischen Hintergründe.

6 Frisch geschlüpfte Gänseküken kann man sehr einfach dazu bringen, einem Ball überallhin zu folgen. Bei mehrere Monate alten Gänsen gelingt dies nur nach zeitintensiver Dressur. Erklären und vergleichen Sie die beiden zugrunde liegenden Lernvorgänge.

Gans mit Küken
(Dario Sanches, http://commons.wikimedia.org/wiki/File:Família_Ganso.jpg, CC BY-SA 2.0)

7 Vergleichen Sie die klassische und die instrumentelle Konditionierung.

8 Einem Hund soll das Wildern abgewöhnt werden. Erläutern Sie, warum es nicht sinnvoll ist, ihn nach seiner Rückkehr von der Jagd zu bestrafen. Schildern Sie ein geeignetes Vorgehen.

Lösungen

Erwartungshorizont – Übungsreferat 31

Beginnen Sie Ihren Vortrag mit einer Einleitung, bevor Sie präzise auf die Fragestellung eingehen. Ein Satz kann genügen.

1 Lernen beschreibt im biologischen Sinn eine erfahrungsbedingte Verhaltensänderung. Das hier gezeigte Lernverhalten entspricht dem einer **Prägung**, konkret einer Prägung auf den eigenen Nachwuchs.

Merkmale von Prägungsereignissen:
- Der Lernvorgang ist **obligatorisch**, d. h., er ist für das Überleben – hier des eigenen Nachwuchses – unabdingbar und erfolgt dementsprechend bei allen Artgenossen.
- Die Prägung erfolgt **schnell**, im Beispiel innerhalb von fünf Minuten, wobei sich das Muttertier den spezifischen Geruch des Jungtiers einprägt.
- Der Prozess findet in einer **sensiblen Phase** statt. Bei Ziegen kann der Lernvorgang nur während der ersten Stunde nach einem Geburtsereignis erfolgen.
- Prägung ist in der Regel **irreversibel**, d. h., sie kann nicht rückgängig gemacht werden. Hier gilt dies eingeschränkt, da bei einem späteren, erneuten Geburtsereignis eine neue Prägung erfolgen muss.

An dieser Stelle können Sie durch Zusatzinformationen „glänzen", sofern ihr Zeitmanagement dies zulässt: Weitere weitverbreitete Prägungsvorgänge sind die Nachfolgeprägung und die sexuelle Prägung.
Der Lernvorgang ist für die Mutter nicht primär lebensnotwendig. Da er jedoch das Überleben des eigenen Nachwuchses ermöglicht, führt dies zu einer massiven Steigerung der direkten Fitness im evolutionären Sinne (vgl. Hamilton-Regel).

In der sensiblen Phase kommt es bei Prägungsvorgängen zu einer sogenannten **Objektfixierung** bzw. **Objektprägung**, bei der ein geeigneter Prägungsinhalt, hier der Geruch des Jungtiers, mit dem angeborenen Verhalten des Säugens verknüpft wird. Der angeborene Auslösemechanismus (**AAM**) wird also durch die Erfahrung der Eigenschaften des Jungtieres ergänzt und zu einem durch Erfahrung erweiterten angeborenen Auslösemechanismus (**EAAM**). Der Prägungsinhalt fungiert dementsprechend als Schlüsselreiz für das betreffende Verhalten. Auf diese Weise wird sichergestellt, dass im Normalfall nur das eigene Jungtier gesäugt wird (und dass – im Umkehrschluss – auch die eigene Mutter eines jeden Jungtieres potenziell Milch zur Verfügung hat).

2 Bei den Vorschlägen zu Experimenten besteht kein Anspruch auf Vollständigkeit. Die Aufgabenstellung bietet jedoch die Gelegenheit, über den Schwerpunkt „Prägung" hinaus Kenntnisse zu anderen Lernprozessen und zu genetisch bedingten Verhaltensweisen zu präsentieren. So kann der Zeitumfang des Referats günstig abgestimmt werden.

195

Ausschluss vollständig genetisch bedingten oder vollständig erlernten Verhaltens:

– Gegen ein vollständig ererbtes Verhalten spricht, dass das Säugeverhalten nicht abläuft, wenn während der sensiblen Phase kein geeigneter Prägungsinhalt angeboten wird. Dementsprechend kann auch ein **unbedingter Reflex** als Erklärung des Verhaltens ausgeschlossen werden.

– Auch eine reine **Instinkthandlung** liegt offensichtlich nicht vor. Nach dem **Prinzip der doppelten Quantifizierung** müsste es möglich sein, einen mangelhaften Reiz durch eine erhöhte innere Bereitschaft auszugleichen. Man könnte versuchen, ein Muttertier ohne Prägungserfahrung in Gegenwart von Jungtieren zu halten. Gemäß der Angabe löst dies das Verhalten jedoch nicht aus. Prinzipiell eignen sich **Attrappenversuche**, um Schlüsselreize zu untersuchen.

– Die Textinformationen weisen zunächst nicht auf ein rein erlerntes Verhalten hin. Bei einer **klassischen Konditionierung** müsste bereits ein **unbedingter Reflex** bzw. ein entsprechendes **Appetenzverhalten** vorliegen, deren auslösender Reiz substituiert werden könnte. Im Falle einer **operanten Konditionierung** müsste das Säugeverhalten zufällig ausgeführt und verstärkt worden sein, damit eine **bedingte Aktion** etabliert werden könnte. Zusätzlich könnten höhere Lernvorgänge wie z. B. das **Modelllernen** in Betracht gezogen werden.

Diese Lernvorgänge ließen sich durch ein geeignetes **Kasper-Hauser-Experiment** ausschließen. Dazu müsste eine Ziege unter spezifischem Erfahrungsentzug und ohne Kontakt zu Artgenossen aufgezogen werden. Würde sie nach einer idealerweise künstlich herbeigeführten Schwangerschaft und dem Geburtsereignis mit dem Jungtier zusammenbleiben und anschließend Säugeverhalten zeigen, könnte ein reines Lernereignis weitgehend ausgeschlossen werden. Hier steht jedoch zu befürchten, dass eine isolierte Aufzucht zu schweren Störungen in der Entwicklung des Sozialverhaltens führen würde **(Hospitalismus)**. Die Aussagekraft des Experiments wäre gemindert, außerdem können tierethische Bedenken geäußert werden.

Erwartungshorizont – Übungsreferat 32

 1   *Achten Sie beim Referat auf eine saubere Trennung zwischen der klassischen und operanten Konditionierung. Sie sollten bei Ihren Ausführungen auch alle verwendeten Fachbegriffe definieren oder erläutern.*

Begriffsdefinitionen:

– Schlüsselreiz: Einfaches oder komplexes Reizmuster, auf das ein Auslösemechanismus spezifisch anspricht und eine Instinkthandlung auslöst

Neutraler Reiz: Künstlicher, zunächst unbestimmter Reiz, der keine Reaktion auslöst

– Bedingter Reiz: Konditionierter und damit ein bestimmtes Verhalten auslösender Reiz

- Unbedingter Reiz: Natürlicher Reiz, der als Schlüsselreiz ein bestimmtes Verhalten auslöst
- Bedingte Reaktion: Konditioniertes, von einem Reiz ausgelöstes Verhalten
- Unbedingte Reaktion: Spontan gezeigtes, von einem Schlüsselreiz ausgelöstes Verhalten
- Kontiguität: Enge räumliche und zeitliche Nähe von ursprünglich neutralem und unbedingtem Reiz als notwendige Voraussetzung für das Gelingen des Lernvorgangs

Lernen bezeichnet die Fähigkeit eines Individuums, Verhaltensweisen aufgrund von Erfahrungen zu ändern. Das Erlernen von Verhaltenselementen, die den Erfahrungsbereich erweitern, aber nicht zwingend notwendig sind, wird als **fakultatives** Lernen bezeichnet.

Die Lernphase ist als Verschränkung von angeborenen und erworbenen Verhaltensweisen aufzufassen. Man spricht deshalb von einem **EAAM**, einem durch Erfahrung ergänzten angeborenen Auslösemechanismus.

Je nach Unterricht ist es möglich, dass die hier angeführten Lernarten der bedingten Aversion und der bedingten Hemmung nicht besprochen wurden. Sollte dies der Fall sein, könnte von Ihnen nur die Schilderung der Lernvorgänge verlangt werden.

Klassische Konditionierung:
- Definition: Unter klassischer Konditionierung versteht man einen Lernvorgang, bei dem ein zunächst neutraler Reiz zu einem Schlüsselreiz für eine angeborene Verhaltensweise wird. Der ursprünglich neutrale Reiz wird selbst zum auslösenden, also einem bedingten Reiz.
- Voraussetzung: Kontiguität von ursprünglich neutralem und unbedingtem Reiz
- Im Beispiel: Der unbedingte Reiz „Stromschlag" wird durch schlechte Erfahrung mit dem zunächst neutralen und dann bedingten Reiz „Berührung des Elektrograses" verknüpft. Die unbedingte Reaktion „Angst" wird damit zur bedingten Reaktion, dem Meideverhalten. In diesem Fall spricht man von **bedingter Aversion.**

Operante Konditionierung:
- Definition: Unter operanter Konditionierung versteht man einen Lernvorgang, bei dem ein bestimmtes Verhalten – also meist eine bestimmte Bewegungsweise – durch ein nachfolgendes Ereignis verstärkt und so häufiger gezeigt bzw. bestraft und so abgebaut wird.
- Voraussetzung: Kontiguität von ursprünglich neutralem Verhalten und unbedingtem Reiz
- Im Beispiel: Das ursprünglich spontan gezeigte, zufällige Verhalten „Berührung des Elektrograses" wird durch die negative Erfahrung eines Stromschlages (unbedingter Reiz) direkt bestraft. Das Verhalten wird daraufhin unterlassen. Man spricht in diesem Fall von **bedingter Hemmung.**

2 Zufällig erfolgende Berührungen des Elektrograses werden in diesem Fall nicht mehr durch einen Stromschlag bestraft (bzw. es folgt keine Konsequenz), sodass es zur **Extinktion** kommt, also zu einer „Auslöschung" der bedingten Reaktion.

Erwartungshorizont – Zusatzfragen

1 Die beiden wichtigsten Formen sind die **Nachfolgeprägung** und die **sexuelle Prägung.** Entenküken folgen beispielsweise einem Objekt nach, das ihnen wenige Stunden nach dem Schlüpfen gezeigt wird. Dieses Objekt (meist die Mutter, aber auch beispielsweise ein Ball) muss in der Nähe sein, rhythmische Laute von sich geben, größer als das Küken sein und sich bewegen. Es erfolgt eine **Objektfixierung**, indem das Küken dauerhaft Merkmale dieses Objekts lernt. Der motorische Ablauf ist angeboren, die Ausrichtung auf ein bestimmtes Objekt wird gelernt (durch Erfahrung erweiterter **AAM**). Dies ist **irreversibel**, erlischt erst mit der Geschlechtsreife und erfolgt nur in der **sensiblen Phase** kurz nach der Geburt.

2 Die Merkmale der Prägung sind die Objektfixierung sowie deren Zuordnung zur sensiblen Phase und deren Irreversibilität. Man spricht bei Menschen nicht von – in diesem Fall – Nachfolgeprägung, sondern von einer **Mutter-Kind-Bindung.** Die Mutter ist meist die wichtigste **Bezugsperson**, was einer Objektfixierung entspräche. Fehlt sie bei Menschen und anderen Primaten, können Verhaltensstörungen auftreten (Hospitalismus). Menschenbabys lächeln die Menschen in ihrer Umgebung ab dem 2. Monat unselektiv an, ab dem 6. Monat meist nur noch die Bezugspersonen. Bei Menschen spricht man nicht von einer zeitlich eng begrenzten sensiblen Phase. Babys bilden in den ersten 18 Monaten ein sogenanntes „Urvertrauen" auf, das nahezu irreversibel ist. Dazu sind die Bezugspersonen sehr wichtig.

3 Es handelt sich hier um **sexuelle Prägung**. Die männlichen Prachtfinken werden auf das Artbild des Pflegeweibchens geprägt. Die Männchen lernen dabei Merkmale dieser Weibchen, die bei Geschlechtsreife das Balzverhalten hervorrufen (durch Erfahrung erweiterter AAM). Das geschieht **irreversibel** in der **sensiblen Phase** während der Aufzucht. Später zeigen die Männchen das (Balz-)Verhalten auch bei ähnlichen Merkmalen der Artgenossinnen, wenn die erlernte Merkmalskonstellation ausbleibt.
Die sexuelle Prägung erfolgt im Gegensatz zur Nachfolgeprägung zu einer Zeit, da noch keine Bereitschaft für das Balzverhalten vorhanden ist. Da also eine positive Verstärkung (Belohnung) zu dieser Zeit entfällt, kann diese Form des Lernens ausgeschlossen werden.

4 Es handelt sich hier um eine **klassische** (reizbedingte) **Konditionierung**, genauer um eine **bedingte Aversion**. Ein neutraler Reiz (Sirenenton) erfolgt unmittelbar vor dem unbedingten, Angst einflößenden Reiz (Fallen der Bombe) und wird oft

wiederholt erlebt. Dieses enge zeitliche Aufeinanderfolgen nennt man **Kontiguität**. Dadurch wird der neutrale Reiz zu einem bedingten Reiz. Das Lernen eines Reizmusters aus schlechter Erfahrung führt zur Vermeidung bzw. zu den beschriebenen Angstzuständen.

5 Man wendet hier ein Verfahren aus der **operanten** (verhaltensbedingten) **Konditionierung** an. Ein zufälliges Verhalten (lautes Bellen) wird durch einen leichten Klaps, einen Pfiff aus der Hundepfeife oder Ähnliches bestraft. Diese negative Erfahrung wird bei ausreichender Wiederholung und Kontiguität mit dem eigenen Verhalten (lautes Bellen) verknüpft. Es liegt eine **bedingte Hemmung** (Vermeidungsverhalten) vor.

6 Frisch geschlüpfte Gänseküken folgen jedem Objekt nach, das kurz nach der Geburt **(sensible Phase)** in ihrer Nähe ist, sich bewegt, größer als das Küken ist und rhythmische Laute von sich gibt **(Objektprägung)**. Diese **Nachfolgeprägung** ist **irreversibel** und erlischt erst mit der Geschlechtsreife. Dieser motorische Ablauf ist sinnvollerweise angeboren, da das Objekt in der Regel nicht ein Ball, sondern die Mutter ist.
Bei älteren Gänsen muss eine **Konditionierung** erfolgen:

Es muss nur eine der beiden folgenden Möglichkeiten erläutert werden.

– Das gewünschte Verhalten kann man z. B. durch **operante Konditionierung** erreichen. Wenn sich die Gans zufällig auf den dargebotenen Ball zubewegt, kann diese Verhaltensweise durch einen positiven Verstärker wie z. B. Futter belohnt werden. Bei mehrmaliger Wiederholung wird das Nachfolgen des Balls mit der Belohnung verknüpft. Man spricht von einer **bedingten Aktion**.
– Die Nachfolgehandlung auf den Ball kann aber auch durch **klassische Konditionierung** erreicht werden. Der neutrale Reiz (Ball) wird zeitgleich und wiederholt mit einem unbedingten Reiz (Futter) gegeben, indem Futter am Ball befestigt wird. Der Ball wird zum bedingten Reiz, der dann alleine das Nachfolgen auslöst **(bedingte Appetenz)**.
Konditionierungen sind im Gegensatz zur Prägung löschbar **(Extinktion)**.

7 Bei der klassischen Konditionierung wird ein Reizmuster (Reaktion) gelernt, ein neutraler Reiz wird zu einem bedingten Reiz. Bei der instrumentellen Konditionierung wird ein Verhalten (Handlung) gelernt, d. h., es wird mit dem eigenen Verhalten verknüpft. Bei Lernen aus guter Erfahrung (Belohnung, positive Verstärkung) spricht man bei der klassischen Konditionierung von **bedingter Appetenz**, einer Hinwendereaktion, bei der instrumentellen Konditionierung von **bedingter Aktion**. Hier wird ein erwünschtes Verhalten herbeigeführt (Dressur). Bei Lernen aus schlechter Erfahrung (Bestrafung, negative Verstärkung) spricht man bei der klassischen Konditionierung von **bedingter Aversion**, einer Vermeidereaktion, bei der instrumentellen Konditionierung von **bedingter Hemmung**, ein unerwünschtes Verhalten wird abgebaut. Für den **bedingten Reflex** (etwa den

Speichelfluss des Pawlowschen Hundes) gibt es in der instrumentellen Konditionierung keine Entsprechung.

Bei beiden Arten der Konditionierung sind mehrere Wiederholungen und Kontiguität erforderlich.

8   In diesem Fall handelt es sich um eine **bedingte Hemmung** als Teil der instrumentellen Konditionierung. Es soll ein unerwünschtes Verhalten, das Wildern, abgebaut werden. Dazu muss die Bestrafung (negative Verstärkung) unmittelbar auf das Wildern geschehen, nicht erst bei der Rückkehr. Man spricht hier von fehlender **Kontiguität**. Der Hund könnte so die Bestrafung mit der Rückkehr und nicht mit dem Wildern verknüpfen.

Der Hund müsste also in dem Moment abgepasst werden, in dem er losläuft, und direkt bestraft werden.

Stoffübersicht

☺ ☺ ☹

Grundlegende Begriffe:

Gesamtfitness: Direkte (Beitrag zum Genpool der Folgegeneration durch eigene Nachkommen) **+ indirekte** (Beitrag zum Genpool der Folgegeneration durch die Nachkommen Verwandter) **Fitness**

Kosten-Nutzen-Betrachtung: Analyse der Nutzeffekte (Vorteile) gegenüber den Kosten (Nachteilen) eines Verhaltens

Evolutionsstabile Strategie (ESS): Verhaltensstrategie, die durch keine Alternativstrategie ersetzt werden kann (bei Ausübung durch die Mehrzahl der Mitglieder einer Population)

Kooperation:

Definition: Gegenseitige und gemeinschaftliche Hilfeleistungen mit Vorteilen u. a. bei Nahrungserwerb, Fortpflanzung und Feindabwehr

Altruistisches Verhalten: Uneigennützig scheinendes Verhalten gegenüber Individuen einer Gruppe meist nah verwandter Tiere
– **Hamilton-Regel:** Etablierung von Altruismus im Laufe der Evolution, wenn $K < r \cdot N$ (K = Kosten, r = Verwandtschaftsgrad, N = Nutzen)
– Beispiele: **Helfergesellschaften** (z. B. Bruthelfervögel) oder **Eusozialität** (z. B. bei Honigbienen)

Kommunikation:

Bedeutung: Verständigung durch den Austausch von Signalen als Voraussetzung für den Zusammenhalt sozialer Gruppen

Sender-Empfänger-Modell:
– Codierung von Nachrichten in Signale und Aussendung (Sender)
– Decodierung (Empfänger)
– Situations- bzw. biotopabhängige Nutzung der Signale und Sinneskanäle, möglichst geringe Störung durch Umwelteinflüsse

Einfache Verständigungssignale:
– Optisch: z. B. durch Bewegungen, Lichtsignale oder Farbsignale
– Akustisch: z. B. Lock- und Warnrufe

- Chemisch: z. B. Reviermarkierungen und Pheromone
- Taktil: Berührungen

Signalfälschung:
- Erhöhung des Nutzens durch Schutz vor Feinden oder durch Täuschung der Beute, meist zwischenartlich
- Betrugsvermeidung durch Entwicklung schwer fälschbarer Signale

Konflikte:

Erscheinungsformen aggressiven Verhaltens:
- Innerartliche Aggression: Vertreibung bzw. Unterwerfung des Artgenossen, meist reglementierter **Kommentkampf**
- Zwischenartliche Aggression: Meist Räuber-Beute-Beziehung, **Beschädigungskampf** ohne Regeln

Formen der Aggressionskontrolle:
- Demuts- und Beschwichtigungsgebärden
- Verteidigung von Revieren (Territorialität)
- Etablierung einer gemeinschaftsstabilisierenden Rangordnung
- Migration

Nachteile innerartlicher Aggression:
- Zeitverlust auf Kosten anderer Aktivitäten
- Geringere Wachsamkeit während des Kampfes
- Mögliche Schwächung oder Tod durch Aggressionsverhalten

Intensitätsstufen innerartlicher Aggression:
- **Imponier- und Drohverhalten:** Einschüchterung zur Vermeidung eines Kampfes
- **Kommentkampf:** Reglementierter Kampf mit Schutz des attackierten Körperteils, Tötungshemmung und Demutsgebärden

Ursachen aggressiver Verhaltensweisen:
- **Proximate** Ursachen, z. B. hormonelle Veränderungen, Verfügbarkeit von Ressourcen, Populationsdichte, Stress
- **Ultimate** Ursachen, z. B. mehr Nahrung oder Geschlechtspartner

Sexualverhalten:

Abhängigkeit des Fortpflanzungserfolgs vom Alter und u. U. der Rangordnung

Mechanismen der **Partnerfindung:**
- Optische Signale (Sexualtracht), z. B. Prachtkleid beim Pfau
- Akustische Signale, z. B. Quaken der Frösche
- Chemische Signale, z. B. Pheromone der Schmetterlinge

Mechanismen der **Partnerbindung:**
- **Balzverhalten:** Zusammenführung der Geschlechtspartner, Überwindung der Individualdistanz, Verhinderung zwischenartlicher Verpaarung
- **Sexualverhalten:** Abstimmung der Geschlechtspartner zur Kopulation
- **Brutpflegeverhalten:** Aufzucht der Nachkommenschaft

Paarungssysteme:
- **Monogamie** (Verpaarung mit lediglich einem Partner)
- **Polygamie** (Verpaarung beider Geschlechter mit mehreren Partnern)
- Aspekte der Kosten-Nutzen-Analyse: Aufteilung des Fortpflanzungserfolgs, Aufwand für Partnerfindung und Balz, Brutfürsorge, genetische Vielfalt der Nachkommen, Aufwand für Revierverteidigung

Infantizid: Tötung der Jungtiere des vertriebenen oder toten Alpha-Tieres einer Gruppe durch das neue (nicht verwandte) Alpha-Tier

Wilde Dromedare leben meist in Haremsgruppen, wobei ein Dromedarhengst mehrere Stuten und den Nachwuchs um sich schart. Heranwachsende Männchen, die die Gruppe verlassen mussten, organisieren sich häufig in kurzlebigen Junggesellenclans. Beginnt im Februar die Paarungszeit, kann es zu Rivalenkämpfen zwischen dem männlichen Leittier eines Harems und einem Herausforderer kommen:

Nachdem die Hengste über Stunden im Parallelgang auf- und abgeschritten sind, findet in manchen Fällen ein Kampf statt, bei dem die Tiere versuchen, sich gegenseitig in die Knie zu zwingen. Bevor sie aufeinander losgehen, gurgeln und blöken sie wiederholt, wobei der Brüllsack, ein aufgeblasener Hautsack, aus dem Maul zum Vorschein kommen kann (Abb. 1). Häufig haben die Dromedare dabei auch Schaum vor dem Maul. Bei ähnlich starken Rivalen kann der Kampf Stunden dauern. Im schlimmsten Fall kommt es sogar dazu, dass ein Tier seinen Rivalen mit Bissen in den Hals erstickt. Wird ein Dromedar auf seine Knie gezwungen, zieht es sich zurück.

In Abb. 2 sind die Schädel von Dromedar, Rind und Pferd abgebildet. Bei allen Tieren handelt es sich um reine Pflanzenfresser.

Abb. 1: Brüllsack des Dromedars Max im Zoo Osnabrück (© *Carolin Hlawatsch*)

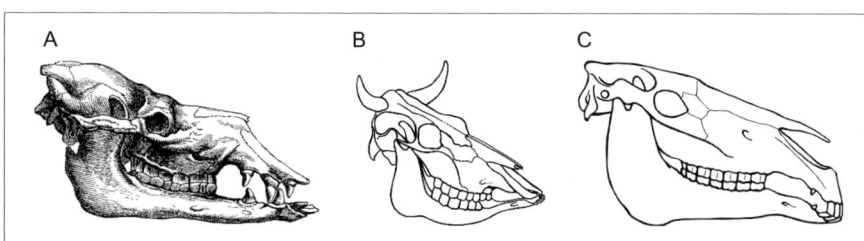

Abb. 2: Schädel von Dromedar (A) , Rind (B) und Pferd (C)
(A: © Quagga Illustrations, B und C: istockphoto.com)

1 Erläutern Sie das Aggressionsverhalten am Beispiel des Dromedars.

2 Diskutieren Sie die ultimaten und proximaten Ursachen des aggressiven Verhaltens zwischen den Dromedarhengsten.

3 Stellen Sie die Besonderheit des Dromedargebisses im Vergleich zu den anderen Pflanzenfressern heraus und finden Sie dafür eine verhaltensbiologische Erklärung.

1 Benennen und definieren Sie das in Abb. 1 dargestellte Sozialverhalten. Diskutieren Sie die biologische Bedeutung dieses Verhaltens anhand der Kosten-Nutzen-Analyse.

Abb. 1: Sozialverhalten bei afrikanischen Wildhunden *(Zoonar / Fritz Poelking)*

2 Weißstirnspinte gehören zur Familie der Bienenfresser und leben ausschließlich auf dem afrikanischen Kontinent. Den zumeist in Kolonien brütenden Brutpaaren helfen fast immer andere erwachsene Vögel, die selbst nicht brüten.
Werten Sie Abb. 2 aus und erklären Sie die biologische Bedeutung dieses Helferverhaltens.

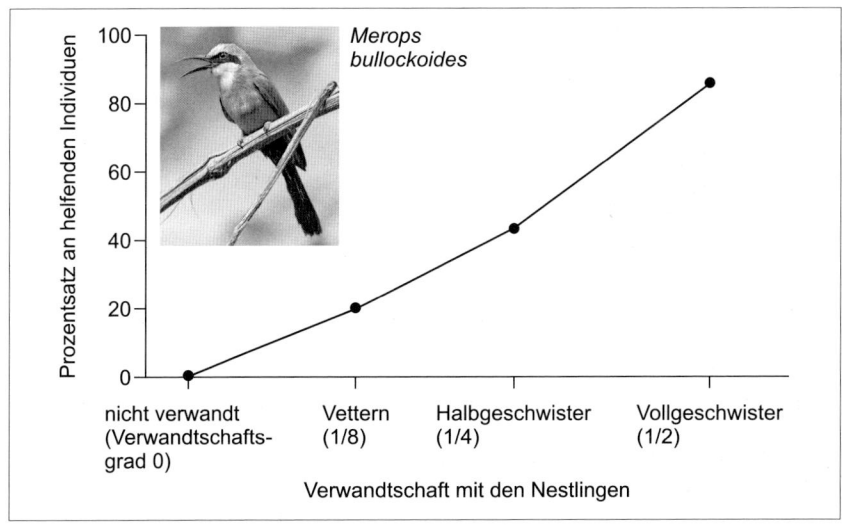

Abb. 2: Helferverhalten bei Weißstirnspinten *(Merops bullockoides) (Luc Viatour, http://commons. wikimedia.org/wiki/File:Merops_bullockoides_1_Luc_Viatour.jpg, CC BY-SA 3.0)*

3 Viele Glühwürmchen emittieren Lichtblitze, die in einem ganz speziellen und art-spezifischen Muster ausgesandt werden. Dadurch ist es beispielsweise Weibchen der Art *Photinus* möglich, nach männlichen Geschlechtspartnern zu suchen. Erläutern Sie an diesem Beispiel das Sender-Empfänger-Modell.

4 Einige räuberische Glühwürmchenarten ahmen die aufblitzenden Paarungssignale fremder Arten nach.
   Werten Sie diese Beobachtung aus und beschreiben Sie ein weiteres Beispiel aus dem Tierreich, bei dem es zur Signalnachahmung kommt.

5 Kommt ein Kater in das Revier eines anderen Katers, so kann es geschehen, dass sich beide aggressiv anfauchen und sogar bekämpfen. Erklären Sie den Begriff „Aggression" und erklären Sie den Zweck dieses Verhaltens.

6 Langschwanz-Klapperschlangen besitzen im Oberkiefer relativ lange Giftzähne und eine Schwanzrassel zur Produktion eines rasselnden Warngeräusches. Das in den Giftdrüsen produzierte, relativ starke Gift bietet gute Verteidigungsmöglich-keiten gegen Fressfeinde wie Kojoten und Füchse. Sie werden jedoch niemals während der Paarungszeit beim ritualisierten Zweikampf der männlichen Klapper-schlangen eingesetzt. Dabei umschlingen die Tiere einander mit ihren aufgerichte-ten Vorderkörpern und versuchen, sich gegenseitig zu Boden zu drücken. Das un-terlegene Tier flüchtet.
   Erklären Sie die beschriebenen Verhaltensweisen.

Lösungen

Erwartungshorizont – Übungsreferat 33

1 *Notieren Sie sich auf Ihrem Stichpunktzettel die Eskalationsstufen des aggressiven Verhaltens. Belegen Sie im Anschluss diese Phasen mit Textpassagen. Es lohnt sich dabei, die einzelnen Textpassagen mit unterschiedlichen Farbstiften zu markieren, dann müssen Sie nicht den kompletten Textbezug auf Ihrem Stichpunktzettel festhalten. Versäumen Sie nicht, die einzelnen Verhaltensweisen zu erläutern. Imponier- und Drohverhalten lassen sich in der Natur häufig schwer voneinander trennen, da die Phasen oft ineinander übergehen. Dies ist auch bei den Dromedaren der Fall. Komment- und Beschädigungskampf sind normalerweise deutlich voneinander zu unterscheiden. Bei Dromedaren sind die Übergänge zwischen diesen beiden Verhaltensweisen ebenfalls fließend.*

Eskalationsphasen aggressiven Verhaltens	Textbezug mit Erläuterung
Imponierverhalten / Drohverhalten	– Das Auf- und Abschreiten im Parallelgang ist ein typisches Drohverhalten. Die Rivalen schätzen hierbei die Körpergröße, die Kraft und die Ausdauer des Konkurrenten ab und somit ihre Chancen bei einem möglichen Kampf ein. – Blöken und Brüllen sind Bestandteile des Imponierverhaltens. – Die Wiederholung des Verhaltens deutet auf eine ritualisierte Verhaltensweise hin.
Kommentkampf / Beschädigungskampf	– Die Kämpfe können im Extremfall für einen Rivalen tödlich enden, es handelt sich demnach um Beschädigungskämpfe. – Nicht jeder Kampf muss zwangsweise mit einer Verletzung enden, weshalb bei Dromedaren keine deutliche Grenze zwischen Komment- und Beschädigungskampf gezogen werden kann.
Demutsgeste	Wird ein Dromedar in die Knie gezwungen, so verlässt es den Kampfplatz.

Zeigen Sie, dass Sie mit den Begriffen in der Verhaltensbiologie umgehen können, und definieren Sie hier beispielsweise Ritualisierung als ein Verhalten, das im Laufe der Evolution seine ursprüngliche Bedeutung verloren hat und nun der Kommunikation dient.

2 *Ein geeigneter Einstieg zur Beantwortung der Fragestellung ist eine Definition*
der Begriffe.

Ultimate Ursachen:
– Definition: Ultimate Ursachen für ein aggressives Verhalten beruhen auf dessen Nutzen für das Individuum. Durch das gezeigte Verhalten erwirbt das Lebewesen einen Fitnessvorteil.
– Zweck bzw. Nutzen für den Gewinner des Kampfes ist die Verteidigung bzw.
die Eroberung von Geschlechtspartnern.
– Die Fitness des Siegers steigt deutlich, da er Nachkommen mit mehreren Weibchen zeugen kann.

Proximate Ursachen:
– Definition: Proximaten Ursachen liegen innere Faktoren (physiologisch oder
hormonell) im Tier zugrunde.

Auch hier können Sie wieder Querbeziehungen herstellen, wenn Sie Begriffe wie
Polygamie bzw. Polygynie einfließen lassen.

– Beginn der Paarungszeit geht einher mit hormonellen Veränderungen (vermutlich Steigerung der männlichen Sexualhormone).
– Diese hormonelle Veränderung bedingt ein aggressives Verhalten.

3 *Die Abbildungen der Angabe stehen während der Prüfung häufig auf Folie zur*
Verfügung. Nutzen Sie dies in Ihrem Vortrag zur Veranschaulichung. Deuten Sie
auf die Auffälligkeiten und erläutern Sie diese.

Typische Pflanzenfressergebisse:
– Die Backenzähne sind als Mahlzähne ausgeprägt, mit der die schwer verdauli-
che Kost gründlich zerkleinert wird.
– Die Schneidezähne (teilweise reduziert) dienen dem Ausreißen der pflanzli-
chen Nahrung (überwiegend Gräser).
– Die Eckzähne sind reduziert.

Dromedargebiss:
– Die Backen- bzw. Schneidezähne sind ähnlich ausgeprägt wie bei den anderen
Pflanzenfressern.
– Die Eckzähne der Dromedare sind deutlich ausgeprägt.

Verhaltensbiologische Erklärung:
Da die Dromedare reine Pflanzenfresser sind, benötigen sie die Eckzähne nicht
zum Zerkleinern der Nahrung. Im Aufgabentext ist erwähnt, dass sich die Dromedare beim Kampf mit Bissen verletzen bzw. töten können. Das Vorhandensein der
Zähne kann mit dem Aggressionsverhalten begründet werden. Die Eckzähne
können bei Rivalenkämpfen oder zur Verteidigung eingesetzt werden.

Viele andere Wiederkäuer besitzen Stirnwaffen. Das Vorhandensein der Eckzähne
kann als Ersatz für die fehlenden Stirnwaffen interpretiert werden.

1 Das gezeigte Sozialverhalten ist eine **Kooperation**, also eine gegenseitige Hilfeleistung, von der alle beteiligten Individuen profitieren. Die Kooperation der afrikanischen Wildhunde bei der gemeinsamen Jagd auf ein Gnu dient dem Nahrungserwerb. Im Rudel haben die Tiere die Möglichkeit, ein viel größeres Tier zu erlegen als bei der Einzeljagd.

Nutzen (Vorteile) der Kooperation:
- Erhöhte Energiezufuhr pro Nahrungssuche, z. B. durch Arbeitsteilung bei der Jagd.
- Erhöhte Überlebenswahrscheinlichkeit, z. B. bei der Feindabwehr durch Verwirrungseffekt (Konzentration des Räubers auf Beutetier ist erschwert) und Verdünnungseffekt (statistisch geringere Wahrscheinlichkeit, erbeutet zu werden).
- Stress- und Gefahrenvermeidung, z. B. durch frühzeitiges Wahrnehmen eines Räubers oder gegenseitige Warnung.
- Erhöhter Fortpflanzungserfolg, z. B. durch problemlose Partnersuche oder durch gemeinsame Aufzucht der Jungen.

Kosten (Nachteile) der Kooperation:
- Hohe innerartliche Konkurrenz um Ressourcen wie Fortpflanzungspartner oder erbeutete Nahrung
- Innerartliche Aggression
- Hohes Infektionsrisiko bei Krankheiten oder mit Parasiten

2 Genetisch nah verwandte Tiere wie Halb- oder Vollgeschwister helfen einem Brutpaar zu einem deutlich höheren Prozentsatz (> 40 % bzw. 85 %) als nur entfernt oder überhaupt nicht verwandte Vögel (höchstens 20 %).
Diese uneigennützig erscheinende Verhaltensweise bezeichnet man als **Altruismus**, ein Verhalten zum Vorteil anderer Individuen in einer Gruppe meist nah verwandter Tiere. Es lässt sich durch die Steigerung der **Gesamtfitness** einer Abstammungslinie erklären:
- Das Paar kann vermutlich mit Helfern mehr Nachkommen erfolgreich aufziehen als ohne Helfer. Damit wird seine **direkte Fitness** (= Zahl der Gene, die durch eigene Nachkommen weitergegeben werden) gesteigert.
- Da die Helfer meist ältere Nachkommen des Brutpaares sind, erhöht sich damit ihre **indirekte Fitness** (= Zahl der eigenen Gene, die über Verwandte an die Nachkommen weitergegeben werden).

3

Sender	Übertragung des Signals (hier: optisches Signal)	Empfänger
(hier: Glühwürmchen-Weibchen) codiert die Nachricht (hier: Paarungsbereitschaft) in Signale (hier: Lichtblitze)		(hier: Glühwürmchen-Männchen) decodiert die Signale

Wichtig bei der Signalübertragung ist, dass die Lichtblitze als optische Signale möglichst wenig durch Umwelteinflüsse gestört werden.

4 Durch die Nachahmung der Lichtblitze werden paarungsbereite, artfremde Glüh-würmchen-Männchen angelockt und den räuberischen Glühwürmchen zur Beute.

Mögliche Beispiele für Signalnachahmung aus dem Tierreich:
- **Mimese:** Nachahmung von Gegenständen in Form und Farbe, häufig zum Zwecke der Tarnung; z. B. Blattschmetterling, wandelndes Blatt, Stabheu-schrecke
- **Mimikry:** Nachahmung wehrhafter Tiere, häufig zum Schutz vor Fressfeinden; z. B. von Wespen oder Hornissen durch Schwebfliegen oder Hornissenglas-flügler (Schmetterling)

5 Unter **Aggression** versteht man einerseits ein Angriffs- und Drohverhalten, ande-rerseits aber auch Verhaltensweisen des Verteidigens, Beschwichtigens und Impo-nierens. Die **Ursache** aggressiven Verhaltens liegt in der Konkurrenz um unter-schiedliche, aber zumeist begrenzte Ressourcen wie Nahrung, Lebensraum oder Fortpflanzungspartner. Die Durchsetzung meist individueller, aber auch grup-peneigener Interessen ist der **Zweck** der Aggression.

6 **Erklärung der Verhaltensweisen:**
- Verteidigung gegen Fressfeind: Die Klapperschlangen zeigen zwischenartliche Aggression. Beim **Beschädigungskampf** kommt es zum Einsatz tödlicher Waffen, der Giftzähne.
- Rasseln: Durch das **Drohverhalten** soll ein Fressfeind gewarnt und verängstigt werden.
- Drücken mit Vorderkörpern: Der Paarungszweikampf folgt als **Komment-kampf** festen Regeln und dient nicht der Verletzung oder Tötung des Gegners.
- Flucht des Unterlegenen: Dieses Unterwerfungs- oder **Demutsverhalten** been-det den Kommentkampf.

Ihre Meinung ist uns wichtig!

Ihre Anregungen sind uns immer willkommen. Bitte informieren Sie uns mit diesem Schein über Ihre Verbesserungsvorschläge!

Titel-Nr.	Seite	Vorschlag

Bitte hier abtrennen

Lernen • Wissen • Zukunft

STARK

24-V_Abi

Bitte ausfüllen und im frankierten Umschlag
an uns einsenden. Für Fensterkuverts geeignet.

Zutreffendes bitte ankreuzen!

Die Absenderin/der Absender ist:

☐ Lehrer/in in den Klassenstufen:

☐ Fachbetreuer/in
Fächer:

☐ Seminarlehrer/in
Fächer:

☐ Regierungsfachberater/in
Fächer:

☐ Oberstufenbetreuer/in

☐ Schulleiter/in

☐ Referendar/in, Termin 2. Staats-
examen:

☐ Leiter/in Lehrerbibliothek

☐ Leiter/in Schülerbibliothek

☐ Sekretariat

☐ Eltern

☐ Schüler/in, Klasse:

☐ Sonstiges:

Unterrichtsfächer: (Bei Lehrkräften!)

STARK Verlag
Postfach 1852
85318 Freising

Kennen Sie Ihre Kundennummer?
Bitte hier eintragen.

Absender (Bitte in Druckbuchstaben!)

Name/Vorname

Straße/Nr.

PLZ/Ort/Ortsteil

Telefon privat   Geburtsjahr

E-Mail

Schule/Schulstempel (Bitte immer angeben!)

Bitte hier abtrennen

Erfolgreich durchs Abitur mit den **STARK**-Reihen

Abitur-Prüfungsaufgaben

Anhand von Original-Aufgaben die Prüfungssituation trainieren. Schülergerechte Lösungen helfen bei der Leistungskontrolle.

Abitur-Training

Prüfungsrelevantes Wissen schülergerecht präsentiert. Übungsaufgaben mit Lösungen sichern den Lernerfolg.

Klausuren

Durch gezieltes Klausurentraining die Grundlagen schaffen für eine gute Abinote.

Kompakt-Wissen

Kompakte Darstellung des prüfungsrelevanten Wissens zum schnellen Nachschlagen und Wiederholen.

Interpretationen

Perfekte Hilfe beim Verständnis literarischer Werke.

Und vieles mehr auf www.stark-verlag.de

(Bitte blättern Sie um)

Abi in der Tasche – und dann?

In den **STARK**-Ratgebern finden Abiturientinnen und Abiturienten alle Informationen für einen erfolgreichen Start in die berufliche Zukunft.

Alle Titel zu
Beruf & Karriere
www.berufundkarriere.de

Bestellungen bitte direkt an:

STARK Verlagsgesellschaft mbH & Co. KG · Postfach 1852 · 85318 Freising
Tel. 0180 3 179000* · Fax 0180 3 179001* · www.stark-verlag.de · info@stark-verlag.de
*9 Cent pro Min. aus dem deutschen Festnetz, Mobilfunk bis 42 Cent pro Min.
Aus dem Mobilfunknetz wählen Sie die Festnetznummer: 08167 9573-0

24-V_Abi

Lernen ▪ Wissen ▪ Zukunft
STARK